PAIDÓS EMPRESA

Clásicos

PIENSE
Y
HÁGASE
RICO

NAPOLEON HILL

PIENSE Y HÁGASE RICO

PAIDÓS EMPRESA

— *Clásicos* —

Título original: *Think and Grow Rich: The Original 1937 Classic (English Edition)*

© 1937, Napoleon Hill

Traducido por: Gabriela Moya
Diseño de interiores: Departamento de Arte y Diseño de Editorial Planeta Perú
Diseño de Portada: Planeta Arte y Diseño / David López
Arte realizado a partir de © Getty Images

Derechos reservados

© 2025, Ediciones Culturales Paidós, S.A. de C.V.
Bajo el sello editorial PAIDÓS M.R.
Avenida Presidente Masarik núm. 111,
Piso 2, Polanco V Sección, Miguel Hidalgo
C.P. 11560, Ciudad de México
www.planetadelibros.com.mx
www.paidos.com.mx

Primera edición en formato epub: julio de 2025
ISBN: 978-607-569-827-4

Primera edición impresa en México: julio de 2025
ISBN: 978-607-569-784-0

Impreso en los talleres de Litográ ica Ingramex, S.A. de C.V.
Centeno núm. 162-1, colonia Granjas Esmeralda, Ciudad de México
Impreso y hecho en México – *Printed and made in Mexico*

ÍNDICE

PREFACIO

En cada capítulo de este libro menciono el secreto que más de quinientos hombres extremadamente ricos han usado para amasar sus fortunas y a quienes he analizado con cuidado a lo largo de muchos años.

Andrew Carnegie me reveló este secreto hace más de un cuarto de siglo. El astuto y adorable viejo escocés sembró algo en mi cabeza cuando no era más que un niño. Después se recostó en su silla y, con un brillo travieso en los ojos, me observó atento, para valorar si yo tenía la capacidad de comprender de lleno la importancia de lo que me había dicho.

Cuando se dio cuenta de que había entendido la idea, me preguntó si estaría dispuesto a dedicar veinte años o más a prepararme para darla a conocer al mundo, a hombres y mujeres que, sin ese secreto, podrían pasar su vida sin alcanzar el éxito. Respondí que sí y, con la cooperación del señor Carnegie, he cumplido mi promesa.

Este libro contiene el secreto, después de haber sido probado por miles de personas en casi todos los ámbitos de la vida. Fue idea del señor Carnegie que la fórmula mágica que le permitió acumular una fortuna extraordinaria estuviera al alcance de las personas que no tienen tiempo para investigar cómo se produce la riqueza, y esperaba que yo pudiera probar y demostrar su validez a partir de la experiencia de hombres y mujeres dedicados a diversas profesiones. Él creía que la fórmula debería enseñarse en todas las escuelas públicas y universidades, y opinaba que, si se enseñaba adecuadamente, revolucionaría de tal manera el sistema educativo que el tiempo dedicado a la educación podría reducirse a menos de la mitad.

Su experiencia con Charles M. Schwab y otros jóvenes como él convenció al señor Carnegie de que gran parte de lo que se enseña en las escuelas carece de valor y no contribuye en nada al negocio de ganarse la vida o de acumular riquezas. Llegó a esta conclusión porque en su empresa había contratado a muchos jóvenes, algunos de los cuales contaban con poca educación formal, y tras guiarlos en el uso de esta fórmula logró desarrollar en ellos un liderazgo excepcional. Además, *aquellos que siguieron sus instrucciones crearon fortunas gracias a su guía.*

En el capítulo sobre la fe tendrá la oportunidad de leer acerca de la sorprendente historia de la creación de la gigantesca corporación United States Steel, tal como fue concebida y construida por uno de los jóvenes con los cuales el señor Carnegie demostró que su fórmula *funciona para todos los que estén listos para adoptarla.* La puesta en práctica del secreto por parte de ese joven, Charles M. Schwab, le produjo una enorme fortuna, tanto en dinero como en OPORTUNIDADES. A grandes rasgos, la puesta en práctica de la fórmula le generó un valor de *600 millones de dólares.*

Estos hechos —y son hechos bien conocidos por casi todos los que conocieron al señor Carnegie— le darán una idea justa de lo que la lectura de este libro puede aportarle, siempre y cuando SEPA LO QUE QUIERE.

Incluso antes de haber pasado por veinte años de pruebas prácticas, el secreto fue transmitido a más de cien mil hombres y mujeres que lo han utilizado en beneficio propio, tal como el señor Carnegie planeó que lo hicieran. Algunos han hecho fortunas con él. Otros lo han usado con éxito para crear armonía en sus hogares. Un clérigo lo usó tan eficazmente que le generó un ingreso de más de 75 000 dólares al año.

Arthur Nash, un sastre de Cincinnati, utilizó su negocio, que estaba casi en bancarrota, como «conejillo de indias» para probar la fórmula. El negocio revivió y trajo consigo una fortuna para sus propietarios. Aún prospera, aunque el señor Nash ya no esté con nosotros. El experimento fue tan notable que periódicos y revistas le dedicaron publicidad elogiosa, valorada en más de un millón de dólares.

El secreto fue transmitido a Stuart Austin Wier, de Dallas, Texas. Él estaba tan preparado para recibirlo que abandonó su profesión y estudió derecho. ¿Tuvo éxito? Esa historia también se cuenta más adelante en el libro.

Yo le entregué el secreto a Jennings Randolph el día en que se graduó de la universidad y lo ha usado con tanto éxito que ahora está en su tercer mandato como miembro del Congreso de los Estados Unidos, con excelentes posibilidades de seguir utilizándolo hasta que lo conduzca a la Casa Blanca.

Mientras trabajaba como gerente de publicidad en la división de extensión universitaria de la Universidad LaSalle, cuando esta no era mucho más que un nombre, tuve el privilegio de observar cómo el presidente de la universidad, J. G. Chapline, usó la fórmula tan eficazmente que desde entonces ha convertido a LaSalle en una de las grandes escuelas de extensión universitaria del país.

El secreto al que me refiero se menciona no menos de cien veces a lo largo de este libro. No se le nombra directamente porque parece funcionar con más éxito cuando simplemente se descubre y se deja a la vista, para que AQUELLOS QUE ESTÉN PREPARADOS Y LO BUSQUEN puedan recuperarlo. Por eso el señor Carnegie me lo transmitió tan sigilosamente, sin darme un nombre específico.

Si está LISTO para ponerlo en práctica, usted reconocerá este secreto al menos una vez en cada capítulo. Me gustaría tener el privilegio de decirle cómo sabrá si está listo para el secreto, pero hacerlo lo privaría de gran parte del beneficio que recibirá cuando haga el descubrimiento por sí mismo.

Mientras escribía este libro, mi propio hijo, que entonces estaba terminando su último año de universidad, tomó el manuscrito del capítulo dos, lo leyó y descubrió el secreto por sí mismo. Usó la información de manera tan eficaz que obtuvo de inmediato un puesto de responsabilidad con un salario inicial mayor que el que gana el hombre promedio. Su historia se describe brevemente en el capítulo dos. Cuando lo lea, seguramente descartará cualquier sensación que podría haber tenido al principio del libro de que este prometía demasiado. Y también, si alguna vez se ha sentido desalentado, si ha enfrentado dificultades que lo han desanimado, si lo ha intentado y ha fracasado, si alguna vez se ha visto limitado por una enfermedad o una afección física, esta historia del descubrimiento y uso de la fórmula de Carnegie por parte de mi hijo podría convertirse en el oasis en el desierto de la Esperanza Perdida que ha estado buscando.

Este secreto fue muy utilizado por el presidente Woodrow Wilson durante la Primera Guerra Mundial. Fue transmitido a cada soldado que luchó en la guerra, cuidadosamente envuelto en la formación que recibieron antes de ir al frente. El presidente Wilson me dijo que fue un factor clave para recaudar los fondos necesarios para la guerra.

Hace más de veinte años, el honorable Manuel L. Quezón (entonces comisionado residente de las islas Filipinas) se inspiró en este secreto para obtener la libertad de su pueblo. Este hombre ha logrado la libertad de Filipinas y es el primer presidente del Estado libre.

Algo peculiar de este secreto es que quienes lo adquieren y lo utilizan se encuentran literalmente arrastrados al éxito, con poco esfuerzo, y ¡nunca más se someten al fracaso! Si usted duda de esto, estudie los nombres de quienes lo han usado, donde sea que se mencionen, revise sus historias usted mismo y convénzase.

¡No es posible OBTENER ALGO A CAMBIO DE NADA!

El secreto al que me refiero no puede obtenerse gratuitamente, aunque el precio es mucho menor que su valor. No puede ser adquirido por aquellos que no lo buscan de manera intencional. No puede regalarse, no puede comprarse con dinero, precisamente porque viene en dos partes. Una parte ya está en posesión de quienes están preparados para recibirlo.

El secreto funciona igualmente bien para todos los que estén listos para él. La educación no tiene nada que ver con esto. Mucho antes de que yo naciera, el secreto había llegado a manos de Thomas A. Edison y él lo utilizó tan inteligentemente que se convirtió en el inventor más importante del mundo, a pesar de que solo tuvo tres meses de educación formal.

El secreto fue transmitido a un socio comercial del señor Edison, quien lo utilizó de manera tan eficaz que, aunque entonces ganaba solo 12 000 dólares al año, acumuló una gran fortuna y se retiró de los negocios activos siendo aún un hombre joven. Encontrará su historia al comienzo del primer capítulo. Esta historia debería convencerlo de que las riquezas no están fuera de su alcance, de que aún puede alcanzar lo que desea ser, de que el dinero, la fama, el reconocimiento y la felicidad están al alcance de todos los que están preparados y determinados a obtener estas bendiciones.

¿Cómo sé estas cosas? Usted debería ser capaz de obtener la respuesta a esta pregunta antes de terminar este libro. Puede encontrarla en el primer capítulo o en la última página.

Mientras realizaba la tarea de investigación que duró veinte años y que asumí a petición del señor Carnegie, analicé a cientos de hombres conocidos, muchos de los cuales admitieron que habían acumulado sus vastas fortunas con la ayuda del secreto de Carnegie; entre estos hombres estaban:

- HENRY FORD
- WILLIAM WRIGLEY JR.
- JOHN WANAMAKER
- JAMES J. HILL
- GEORGE S. PARKER
- E. M. STATLER
- HENRY L. DOHERTY
- CYRUS H. K. CURTIS
- GEORGE EASTMAN
- THEODORE ROOSEVELT
- JOHN W. DAVIS
- ELBERT HUBBARD
- WILBUR WRIGHT
- WILLIAM JENNINGS BRYAN
- DR. DMTID STARR JORDAN
- J. ODGEN ARMOUR
- CHARLES M. SCHWAB
- HARRIS F. WILLIAMS
- DR. FRANK GUNSAULUS
- DANIEL WILLARD
- KING GILLETTE
- RALPH A. WEEKS
- JUDGE DANIEL T. WRIGHT
- JOHN D. ROCKEFELLER

- THOMAS A. EDISON
- FRANK A. VANDERLIP
- F. W. WOOLWORTH
- COL. ROBERT A. DOLLAR
- EDWARD A. FILENE
- EDWIN C. BARNES
- ARTHUR BRISBANE
- WOODROW WILSON
- W. M. HOWARD TAFT
- LUTHER BURBANK
- EDWARD W. BOK
- FRANK A. MUNSEY
- ELBERT H. GARY
- DR. ALEXANDER GRAHAM BELL
- JOHN H. PATTERSON
- JULIUS ROSENWALD
- STUART AUSTIN WIER
- DR. FRANK CRANE
- GEORGE M. ALEXANDER
- J. G. CHAPLINE
- HON. JENNINGS RANDOLPH
- ARTHUR NASH
- CLARENCE DARROW

Estos nombres representan solo una pequeña fracción de los cientos de estadounidenses reconocidos cuyos logros, tanto financieros como de otro tipo, demuestran que aquellos que comprenden y aplican el secreto de Carnegie alcanzan altas posiciones en la vida. Nunca he conocido a nadie que, inspirado a usar el secreto, no haya logrado un éxito notable en la profesión de su elección. Nunca he conocido a ninguna persona que se haya destacado o haya acumulado riquezas significativas sin poseer este secreto. Estos dos hechos me permiten concluir que el secreto es más importante, como parte del conocimiento esencial para la autodeterminación, que cualquier cosa que se pueda recibir por medio de lo que popularmente se conoce como «educación». ¿Qué es la EDUCACIÓN, en realidad? Esto se ha respondido detalladamente.

En cuanto a la escolaridad formal, muchos de estos hombres tuvieron muy poca. John Wanamaker me dijo una vez que la poca educación formal que tuvo la adquirió de una manera muy parecida a aquella en que una locomotora moderna se alimenta de agua: «recogiéndola conforme avanza». Henry Ford nunca llegó a la escuela secundaria, y mucho menos a la universidad. No intento minimizar el valor de la educación formal, pero sí trato de expresar mi sincera convicción de que aquellos que dominan y aplican el secreto alcanzarán altas posiciones, acumularán riquezas y negociarán con la vida en sus propios términos, incluso si su escolaridad ha sido escasa.

En algún momento, conforme avance en la lectura, el secreto al que me refiero saltará de la página y se presentará audazmente frente a usted, ¡SI ESTÁ LISTO PARA ÉL! Cuando aparezca, lo reconocerá. Ya sea que reciba la señal en el primer capítulo o en el último, deténgase un momento cuando se le presente y honre ese momento, pues será el parteaguas más importante de su vida.

Ahora pasemos al capítulo uno y a la historia de mi muy querido amigo, quien generosamente reconoció haber visto la señal mística, cuyos logros empresariales son prueba suficiente de que levantó ese vaso para brindar. Mientras lee su historia y las demás, recuerde que todas tratan acerca de los problemas importantes de la vida, de los problemas que todos los hombres enfrentan. Los problemas que surgen del esfuerzo para ganarse la vida, para encontrar esperanza, coraje, satisfacción y paz mental; para acumular riquezas y disfrutar la libertad del cuerpo y del espíritu.

Recuerde también, conforme avanza en el libro, que trata de hechos y no de ficción, y que su propósito es transmitir una gran verdad universal con la cual todos los que estén LISTOS puedan aprender no solo QUÉ HACER, SINO TAMBIÉN CÓMO HACERLO, y recibir, además, EL ESTÍMULO NECESARIO PARA COMENZAR.

Finalmente, un consejo para prepararlo antes de que empiece el primer capítulo. Permítame ofrecerle una breve sugerencia que puede proporcionarle una pista para reconocer el secreto de Carnegie. Es esta: ¡TODO LOGRO, TODA RIQUEZA GANADA TIENE SU ORIGEN EN UNA IDEA! Si está listo para el secreto, ya posee la mitad de este, por lo tanto, reconocerá fácilmente la otra mitad en el momento en que llegue a su mente.

El autor

1

INTRODUCCIÓN

EL HOMBRE QUE «PENSÓ» EN ASOCIARSE CON THOMAS A. EDISON

E s cierto que «los pensamientos son cosas», y cosas poderosas. cuando se mezclan con un propósito definido, persistencia y un ARDIENTE DESEO de convertirlos en riquezas u otros objetos materiales.

Hace poco más de treinta años, Edwin C. Barnes descubrió cuán cierto es que los hombres realmente PIENSAN Y SE ENRIQUECEN. Su descubrimiento no ocurrió de la noche a la mañana. Llegó poco a poco, comenzando con un ARDIENTE DESEO de convertirse en socio comercial del gran Edison.

Una de las principales características del deseo de Barnes consistía en que era algo definido. Quería trabajar *con* Edison, no *para* él. Observe con atención la descripción de cómo convirtió su DESEO en realidad y comprenderá mejor los 13 principios que conducen a la riqueza.

Cuando este DESEO, o impulso del pensamiento, surgió por primera vez en su mente, no estaba en condiciones de actuar al respecto. Dos dificultades se interponían en su camino: no conocía al señor Edison y no tenía suficiente dinero para pagar el pasaje de tren hasta Orange, Nueva Jersey.

Estas dificultades habrían sido suficientes para desanimar a la mayoría de los hombres de intentar cumplir su deseo. ¡Pero el suyo no era un deseo ordinario! Estaba tan decidido a encontrar una manera de lograrlo que finalmente decidió viajar como «polizón», en lugar de ser derrotado. (Para los no iniciados, esto significa que llegó a Orange en un tren de carga).

Se presentó en el laboratorio del señor Edison y anunció que había llegado para hacer negocios con el inventor. Al hablar de su primer encuentro con Barnes, años después, el señor Edison dijo: «Estaba allí frente a mí, con aspecto de vagabundo, *pero había algo en la expresión de su rostro que transmitía la impresión de que estaba decidido a obtener lo que había venido a buscar.* Había aprendido, a partir de años de experiencia con los seres humanos, que cuando alguien realmente DESEA algo tan profundamente que está dispuesto a arriesgar su futuro en una sola jugada para conseguirlo, seguramente triunfará. Le di la oportunidad que pidió *porque vi que había decidido mantenerse firme hasta tener éxito.* Los eventos posteriores demostraron que no fue un error».

Lo que el joven Barnes le dijo al señor Edison en esa ocasión fue mucho menos importante que lo que pensó. ¡El propio Edison lo dijo! No pudo haber sido la apariencia del joven lo que le consiguió su oportunidad en la oficina de Edison, porque eso estaba EVIDENTEMENTE en su contra. Fue aquello que PENSÓ lo que realmente contó.

Si la importancia de esta afirmación pudiera ser expresada cabalmente a cada lector de este libro, no habría necesidad de leer el resto.

Barnes no consiguió ser socio de Edison en su primera entrevista. Sin embargo, obtuvo la oportunidad de trabajar en las oficinas de Edison, con un salario muy bajo, realizando tareas que no eran importantes para Edison, pero sí muy importantes para Barnes, porque le dieron la oportunidad de mostrar su «mercancía» donde su futuro «socio» pudiera verla.

Pasaron los meses. Aparentemente, nada sucedió que acercara a Barnes al codiciado objetivo que había establecido en su mente como SU DEFINIDO Y PRINCIPAL PROPÓSITO. Pero algo importante estaba sucediendo en la mente de Barnes, quien constantemente intensificaba su DESEO de convertirse en el socio comercial de Edison.

Los psicólogos suelen decir con razón que «cuando uno está realmente preparado para algo, ese algo hace acto de presencia». Barnes estaba listo para una sociedad comercial con Edison, además, estaba DETERMINADO A MANTENERSE LISTO HASTA OBTENER LO QUE ESTABA BUSCANDO.

No se dijo a sí mismo: «Ah, bueno, ¿de qué sirve todo esto? Supongo que cambiaré de opinión y buscaré un trabajo de vendedor». En lugar de eso se dijo a sí mismo: «Vine aquí para hacer negocios con Edison, y lo conseguiré, aunque me cueste el resto de mi vida». *¡Y lo dijo en serio!* ¡Qué historia tan distinta podrían contar los seres humanos si adoptaran un PROPÓSITO DEFINIDO y se mantuvieran firmes al mismo hasta que se convirtiera en una obsesión total!

Tal vez el joven Barnes no lo supiera en ese momento, pero su determinación de *bulldog*, su persistencia en mantener un solo DESEO, estaba destinada a eliminar toda oposición y traerle la oportunidad que estaba buscando.

Cuando la oportunidad llegó, se presentó de una forma diferente y desde una dirección distinta a la que Barnes había esperado. Esa es una de las trampas de la oportunidad. Tiene la astuta costumbre de entrar por la puerta trasera y, a menudo, llega disfrazada, en forma de desdicha o derrota temporal. Tal vez por eso muchos no reconocen la oportunidad.

El señor Edison acababa de perfeccionar un nuevo dispositivo de oficina, conocido en ese entonces como la Máquina de Dictado de Edison (ahora el Ediphone). Sus vendedores no estaban entusiasmados con la máquina. No creían que se pudiera vender sin un gran esfuerzo. Barnes vio su oportunidad. Se había deslizado en silencio, escondida en una máquina extraña que no le interesaba a nadie más que a Barnes y al inventor.

Barnes sabía que podía vender la Máquina de Dictado de Edison. Se lo sugirió a este y, de inmediato, consiguió su oportunidad. Vendió la máquina. De hecho, la vendió tan exitosamente que Edison le dio un contrato para distribuirla y comercializarla en todo el país. De esa asociación de negocios surgió el lema «Hecho por Edison e instalado por Barnes».

La alianza empresarial ha estado en funcionamiento durante más de treinta años. A partir de ella, Barnes se ha enriquecido financieramente, pero ha hecho algo mucho más grande: ha demostrado que uno realmente puede «pensar y hacerse rico».

No tengo forma de saber cuánto dinero en efectivo ha generado el DESEO original de Barnes. Tal vez le haya generado dos o tres millones de dólares, pero la cantidad, sea cual sea, se vuelve insignificante cuando se compara con el mayor activo que adquirió, en la forma de un conocimiento determinante, y que consiste en saber que *un impulso de pensamiento intangible puede transmutarse en su contraparte física* mediante la aplicación de principios conocidos.

¡Barnes literalmente *pensó* en asociarse con el gran Edison! Se pensó a sí mismo haciendo una fortuna. No tenía nada con qué comenzar, excepto la capacidad de SABER LO QUE QUERÍA Y LA DETERMINACIÓN DE MANTENERSE FIEL A ESE DESEO HASTA LOGRARLO.

No tenía dinero para empezar. Apenas tenía algo de educación. No tenía influencias. Pero sí tenía iniciativa, fe y la voluntad de triunfar. Con estas fuerzas intangibles *logró convertirse* en el hombre número uno del mayor inventor que jamás haya existido.

Ahora veamos una situación diferente y estudiemos a un hombre que tenía abundante evidencia tangible de riquezas, pero las perdió *porque se detuvo* a solo un metro de la meta que estaba buscando.

A un metro del oro

Una de las causas más comunes del fracaso es el hábito de renunciar cuando se enfrenta una *derrota temporal*. Todas las personas cometen este error en algún momento de su vida.

Un tío de R. U. Darby fue atrapado por el deseo de obtener oro durante los días de la fiebre del oro, por lo que se fue al oeste para CAVAR Y HACERSE RICO. Nunca había escuchado que *se ha extraído más oro de los cerebros de los hombres que de la tierra*. Obtuvo una concesión minera y comenzó a trabajar con pico y pala. El camino era arduo, pero su deseo por el oro era resuelto.

Después de semanas de trabajo, fue recompensado con el descubrimiento del brillante mineral. Necesitaba maquinaria para extraerlo hasta la superficie. Sigilosamente cubrió la mina, regresó a su hogar en Williamsburg, Maryland, y les contó a sus familiares y a algunos vecinos su «descubrimiento». Entre todos reunieron dinero para la maquinaria necesaria y la enviaron a la mina. Darby y su tío volvieron juntos a trabajar en la mina.

Extrajeron el primer vagón de mineral y lo enviaron a una fundición. ¡Los resultados demostraron que tenían una de las minas más ricas de Colorado! Unos pocos vagones más de ese mineral cubrirían las deudas y luego vendría la gran ganancia.

¡Bajaron las perforadoras! ¡Subieron las esperanzas de Darby y su tío! Pero algo pasó: ¡la veta de mineral de oro desapareció! Habían llegado al final del arcoíris y el caldero de oro ya no estaba. Continuaron perforando, tratando desesperadamente de encontrar la veta de nuevo, pero todo fue en vano.

Finalmente, decidieron RENUNCIAR.

Vendieron la maquinaria a un chatarrero por unos pocos cientos de dólares y tomaron el tren de regreso a casa. Algunos chatarreros son tontos, ¡pero este no! Llamó a un ingeniero de minas para que inspeccionara la mina y realizara algunos cálculos. El ingeniero concluyó que el proyecto había fracasado porque los dueños no estaban familiarizados con las fallas geológicas. Sus cálculos mostraron que la veta se encontraba JUSTO A UN METRO DE DONDE LOS DARBY HABÍAN DEJADO DE PERFORAR. ¡Y exactamente allí fue donde se encontró!

El chatarrero extrajo millones de dólares en mineral de la mina porque tuvo el buen tino de buscar consejo experto antes de rendirse.

La mayor parte del dinero que se usó para la maquinaria fue conseguido gracias a los esfuerzos de R. U. Darby, quien en ese momento era muy joven. El dinero provenía de sus familiares y vecinos, quienes confiaron en él. Aunque tardó años, devolvió hasta el último dólar.

Mucho tiempo después, el señor Darby recuperó su pérdida muchas veces, *cuando descubrió* que el DESEO puede transformarse en oro. Este descubrimiento llegó después de que se dedicara a vender seguros de vida.

Teniendo presente que perdió una enorme fortuna porque SE DETUVO a un metro del oro, Darby sacó provecho de esta experiencia en su trabajo, utilizando el simple método de decirse a sí mismo: «Me detuve a un metro del oro, pero nunca me detendré *porque las personas me digan "no"* cuando les pido que compren un seguro».

Darby es uno de los menos de cincuenta hombres que venden más de un millón de dólares en seguros de vida anualmente. Debe su «persistencia» a la lección que aprendió de su «renuncia» en el negocio de la minería.

Antes de que el éxito llegue a la vida de cualquier hombre, seguramente se enfrentará a muchas derrotas temporales y, tal vez, a algunos fracasos. Cuando la derrota se apodera de una persona, lo más fácil y lógico es RENUNCIAR. Eso es exactamente lo que hace la mayoría de las personas.

Más de quinientas de las personas más exitosas de los Estados Unidos le confesaron al autor que sus mayores éxitos llegaron justo un paso más allá del punto donde la derrota los había vencido. El fracaso es un farsante con un agudo sentido de la ironía y la astucia. Disfruta enormemente hacernos tropezar cuando el éxito está casi al alcance de la mano.

Una lección de persistencia de cincuenta centavos

Poco después de que el señor Darby obtuviera su título en la «Universidad de los Duros Golpes» y decidiera sacar provecho de su experiencia en el negocio de la minería de oro, tuvo la fortuna de presenciar un acontecimiento que le demostró que la palabra «no» no necesariamente significa no.

Una tarde estaba ayudando a su tío a moler trigo en un molino antiguo. Su tío administraba una gran granja donde vivían varios agricultores arrendatarios de raza negra. Mientras trabajaban, silenciosamente se abrió la puerta y entró una niña negra, hija de uno de los arrendatarios, quien se colocó cerca de la entrada.

El tío levantó la vista, vio a la niña y le preguntó con brusquedad:

—¿Qué quieres?

Con timidez, la niña respondió:

—Mi mamá dice que le mande cincuenta centavos.

—No lo haré —replicó el tío—. Ahora vete a casa.

—Sí, señor —contestó la niña, *pero no se movió.*

El tío continuó con su trabajo. Estaba tan ocupado que no notó que la niña no se había ido. Cuando volvió a levantar la vista y la vio parada allí todavía, le gritó:

—¡Te dije que te fueras a casa! ¡Ahora vete o te daré con una vara!

La niña dijo:

—Sí, señor.

Pero no se movió ni un centímetro.

El tío soltó un saco de grano que estaba a punto de vaciar en el embudo del molino, tomó un trozo de madera de un barril y se dirigió hacia la niña con una expresión en el rostro que indicaba problemas.

Darby contuvo la respiración. Estaba seguro de que estaba a punto de presenciar un asesinato. Sabía que su tío tenía un temperamento feroz y estaba consciente de que, en esa época, y en esa parte del país, los niños negros no debían desafiar a las personas blancas.

Cuando el tío llegó al lugar donde estaba la niña, ella rápidamente dio un paso adelante, lo miró a los ojos y gritó con todas sus fuerzas, con una voz aguda y penetrante:

—¡MI MAMÁ NECESITA ESOS CINCUENTA CENTAVOS!

El tío se detuvo, la miró por un minuto, luego lentamente dejó el palo en el suelo, metió la mano en el bolsillo, sacó medio dólar y se lo dio.

La niña tomó el dinero y retrocedió lentamente hacia la puerta, sin apartar la mirada del hombre *al que acababa de vencer*. Después de que ella se fue, el tío se sentó en una caja y miró por la ventana al vacío durante más de diez minutos. Estaba reflexionando, con asombro, sobre la «paliza» que acababa de recibir.

El señor Darby también estaba pensando. Era la primera vez en toda su vida que veía a una niña negra dominar intencionalmente a un adulto blanco. ¿Cómo lo hizo? ¿Qué le sucedió a su tío que lo hizo perder su ferocidad y volverse dócil como un cordero? ¿Qué extraño poder usó aquella niña que la convirtió en la dueña de su superior? Estas y otras preguntas similares cruzaron por la mente de Darby, pero no encontró la respuesta sino hasta años después, cuando me contó la historia.

Curiosamente, la historia de esta experiencia inusual le fue relatada a este autor en el viejo molino, en el mismo lugar donde el tío de Darby recibió su castigo. También es curioso que yo hubiera dedicado casi un cuarto de siglo al estudio del poder que le permitió a una niña negra, ignorante y analfabeta, vencer a un hombre inteligente.

Mientras estábamos allí, en ese viejo molino húmedo y polvoriento, el señor Darby repitió la historia de aquella conquista inusual y al final me preguntó:

—¿Qué puedes concluir a partir de esto? ¿Qué extraño poder utilizó esa niña para doblegar por completo a mi tío?

La respuesta a su pregunta se encuentra en los principios descritos en este libro. La respuesta es completa y detallada. Contiene instrucciones suficientes para permitir que cualquiera comprenda y aplique la misma fuerza que la pequeña niña descubrió por accidente.

Mantenga su mente alerta y observará exactamente qué extraño poder acudió en ayuda de la niña; podrá vislumbrar la naturaleza de este poder en el próximo capítulo. En algún lugar de este libro encontrará una idea que agudizará su capacidad de percepción y pondrá a su disposición, para su propio beneficio, este mismo poder irresistible. La comprensión de este poder puede llegarle en el primer capítulo o puede surgir de repente en su mente durante la lectura de algún capítulo posterior. Puede manifestarse en forma de una sola idea o aparecer como un plan o un propósito. También puede hacerle recordar experiencias pasadas de fracaso o derrota y traer a la superficie una lección que le permita recuperar todo lo que perdió a causa de dicha derrota.

Después de que le describí al señor Darby el poder que la niña utilizó sin darse cuenta, él repasó rápidamente sus treinta años de experiencia como vendedor de seguros de vida y reconoció con franqueza que su éxito en ese campo se debía, en gran medida, a la lección que había aprendido de la niña. El señor Darby señaló:

—Cada vez que un posible cliente intentaba rechazarme sin comprar, veía a esa niña parada en el viejo molino, con sus grandes ojos brillando desafiantes, y me decía a mí mismo: «Tengo que cerrar esta venta». La mayor parte de todas las ventas que he realizado la logré después de que la gente me dijo «NO».

También recordó su error al haberse detenido a solo un metro del oro, y agregó:

—Esa experiencia fue una bendición disfrazada. Me enseñó a *seguir adelante* sin importar cuán difícil sea el camino, una lección que necesitaba aprender antes de poder tener éxito en cualquier cosa.

Esta historia sobre el señor Darby, su tío, la niña negra y la mina de oro sin duda será leída por cientos de personas que se ganan la vida vendiendo seguros de vida y, a todos ellos, el autor desea compartirles que Darby debe su capacidad para vender cada año más de un millón de dólares en seguros de vida a estas dos experiencias.

¡La vida es extraña y, a menudo, imponderable! Tanto los éxitos como los fracasos tienen sus raíces en experiencias sencillas. Las experiencias del señor Darby fueron ordinarias y lo suficientemente simples, pero contenían la clave de su destino en la vida; por lo tanto, fueron tan importantes para él como la vida misma. Se benefició de estas dos experiencias dramáticas porque *las analizó* y encontró la lección que le estaban enseñando. Pero ¿qué pasa con la persona que no tiene ni el tiempo ni la inclinación de estudiar el fracaso en busca del conocimiento que podría llevarlo al éxito? ¿Dónde y cómo aprenderá el arte de convertir las derrotas en peldaños hacia la oportunidad?

Para responder estas preguntas se escribió este libro.

La respuesta exigió la descripción de 13 principios, pero recuerde que, mientras lo lee, la respuesta que puede estar buscando a las preguntas que le han llevado a reflexionar sobre lo extraña que es la vida puede encontrarse *en su propia mente*, a partir de una idea, un plan o un propósito que surja en su pensamiento mientras lee.

Una sola idea sólida es todo lo que uno necesita para alcanzar el éxito. Los principios descritos en este libro contienen lo mejor y lo más práctico de todo lo que se conoce sobre métodos para engendrar ideas útiles.

Antes de avanzar en la descripción de estos principios, creemos que tiene derecho a recibir esta importante sugerencia: CUANDO LA RIQUEZA EMPIEZA A LLEGAR, LLEGA TAN RÁPIDAMENTE Y EN TAL ABUNDANCIA QUE UNO SE PREGUNTA DÓNDE SE HABÍA ESCONDIDO DURANTE TODOS ESOS AÑOS DE ESCASEZ. Esta es una afirmación sorprendente, y lo es aún más si tomamos en cuenta la creencia popular de que la riqueza solo llega a quienes trabajan duro y durante mucho tiempo.

Cuando comience a PENSAR Y HACERSE RICO, notará que la riqueza empieza con un estado mental, con un sentido claro de cuál es su propósito y con poco o ningún esfuerzo físico. Usted, y cualquier otra persona, debería estar interesado en saber cómo adquirir ese estado mental que atraerá la riqueza. Dediqué 25 años a la investigación, durante los cuales analicé a más de 25 000 personas, porque yo también quería saber cómo los hombres ricos lograban su fortuna.

Sin esa investigación, este libro no podría haberse escrito.

Aquí es importante notar una verdad muy significativa: la Gran Depresión comenzó en 1929 y continuó hasta alcanzar niveles récord de destrucción, sin embargo, poco tiempo después de que el presidente Roosevelt asumiera el cargo, la crisis empezó a desvanecerse. Así como un electricista en un teatro sube las luces de manera tan gradual que la oscuridad se transforma en luz antes de que uno lo note, así también el hechizo del miedo en la mente de la gente desapareció gradualmente y se convirtió en fe.

Observe con mucha atención: en cuanto domine los principios de esta filosofía y comience a seguir las instrucciones para aplicarlos, su situación financiera empezará a mejorar y todo lo que toque comenzará a transformarse en un activo a su favor. ¿Imposible? ¡No, para nada!

Una de las principales debilidades de la humanidad es la familiaridad del hombre común con la palabra *imposible*. Sabe todas las reglas que NO funcionan. Conoce todas las cosas que NO se pueden hacer. Este libro fue escrito para aquellos que buscan las reglas que han llevado al éxito a otros y están dispuestos *a apostar todo* por ellas.

Hace muchos años compré un excelente diccionario. Lo primero que hice fue buscar la palabra *imposible* y recortarla del libro con precisión. No sería una mala idea que hiciera lo mismo.

El éxito llega a aquellos que desarrollan una CONCIENCIA DEL ÉXITO.

El fracaso llega a aquellos que, con indiferencia, permiten que su mente se llene de una CONCIENCIA DEL FRACASO.

El propósito de este libro es ayudar a todos aquellos que lo deseen a aprender el arte de cambiar su mentalidad, de una CONCIENCIA DEL FRACASO a una CONCIENCIA DEL ÉXITO.

Otra debilidad que se encuentra arraigada en demasiadas personas es el hábito de medirlo todo y a todos según sus propias impresiones y creencias. Algunos de los que lean esto creerán que nadie puede PENSAR Y HACERSE RICO. No pueden pensar en términos de riqueza porque sus hábitos de pensamiento han estado impregnados de pobreza, escasez, miseria, fracaso y derrota.

Estas personas desafortunadas me recuerdan a un destacado chino que vino a los Estados Unidos para ser educado en las costumbres americanas. Asistió a la Universidad de Chicago y, un día, el presidente Harper se encontró con este joven asiático en el campus, conversó con él unos minutos y le preguntó qué le había impresionado más de los estadounidenses.

—¡Oh! —exclamó el chino—. ¡Lo raro es la forma de sus ojos! ¡Sus ojos no están rasgados de la forma correcta!

¿Qué decimos nosotros sobre los chinos?

Nos negamos a creer lo que no entendemos. Creemos tontamente que nuestras propias limitaciones son la medida adecuada de todas las limitaciones. Claro, los ojos del otro no están rasgados de la manera correcta PORQUE NO SON IGUALES A LOS NUESTROS.

Millones de personas observan los logros de Henry Ford, una vez que ha alcanzado el éxito, y lo envidian, atribuyéndolo a la suerte, el destino, el genio o cualquier otra razón. Tal vez solo una persona de cada cien mil conoce el secreto del éxito de Ford y aquellos que lo saben son demasiado modestos o reacios para hablar de ello, debido a su sencillez. Un solo acontecimiento ilustra perfectamente este «secreto».

Hace algunos años, Ford decidió fabricar su ahora famoso motor V-8. Quiso construir un motor en el que los ocho cilindros estuvieran fundidos en un solo bloque y dio instrucciones a sus ingenieros para diseñarlo. El diseño se plasmó en papel, pero todos los ingenieros estuvieron de acuerdo, sin excepción, en que era simplemente *imposible* fundir en una sola pieza un bloque de motor de gasolina de ocho cilindros. Ford dijo:

—Háganlo de todos modos.

—¡Pero es imposible! —respondieron los ingenieros.

—Sigan adelante y no abandonen el trabajo hasta que lo logren, sin importar cuánto tiempo tome —ordenó Ford.

Los ingenieros continuaron con la tarea. No tenían otra opción si querían seguir formando parte del equipo de Ford. Pasaron seis meses y no ocurrió nada. Otros seis meses transcurrieron y aún no hubo avances. Los ingenieros intentaron todos los métodos posibles para cumplir con la orden, pero parecía *imposible*.

Al final del año, Ford consultó nuevamente con sus ingenieros, quienes le informaron que aún no habían encontrado la manera de cumplir con lo requerido.

—Sigan adelante. Lo quiero, y lo tendré —dijo Ford.

Los ingenieros continuaron con su trabajo y, entonces, como si fuera por arte de magia, el secreto fue descubierto.

¡La DETERMINACIÓN de Ford había triunfado una vez más!

Tal vez esta historia no esté relatada con absoluta precisión en cuanto a sus detalles, pero su esencia es correcta. Quienes desean PENSAR Y HACERSE RICOS pueden deducir de ella el secreto de la fortuna de Ford, si son capaces. No tendrán que buscar demasiado.

Henry Ford es un éxito porque entiende y *aplica* los principios del éxito. Uno de ellos es el DESEO: saber exactamente lo que uno quiere. Tenga en mente esta historia de Ford mientras lee y trate de identificar las líneas en las que se describe el secreto de su enorme logro. Si puede conseguirlo, si puede señalar los principios específicos que hicieron rico a Henry Ford, podrá igualar sus logros en casi cualquier profesión para la que esté capacitado.

Eres el «dueño de tu destino, el capitán de tu alma», porque...

Cuando Henley escribió las proféticas líneas «Soy el dueño de mi destino, soy el capitán de mi alma», debería habernos informado que somos los dueños de nuestro destino y los capitanes de nuestra alma porque tenemos el poder de controlar nuestros pensamientos.

También debería habernos dicho que el éter en el que flota esta pequeña Tierra, en el que nos movemos y existimos, es una forma de energía que vibra a una velocidad inconcebiblemente alta, y que este éter está impregnado de una fuerza universal que se ADAPTA a la naturaleza de los pensamientos que mantenemos en nuestra mente y que INFLUYE en nosotros de manera natural para transformar nuestros pensamientos en su equivalente físico.

Si el poeta nos hubiera revelado esta gran verdad, sabríamos POR QUÉ somos los dueños de nuestro destino y los capitanes de nuestra alma. También debería habernos advertido, con mucho énfasis, que esta energía no hace distinción entre pensamientos destructivos y pensamientos constructivos; que nos impulsa a convertir en realidad física tanto los pensamientos de pobreza como los de riqueza, con la misma rapidez y eficacia.

También debería habernos dicho que nuestro cerebro se magnetiza con los pensamientos dominantes que mantenemos en nuestra mente y que, por medios que ningún hombre conoce, estos «imanes» atraen hacia nosotros las fuerzas, las personas y las circunstancias de la vida que están en armonía con la naturaleza de nuestros pensamientos *dominantes*.

Debería habernos explicado que, antes de poder acumular riquezas en gran abundancia, debemos magnetizar nuestra mente con un DESEO intenso de riqueza; que debemos desarrollar una «conciencia del dinero» hasta que el DESEO de riquezas nos impulse a crear planes concretos para obtenerlas.

Pero, al ser poeta y no filósofo, Henley se conformó con expresar una gran verdad en forma poética, dejando a quienes lo siguieron la tarea de interpretar el significado filosófico de sus palabras. Poco a poco, la verdad se ha ido revelando, hasta el punto en que ahora parece seguro que los principios descritos en este libro contienen el secreto del dominio sobre nuestro destino económico.

Ahora estamos listos para examinar el primero de estos principios. Mantenga la mente abierta y recuerde, mientras lee, que estos principios no son la invención de un solo hombre. Fueron recopilados a partir de las experiencias de vida de más de quinientos hombres que realmente lograron acumular grandes riquezas, hombres que empezaron en la pobreza, con poca educación y sin influencias. Estos principios funcionaron para ellos. Usted puede hacer que funcionen para su propio beneficio de manera duradera. Verá que es fácil, no difícil, ponerlos en práctica. Antes de que lea el próximo capítulo, quiero que sepa que contiene información real que podría cambiar por completo su destino financiero, así como ha provocado cambios de proporciones extraordinarias en dos personas que se mencionan en él.

También quiero que sepa que la relación entre estos dos hombres y yo es tan estrecha que, incluso si lo hubiera querido, no podría haberme tomado la libertad de alterar los hechos. Uno de ellos ha sido mi amigo más cercano durante casi 25 años. El otro es mi propio hijo. El éxito excepcional de estos dos hombres, que ellos mismos atribuyen generosamente al principio descrito en el próximo capítulo, justifica plenamente esta referencia personal como un medio para resaltar el poder inmenso de este principio.

Hace casi 15 años pronuncié el discurso de graduación en Salem College, en Salem, Virginia Occidental. Hablé con tanta intensidad sobre el principio descrito en el próximo capítulo que uno de los miembros de la clase de graduados lo adoptó decididamente y lo convirtió en parte de su propia filosofía de vida. Hoy día, ese joven es miembro del Congreso y un actor clave en la administración actual. Justo antes de que este libro fuera enviado a la editorial, me escribió una carta en la que expresó su opinión sobre el principio descrito en el próximo capítulo, con tanta claridad que he decidido publicarla como introducción a dicho capítulo.

Su carta le dará una idea de las recompensas que están por venir.

Mi estimado Napoleón:

Mi labor como miembro del Congreso me ha permitido conocer de cerca los problemas que enfrentan hombres y mujeres, por lo que me dirijo a usted para ofrecerle una sugerencia que podría ser de gran ayuda para miles de personas valiosas.

Con disculpas, debo señalar que, si decide llevar a cabo esta sugerencia, ello implicará varios años de trabajo y mucha responsabilidad. Sin embargo, me animo a hacerla porque conozco su gran pasión por brindar un servicio útil a los demás.

En 1922, usted pronunció el discurso de graduación en Salem College, cuando yo formaba parte de la clase que se graduaba. Con aquel discurso sembró en mi mente una idea que ha sido determinante para que hoy tenga la oportunidad de servir a la gente de mi estado y que, en gran medida, será también responsable de cualquier éxito que pueda alcanzar en el futuro.

La sugerencia que tengo en mente es que plasme en un libro la esencia de aquel discurso que ofreció en Salem College y que de este modo brinde al pueblo de los Estados Unidos la oportunidad de beneficiarse de sus muchos años de experiencia y de su relación con los grandes hombres que han hecho de los Estados Unidos la nación más rica del mundo.

Recuerdo, como si fuera ayer, la extraordinaria descripción que hizo del método mediante el cual Henry Ford, con escasa educación formal, sin dinero y sin amigos influyentes, logró alcanzar grandes alturas. Desde ese momento, incluso antes de que terminara su discurso, decidí que encontraría mi propio camino, sin importar cuántos obstáculos tuviera que superar.

Miles de jóvenes concluirán sus estudios este año y en los próximos. Cada uno de ellos estará buscando un mensaje de aliento y orientación práctica, como el que yo recibí de usted. Querrán saber a dónde dirigirse, qué hacer y cómo empezar en la vida. Usted puede guiarlos, porque ha ayudado a resolver los problemas de muchísimas personas.

Si existe alguna manera en que pueda prestar este gran servicio, me permito sugerir que incluya en cada ejemplar del libro uno de sus Cuadros de Análisis Personal, de modo que cada lector pueda realizar una autoevaluación completa e imparcial. Tal como me indicó años atrás, este análisis podría mostrarles exactamente qué los está frenando en su camino al éxito.

Un servicio como este, que proporcione a los lectores de su libro una visión completa e imparcial de sus defectos y virtudes, marcaría para ellos la diferencia entre el éxito y el fracaso. Este servicio sería invaluable.

Millones de personas enfrentan actualmente el desafío de *reinventarse*, debido a la depresión económica. Y hablo desde mi propia experiencia cuando digo que sé que estas personas, con gran determinación, recibirían con agrado la oportunidad de contarle sus problemas y recibir sus sugerencias para encontrar una solución.

Usted conoce las dificultades de aquellos que deben empezar de nuevo. Hoy día hay miles de personas en los Estados Unidos que desean saber cómo pueden convertir ideas en dinero, personas que deben comenzar desde cero, sin recursos financieros, y recuperar lo que han perdido. Si alguien puede ayudarlos, ese es usted.

Si decide publicar este libro, me gustaría tener el primer ejemplar que salga de la imprenta, firmado personalmente por usted.

Con mis mejores deseos, créame,

cordialmente,

JENNINGS RANDOLPH

2

DESEO

EL PUNTO DE PARTIDA
DE TODO LOGRO

EL PRIMER PASO HACIA LA RIQUEZA

Cuando Edwin C. Barnes bajó del tren de carga en Orange, Nueva Jersey, hace más de treinta años, podría haber parecido un vagabundo, ¡pero sus *pensamientos* eran los de un rey!

Mientras avanzaba desde las vías del tren hasta la oficina de Thomas A. Edison, su mente no descansaba. Se veía a sí mismo parado *en presencia de Edison*. Se escuchaba a sí mismo pidiéndole al señor Edison una oportunidad para realizar la única OBSESIÓN IRRESISTIBLE DE SU VIDA, un DESEO INTENSO de convertirse en socio comercial del gran inventor.

¡El deseo de Barnes no era una *esperanza*! ¡No era un *anhelo*! Era un DESEO VEHEMENTE Y APASIONADO, que trascendía todo lo demás. Era algo DEFINIDO.

El deseo no era nuevo cuando se acercó a Edison. Había sido el *deseo dominante* de Barnes durante mucho tiempo. Al principio, cuando ese deseo apareció por primera vez en su mente, puede que haya sido, y probablemente lo fue, solo un anhelo. Pero cuando se presentó ante Edison con él, ya no era un simple deseo.

Algunos años después, Edwin C. Barnes volvió a estar frente a Edison, en la misma oficina donde conoció por primera vez al inventor. Esta vez, su DESEO se había convertido en realidad. *Estaba haciendo negocios con Edison.* EL SUEÑO DOMINANTE DE SU VIDA se había hecho realidad. Hoy en día, quienes conocen a Barnes lo envidian por la «oportunidad» que la vida le brindó. Lo ven en sus días de triunfo sin tomarse la molestia de investigar la causa de su éxito.

Barnes tuvo éxito porque eligió un objetivo definido y puso toda su energía, toda su fuerza de voluntad, todo su esfuerzo, todo lo que tenía, detrás de ese objetivo. No se convirtió en socio de Edison el mismo día que llegó. Se conformó con empezar en el trabajo más humilde, siempre que eso le permitiera avanzar, aunque fuera un solo paso hacia su objetivo soñado.

Pasaron cinco años antes de que surgiera la oportunidad que había estado esperando. Durante todos esos años no tuvo ni una sola señal de esperanza, ni una sola promesa de que su DESEO se iba a hacer realidad. Para todos los demás no era más que otro engranaje en la maquinaria del negocio de Edison, pero, en su propia mente, ÉL ERA EL SOCIO DE EDISON CADA MINUTO DEL TIEMPO que pasó allí, desde el mismo día en que empezó a trabajar para él.

Este ejemplo es una ilustración extraordinaria del poder de un DESEO DEFINIDO. Barnes alcanzó su meta porque quería ser socio comercial del señor Edison más que cualquier otra cosa. Así, creó un plan para lograr ese propósito y, al hacerlo, QUEMÓ TODOS LOS PUENTES DETRÁS DE SÍ. Se aferró a su DESEO hasta que se convirtió en la obsesión dominante de su vida y, finalmente, en un hecho.

Cuando fue a Orange, no se dijo a sí mismo: «Intentaré convencer a Edison de que me dé algún trabajo»; dijo: «Iré a ver a Edison y le haré saber que he venido a hacer negocios con él».

No dijo: «Trabajaré allí unos meses y, si no encuentro una motivación, renunciaré y buscaré empleo en otro lugar»; sino: «Comenzaré en cualquier puesto. Haré cualquier cosa que Edison me diga que haga, pero *antes de que termine* llegaré a ser su socio».

No dijo: «Estaré atento a otra oportunidad en caso de que no logre lo que quiero en la organización de Edison»; sino: «Solo hay UNA cosa en este mundo que estoy decidido a conseguir, y es una asociación comercial con Thomas A. Edison. Quemaré todos los puentes detrás de mí y apostaré TODO MI FUTURO a mi capacidad de obtener lo que quiero».

No se dio ninguna oportunidad de rendirse. ¡Tenía que ganar o perecer!

Eso es todo lo que hay en la historia de éxito de Barnes.

Hace mucho tiempo, un gran guerrero enfrentó una situación que lo obligó a tomar una decisión que aseguraría su éxito en el campo de batalla. Estaba a punto de enviar sus tropas contra un enemigo poderoso, cuyas fuerzas lo superaban en número. Embarcó a sus soldados, navegó hasta el país enemigo, desembarcó a los soldados y el equipo, y luego dio la orden de quemar los barcos que los habían llevado hasta allí. Al dirigirse a sus hombres antes de la primera batalla, les dijo: «Ven los barcos convirtiéndose en humo. Eso significa que no podremos abandonar estas costas con vida a menos que ganemos. Ahora no tenemos elección: *o ganamos o perecemos*». Y ganaron.

Toda persona que triunfa en cualquier empresa debe estar dispuesta a quemar sus barcos y eliminar todas las posibilidades de retirada. Solo de esta manera se puede mantener ese estado mental conocido como un DESEO VEHEMENTE DE TRIUNFAR, esencial para el éxito.

La mañana después del gran incendio de Chicago, un grupo de comerciantes se reunió en State Street, contemplando los restos humeantes de lo que habían sido sus negocios. Se reunieron para decidir si intentarían reconstruir o si abandonarían Chicago para empezar de nuevo en una zona más prometedora del país. Todos, excepto uno, decidieron marcharse.

El comerciante que decidió quedarse y reconstruir señaló con el dedo los restos de su tienda y dijo: «Señores, en este mismo lugar construiré la tienda más grande del mundo, sin importar cuántas veces pueda incendiarse».

Eso fue hace más de cincuenta años. La tienda fue construida. Hoy sigue en pie, como un monumento imponente al poder de ese estado mental conocido como un DESEO VEHEMENTE. Lo más fácil para Marshall Field habría sido hacer exactamente lo que hicieron sus colegas. Cuando las cosas se pusieron difíciles y el futuro parecía sombrío, ellos se retiraron y se fueron a donde la situación parecía más favorable.

Preste atención a esta diferencia entre Marshall Field y los otros comerciantes, porque es la misma que distingue a Edwin C. Barnes de los miles de jóvenes que trabajaron en la organización de Edison. Es la misma diferencia que distingue a prácticamente todos los que triunfan de aquellos que fracasan.

Cada ser humano que alcanza la edad suficiente para comprender el propósito del dinero lo desea. Pero *anhelar* no traerá riquezas. Solo cuando se *desea* la riqueza hasta que se convierte en una obsesión, y se planifican formas concretas para obtenerla y se respalda ese plan con una persistencia que *no reconoce el fracaso*, entonces se pueden alcanzar las riquezas.

El método mediante el cual el DESEO de riqueza puede ser transformado en su equivalente financiero consta de seis pasos definidos y prácticos:

Primero: fije en su mente la cantidad exacta de dinero que desea. No basta con decir «quiero mucho dinero». Sea específico con la cantidad. (Hay una razón psicológica para esta precisión, que se explicará en un capítulo posterior).

Segundo: determine exactamente qué está dispuesto a dar a cambio del dinero que desea. (No existe el «algo por nada»).

Tercero: establezca la fecha exacta en la que pretende lograr el dinero deseado.

Cuarto: diseñe un plan claro para alcanzar su deseo y comience de inmediato, ya sea que esté listo o no a ponerlo en *acción*.

Quinto: escriba una declaración clara y concisa sobre la cantidad de dinero que desea adquirir, el plazo en el que lo obtendrá, lo que dará a cambio y el plan específico que seguirá para acumularlo.

Sexto: lea su declaración escrita en voz alta dos veces al día, una vez antes de acostarte por la noche y otra al despertar por la mañana. MIENTRAS LA LEE, VISUALICE, SIENTA Y CREA QUE YA ESTÁ EN POSESIÓN DEL DINERO.

Es fundamental que siga las instrucciones descritas en estos seis pasos. Especialmente importante es que cumpla con las indicaciones del sexto paso. Puede que se queje diciendo que es imposible «verse a uno mismo en posesión del dinero» antes de tenerlo realmente. Aquí es cuando un DESEO VEHEMENTE le será de ayuda. Si desea el dinero con tanta intensidad que se convierta en una obsesión, no tendrá dificultad en convencerse de que lo obtendrá. El objetivo es querer el dinero con tanta determinación que logre CONVENCERSE de que lo tendrá.

Solo aquellos que se vuelven «conscientes del dinero» llegan a acumular grandes riquezas. La conciencia del dinero significa que la mente está tan completamente saturada con el DESEO de riqueza que la persona se ve a sí misma ya en posesión del dinero.

Para los no iniciados en los principios del funcionamiento de la mente humana, estas instrucciones pueden parecer poco prácticas. Pero tal vez les ayude saber que esta información proviene de Andrew Carnegie, quien comenzó como un simple obrero en las acerías y, a pesar de sus humildes comienzos, logró aplicar estos principios para acumular una fortuna de más de cien millones de dólares.

También puede ser útil saber que estos seis pasos fueron analizados detenidamente por el fallecido Thomas A. Edison, quien los aprobó no solo como los pasos esenciales para la acumulación de riqueza, sino como fundamentales para alcanzar *cualquier objetivo definido*.

Estos pasos no exigen un trabajo arduo. No requieren sacrificio. No exigen que uno se vuelva ridículo o crédulo. No se necesita una gran educación para aplicarlos. Pero sí requieren la suficiente *imaginación* para comprender que la acumulación de riqueza no puede dejarse al azar, a la buena suerte o a la fortuna. Uno debe entender que todas las personas que han acumulado grandes fortunas primero pasaron por un proceso de soñar, esperar, desear y PLANEAR *antes* de adquirir dinero.

Debe saber, desde ahora, que nunca podrá tener riquezas en grandes cantidades A MENOS que logre encender en usted un DESEO ARDIENTE por el dinero y realmente CREA que lo poseerá.

También debe saber que todo gran líder, desde los albores de la civilización hasta el presente, ha sido un soñador. El cristianismo es hoy la mayor potencia en el mundo porque su fundador fue un soñador apasionado, con la visión e imaginación necesarias para ver las realidades en su forma mental y espiritual antes de que se transformaran en una realidad física.

Si usted no es capaz de ver grandes riquezas en su imaginación, jamás las verá en su cuenta bancaria.

Nunca en la historia de los Estados Unidos ha habido una oportunidad tan grande para los soñadores prácticos como la que existe hoy. El colapso económico de seis años ha puesto a todos los hombres, en esencia, en el mismo nivel. Una nueva carrera está a punto de comenzar. El premio consiste en enormes fortunas que se acumularán durante la próxima década. Las reglas de la carrera han cambiado, porque ahora vivimos en un MUNDO CAMBIANTE que favorece definitivamente a las masas, a aquellos que antes tenían pocas o ninguna oportunidad de triunfar bajo las condiciones previas a la Gran Depresión, cuando el miedo paralizaba el crecimiento y el desarrollo.

Quienes participamos en esta carrera por la riqueza debemos sentirnos motivados al saber que este mundo en transformación demanda nuevas ideas, nuevas formas de hacer las cosas, nuevos líderes, nuevas invenciones, nuevos métodos de enseñanza, nuevas estrategias de mercado, nuevos libros, nueva literatura, nuevas propuestas para la radio, nuevas ideas para el cine. Detrás de toda esta necesidad de cambio y progreso hay una cualidad que uno debe poseer para triunfar: la DETERMINACIÓN DE PROPÓSITO, el conocimiento claro de lo que se quiere y un DESEO VEHEMENTE de alcanzarlo.

La depresión económica marcó el fin de una era y el nacimiento de otra. Este nuevo mundo necesita soñadores prácticos que puedan y que *conviertan* sus sueños en acción. Los soñadores prácticos han sido y seguirán como los arquitectos de la civilización.

Quienes buscamos acumular riqueza debemos recordar que los verdaderos líderes del mundo han sido aquellos que han sabido aprovechar y dar un uso práctico a fuerzas intangibles e invisibles, a oportunidades aún no nacidas, y convertir esas fuerzas —esos impulsos de pensamiento— en rascacielos, ciudades, fábricas, aviones, automóviles y todas las comodidades que hacen la vida más placentera.

La tolerancia y una mente abierta son necesidades prácticas para los soñadores de hoy. Quienes temen las nuevas ideas están condenados antes de empezar. Nunca ha habido un momento más propicio para los pioneros que el presente. Es cierto que ya no hay un Lejano Oeste por conquistar, como en la época de las carretas cubiertas, pero existe un vasto mundo de negocios, finanzas e industria que debe ser reformado y redirigido hacia un futuro mejor.

Al planear cómo obtener su parte de la riqueza, no permita que nadie influya en usted para hacer que sienta desprecio por los soñadores. Para ganar a lo grande en este mundo cambiante, debe adoptar el espíritu de los grandes pioneros del pasado, cuyos sueños han dado a la civilización todo lo que hoy tiene de valor. Ese mismo espíritu es el motor de nuestro país y representa su oportunidad y la mía para desarrollar y comercializar nuestros talentos.

No olvidemos que Colón soñó con un mundo desconocido, apostó su vida a la existencia de ese mundo y ¡lo descubrió!

Copérnico, el gran astrónomo, soñó con la existencia de múltiples mundos y los reveló. Nadie lo llamó «impráctico» *después* de su triunfo. Al contrario, el mundo lo veneró, demostrando una vez más que «EL ÉXITO NO NECESITA DISCULPAS, EL FRACASO NO PERMITE EXCUSAS».

Si lo que desea hacer es correcto y cree en ello, ¡adelante, hágalo! Lleve a cabo su sueño sin importar lo que «ellos» digan si enfrenta derrotas temporales, porque «ellos» tal vez no sepan que CADA FRACASO TRAE CONSIGO LA SEMILLA DE UN ÉXITO EQUIVALENTE.

Henry Ford, pobre y sin educación, soñó con un carruaje sin caballos. Trabajó con las herramientas que tenía sin esperar a que la oportunidad lo favoreciera y, ahora, su sueño recorre toda la Tierra. Ha puesto en circulación más ruedas que cualquier otro hombre en la historia porque no tuvo miedo de respaldar sus sueños.

Thomas A. Edison soñó con una lámpara eléctrica y comenzó a hacer su sueño realidad desde donde estaba. A pesar de más de *10 000 fracasos*, perseveró hasta que convirtió su sueño en una realidad tangible. ¡Los soñadores prácticos NO RENUNCIAN!

Whelan soñó con una cadena de tiendas de habanos, llevó su sueño a la acción y hoy las United Cigar Stores ocupan las mejores esquinas de los Estados Unidos.

Lincoln soñó con la libertad de los esclavos y convirtió su sueño en acción. Aunque no vivió para verlo, su sueño se hizo realidad cuando el Norte y el Sur se unieron.

Los hermanos Wright soñaron con una máquina que volara por el aire. Hoy, su sueño se puede ver en los cielos de todo el mundo.

Marconi soñó con un sistema para aprovechar las fuerzas invisibles del éter. La prueba de que su sueño era real está en cada radio y sistema de comunicación inalámbrica del planeta. Más aún, el sueño de Marconi acercó las casas más humildes y las mansiones más opulentas, convirtiendo las naciones en vecinas. Gracias a su visión, el presidente de los Estados Unidos puede hablar con todo el país de manera inmediata. Tal vez le interese saber que, cuando Marconi anunció que había descubierto un principio mediante el cual podía enviar mensajes por el aire sin cables ni medios físicos de comunicación, sus «amigos» lo hicieron arrestar y examinar en un hospital psiquiátrico. Los soñadores de hoy tienen mejor suerte.

El mundo se ha acostumbrado a los nuevos descubrimientos. Es más, ha demostrado que está dispuesto a recompensar al soñador que le ofrece una idea innovadora.

«Todo gran logro fue, al principio y por un tiempo, solo un sueño».

«La encina duerme en la bellota. El pájaro espera en el huevo y, en la visión más elevada del alma, un ángel despierta. LOS SUEÑOS SON LAS SEMILLAS DE LA REALIDAD».

¡Despierten, levántense y afirmen su lugar, soñadores del mundo! Su estrella está en ascenso. La crisis mundial ha traído la oportunidad que han estado esperando. Ha enseñado a la gente humildad y tolerancia, y le ha ayudado a mantener una mente abierta.

El mundo está lleno de una abundancia de OPORTUNIDADES que los soñadores del pasado jamás conocieron.

UN DESEO VEHEMENTE DE SER Y DE HACER es el punto de partida desde el cual el soñador debe despegar. Los sueños no nacen de la indiferencia, la pereza o la falta de ambición.

El mundo ya no se burla del soñador ni lo llama impráctico. Si cree que sí lo hace, viaje a Tennessee y observe lo que un presidente soñador ha logrado al aprovechar y utilizar el gran poder del agua en los Estados Unidos. Hace veinte años, un sueño así habría parecido una locura.

Seguramente ha sufrido desilusiones. Ha conocido la derrota durante la Gran Depresión. Ha sentido su gran corazón aplastado hasta sangrar. ¡Recobre el ánimo! Estas experiencias han templado el metal espiritual del que está hecho. Son activos de un valor incalculable.

Recuerde también que todos los que triunfan en la vida comienzan con dificultades y atraviesan muchas pruebas dolorosas antes de «llegar». El punto de inflexión en la vida de quienes alcanzan el éxito suele llegar en un momento de crisis, con el cual descubren su «otro yo».

John Bunyan escribió *El progreso del peregrino*, una de las grandes obras de la literatura en inglés, después de haber sido encarcelado y castigado severamente por sus puntos de vista acerca de la religión.

O. Henry descubrió el genio dormido en su mente tras sufrir una gran desgracia y ser encarcelado en Columbus, Ohio. OBLIGADO por la adversidad a conocerse a sí mismo y a usar su IMAGINACIÓN, descubrió que era un gran escritor, no un criminal ni un marginado. Los caminos de la vida son extraños y variados. Pero aún más extrañas son las maneras en que la Inteligencia Infinita a veces obliga a los hombres a pasar por todo tipo de sufrimientos antes de que descubran su propia mente y su capacidad para crear ideas útiles con la imaginación.

Edison, el mayor inventor y científico del mundo, fue un operador de telégrafo ambulante. Fracasó innumerables veces antes de ser impulsado, finalmente, a descubrir el gran genio que dormía en su cerebro.

Charles Dickens comenzó pegando etiquetas en frascos de betún. La tragedia de su primer amor penetró en lo más profundo de su alma y lo convirtió en uno de los más grandes escritores del mundo. Esa tragedia dio lugar, primero, a *David Copperfield* y, luego, a una sucesión de otras obras que enriquecieron y mejoraron el mundo para todos los que leyeron sus libros. La desilusión en los asuntos del amor suele llevar a los hombres a la bebida y a las mujeres a la perdición, porque la mayoría de las personas nunca aprende el arte de transmutar sus emociones más intensas en sueños de naturaleza constructiva.

Helen Keller quedó sorda, muda y ciega poco después de nacer. A pesar de su enorme desgracia, ha dejado su nombre grabado de manera indeleble en las páginas de la historia de los grandes. Toda su vida ha servido como prueba de que *nadie es derrotado hasta que acepta la derrota como una realidad.*

Robert Burns fue un campesino analfabeto. Estuvo marcado por la pobreza y, además, se convirtió en un alcohólico. Sin embargo, el mundo fue un lugar mejor gracias a su existencia porque desarrolló pensamientos hermosos mediante la poesía; arrancó una espina y plantó una rosa en su lugar.

Booker T. Washington nació esclavo, limitado por su raza y color. Pero gracias a que fue tolerante, a que mantuvo una mente abierta en todo momento y sobre todos los temas, y a que fue un SOÑADOR, dejó una huella positiva en toda una raza.

Beethoven era sordo, Milton era ciego, pero sus nombres perdurarán mientras el tiempo exista, porque soñaron y transformaron sus sueños en un pensamiento organizado.

Antes de pasar al siguiente capítulo, avive en su mente el fuego de la esperanza, la fe, el valor y la tolerancia. Si posee estos estados mentales y un conocimiento práctico de los principios descritos, todo lo que necesite llegará a usted cuando esté LISTO para recibirlo. Permita que Emerson exprese esta idea con las siguientes palabras: «Todo proverbio, todo libro, toda máxima que te pertenezca como ayuda y consuelo, llegará sin falta a ti a través de caminos rectos o sinuosos. Todo amigo que no sea deseado por tu voluntad caprichosa, sino por la gran y tierna alma que hay en ti, te acogerá en su abrazo».

Existe una diferencia entre DESEAR algo y estar LISTO para recibirlo. Nadie está *listo* para recibir algo hasta que está convencido de que puede obtenerlo. El estado mental debe ser una auténtica CREENCIA, no una mera esperanza o un deseo. La mente abierta es esencial para la creencia. Las mentes cerradas no inspiran fe, valor ni confianza.

Recuerde, no se requiere más esfuerzo para apuntar alto en la vida, para exigir abundancia y prosperidad, que el que se necesita para aceptar la miseria y la pobreza. Un gran poeta expresó correctamente esta verdad universal en estos versos:

Negocié con la Vida por un centavo,
y la Vida no quiso pagarme más,
por mucho que supliqué al anochecer
al contar mi escaso tesoro.

Porque la Vida es un patrón justo,
te da lo que pides,
pero, una vez que has fijado tu sueldo,
debes asumir la tarea.

Trabajé por un mísero jornal,
solo para descubrir, consternado,
que cualquier sueldo que le hubiera pedido a la Vida,
la Vida me lo habría pagado gustosamente.

El deseo es más inteligente que la Madre Naturaleza

Como un cierre adecuado para este capítulo, quiero presentar a una de las personas más extraordinarias que he conocido. Lo vi por primera vez hace 24 años, pocos minutos después de haber nacido. Llegó al mundo sin ningún signo físico de orejas y el médico admitió, cuando se le presionó para que diera una opinión, que el niño podría ser sordo y mudo de por vida.

Desafié la opinión del médico. Tenía derecho a hacerlo, pues era el padre del niño. Yo también tomé una decisión y emití un juicio, pero lo hice en silencio, en la intimidad de mi propio corazón. Decidí que mi hijo escucharía y hablaría. La naturaleza podía enviarme un hijo sin orejas, pero *no podía obligarme a aceptar* la realidad de esa afección.

En mi mente estaba convencido de que mi hijo escucharía y hablaría. ¿Cómo? Estaba seguro de que debía existir un camino, y sabía que lo encontraría. Pensé en las palabras del inmortal Emerson: «El transcurrir de todas las cosas nos enseña el camino hacia la fe. Solo necesitamos obedecer. Hay un guía para cada uno de nosotros y, si lo hacemos con humildad, escucharemos *la palabra correcta*».

¿La palabra correcta? ¡DESEO! Más que cualquier otra cosa, yo DESEABA que mi hijo no fuera sordo ni mudo. Nunca me aparté de ese deseo, ni por un segundo.

Muchos años antes había escrito: «Nuestras únicas limitaciones son aquellas que establecemos en nuestra propia mente». Por primera vez me pregunté si esa afirmación era realmente cierta. Frente a mí, acostado en la cama, estaba un niño recién nacido, sin el equipo natural para oír. Incluso si llegara a escuchar y hablar, su apariencia estaba marcada de por vida. Seguramente, esta era una limitación que ese niño no había establecido en su propia mente.

¿Qué podía hacer yo al respecto? De alguna manera tenía que encontrar la forma de trasplantar en la mente de ese niño mi propio VEHEMENTE DESEO de descubrir los medios para llevar el sonido a su cerebro sin la ayuda de las orejas.

Tan pronto como el niño tuviera edad suficiente para cooperar, llenaría su mente por completo con un VEHEMENTE DESEO de escuchar, de modo que la Naturaleza, con sus propios medios, lo convirtiera en una realidad física.

Todo este razonamiento tuvo lugar en mi propia mente, y no lo compartí con nadie. Cada día renovaba el compromiso que había hecho conmigo mismo: no aceptar que mi hijo fuera sordo y mudo.

A medida que crecía y comenzaba a notar las cosas a su alrededor, observamos que tenía un leve grado de audición. Cuando llegó a la edad en la que los niños suelen empezar a hablar, él no hizo ningún intento, pero por sus acciones podíamos notar que escuchaba ciertos sonidos, aunque fuera ligeramente. ¡Eso era todo lo que yo necesitaba saber! Estaba convencido de que, si él podía oír, aunque fuera un poco, tal vez desarrollaría una mayor capacidad auditiva. Entonces ocurrió algo que me dio esperanzas, y vino de una fuente totalmente inesperada.

Compramos una vitrola. Cuando el niño escuchó la música por primera vez, se puso eufórico y, de inmediato, se apropió de la máquina. Pronto mostró preferencia por ciertos discos, entre ellos *It's a Long Way to Tipperary*. En una ocasión reprodujo esa canción una y otra vez durante casi dos horas, de pie frente a la vitrola, *con los dientes apretados contra el borde del aparato*. El significado de este hábito que él mismo desarrolló no se nos hizo evidente sino hasta años después, pues en ese momento no habíamos oído hablar del principio de la «conducción ósea» del sonido.

Poco después de que se apropiara de la vitrola, descubrí que podía escucharme con claridad cuando hablaba con mis labios tocando su hueso mastoideo o la base del cráneo. Estos descubrimientos me dieron los medios necesarios para comenzar a convertir en realidad mi VEHEMENTE DESEO de ayudar a mi hijo a desarrollar su audición y su habla. Para ese entonces ya intentaba pronunciar algunas palabras. El panorama estaba lejos de ser alentador, pero el DESEO RESPALDADO POR LA FE no conoce la palabra *imposible*.

Al determinar que podía escuchar claramente el sonido de mi voz, comencé de inmediato a transferir a su mente el deseo de oír y hablar. Pronto descubrí que disfrutaba los cuentos antes de dormir, así que me dediqué a crear historias diseñadas para desarrollar en él la autoconfianza, la imaginación y un *fuerte deseo de escuchar y ser normal*.

Había una historia en particular que enfatizaba cada vez más, dándole un matiz nuevo y dramático cada vez que se la contaba. Su propósito era sembrar en su mente la idea de que su discapacidad no era una desventaja, sino un activo de gran valor. A pesar de que toda la filosofía que había estudiado indicaba claramente que CADA ADVERSIDAD TRAE CONSIGO LA SEMILLA DE UNA VENTAJA EQUIVALENTE, debo confesar que no tenía la menor idea de cómo su afección llegaría a convertirse en una ventaja. Sin embargo, continué con la práctica de envolver esa filosofía en cuentos que le leía antes de dormir, con la esperanza de que llegara el momento en que él mismo encontrara una manera de hacer que su discapacidad sirviera para un propósito útil.

La razón me decía claramente que no había una compensación adecuada para la falta de orejas y del equipo natural de audición. Sin embargo, el DESEO respaldado por la FE dejó a un lado la razón y me inspiró a seguir adelante.

Al analizar la experiencia en retrospectiva, ahora puedo ver que la fe de mi hijo en mí tuvo mucho que ver con los sorprendentes resultados. Nunca cuestionó nada de lo que yo le decía. Le vendí la idea de que tenía una *ventaja* distinta sobre su hermano mayor y que esa ventaja se reflejaría de muchas maneras. Por ejemplo, los maestros en la escuela notarían que no tenía orejas y, debido a ello, le prestarían especial atención y lo tratarían con una amabilidad extraordinaria. Siempre lo hicieron. Su madre se encargó de ello, visitó a los maestros y los convenció de que le brindaran la atención adicional que necesitaba. También le vendí la idea de que, cuando tuviera la edad suficiente para vender periódicos (su hermano mayor ya se había convertido en un pequeño empresario de periódicos), él tendría una gran ventaja sobre su hermano. ¿La razón? La gente le pagaría más por sus productos, porque verían que era un niño brillante y trabajador, a pesar de no tener orejas.

Poco a poco, notamos que la audición del niño mejoraba. Además, no tenía la mínima tendencia de sentirse acomplejado por su condición. Cuando tenía unos 7 años, dio la primera señal de que nuestro método de fortalecer su mente estaba dando frutos. Durante varios meses rogó por el privilegio de vender periódicos, pero su madre no le dio permiso. Temía que su sordera lo pusiera en peligro si salía solo a la calle.

Finalmente, él tomó el asunto en sus propias manos. Una tarde, cuando se quedó en casa con los sirvientes, salió por la ventana de la cocina, se deslizó hasta la calle y se lanzó a su aventura. Pidió prestados seis centavos al zapatero del barrio, los invirtió en periódicos, los vendió todos, reinvirtió sus ganancias y repitió el proceso hasta entrada la noche. Después de cuadrar sus cuentas y de pagar los seis centavos que le había pedido prestados a su banquero, obtuvo una ganancia neta de 42 centavos. Al regresar a casa esa noche, lo encontramos dormido en la cama, con el dinero fuertemente apretado en su mano.

Su madre abrió su mano, sacó las monedas y lloró. ¡Me parecía increíble! ¡Llorar por la primera victoria de su hijo! Era totalmente inapropiado. Mi reacción fue la opuesta: me reí con ganas, porque sabía que mi esfuerzo por inculcar en la mente del niño una actitud de confianza en sí mismo había sido exitoso.

Su madre veía en su primera experiencia de negocios a un niño sordo que había salido a la calle y arriesgado su vida para ganar dinero. Yo veía a un pequeño empresario valiente, ambicioso e independiente, cuya confianza en sí mismo había aumentado 100% porque había emprendido un negocio por iniciativa propia y había triunfado. La experiencia me alegró porque supe que había demostrado un ingenio y una autosuficiencia que lo acompañarían durante toda su vida. Los acontecimientos posteriores confirmaron esto. Cuando su hermano mayor quería algo, se tiraba al suelo, pataleaba, lloraba... y lo conseguía. Cuando el «pequeño niño sordo» quería algo, elaboraba un plan para ganar dinero y se lo compraba él mismo. ¡Y lo sigue haciendo al día de hoy!

Verdaderamente, mi propio hijo me enseñó que las limitaciones pueden convertirse en escalones para alcanzar una meta valiosa, a menos que sean aceptadas como obstáculos y usadas como excusas.

El pequeño niño sordo pasó por la escuela primaria, el bachillerato y la universidad sin poder oír a sus maestros, excepto cuando le gritaban de cerca. No asistió a una escuela para sordos. NO LE PERMITIMOS APRENDER EL LENGUAJE DE SEÑAS. Estábamos decididos a que viviera una vida normal y se relacionara con niños normales, y nos mantuvimos firmes en esa decisión, aunque nos costó muchas acaloradas discusiones con las autoridades escolares.

Mientras estaba en el bachillerato, probó un audífono eléctrico, pero no le fue de utilidad. Creíamos que esto se debía a una condición que se reveló cuando el niño tenía 6 años, gracias al doctor J. Gordon Wilson, de Chicago, quien operó un lado de su cabeza y descubrió que no había señales de un sistema auditivo natural.

Dieciocho años después de la operación, durante su última semana en la universidad, ocurrió algo que marcó el punto de inflexión más importante de su vida. Aparentemente por casualidad, llegó a sus manos otro audífono eléctrico, enviado para que lo probara. Al principio fue reacio a intentarlo, debido a la decepción que había tenido con un dispositivo similar. Finalmente tomó el aparato con desgana, lo colocó en su cabeza, conectó la batería y, como por arte de magia, ¡SU VEHE- MENTE DESEO DE ESCUCHAR NORMALMENTE SE HIZO REALIDAD! Por primera vez en su vida oyó casi tan bien como cualquier persona con audición normal. «Dios obra de maneras misteriosas para manifestar sus maravillas».

Lleno de alegría por el nuevo mundo que su dispositivo auditivo le había traído, corrió al teléfono, le llamó a su madre y escuchó su voz perfectamente. Al día siguiente, en clase, pudo oír con claridad las voces de sus profesores por primera vez en su vida. Antes solo podía escucharlos cuando le gritaban de cerca. Oyó la radio. *Oyó* el cine hablado. Por primera vez en su vida pudo conversar libremente con otras personas sin necesidad de que le hablaran en voz alta. En verdad, había entrado en posesión de un mundo transformado. Nos habíamos negado a aceptar el error de la naturaleza y, mediante un DESEO PERSISTENTE, logramos que la naturaleza corrigiera ese error a través del único medio práctico disponible.

El DESEO había comenzado a dar frutos, pero la victoria aún no estaba completa. El joven todavía tenía que encontrar una manera clara y práctica de convertir su limitación en una *ventaja equivalente*.

Sin darse cuenta del todo del significado de lo que ya había logrado, pero embriagado por la alegría de su recién descubierto mundo de sonido, le escribió una carta al fabricante del audífono, describiendo con entusiasmo su experiencia. Algo en esa carta, algo quizá no escrito explícitamente en las líneas, sino en el espíritu detrás de ellas, llevó a la empresa a invitarlo a Nueva York. Cuando llegó, lo llevaron a recorrer la fábrica y, mientras conversaba con el jefe de ingenieros sobre su mundo transformado, una corazonada, una idea o una inspiración —llámese como se quiera— destelló en su mente. Fue ese *impulso de pensamiento* el que convirtió su afección en un activo, destinado a pagar dividendos tanto en dinero como en felicidad a miles de personas para siempre.

La suma y sustancia de ese impulso era este: se le ocurrió que podía ayudar a los millones de personas sordas que pasaban su vida sin el beneficio de un audífono si encontraba la manera de contarles la historia de su mundo transformado. En ese momento tomó la decisión de dedicar el resto de su vida a brindar un servicio útil a las personas con problemas de audición.

Durante un mes entero llevó a cabo una intensa investigación, en la que analizó todo el sistema de comercialización del fabricante del audífono y creó estrategias para comunicarse con las personas con dificultades auditivas en todo el mundo, con el propósito de compartir con ellas su recién descubierto mundo transformado. Cuando terminó su investigación, elaboró un plan de dos años basado en sus hallazgos. Al presentarlo a la empresa, fue contratado de inmediato con el propósito de llevar a cabo su ambición. Jamás habría imaginado, cuando comenzó a trabajar, que estaba destinado a llevar esperanza y alivio práctico a miles de personas sordas que, sin su ayuda, habrían estado condenadas para siempre a la sordomudez.

Poco después de que se asociara con el fabricante de su audífono, mi hijo me invitó a asistir a una clase impartida por la empresa, cuyo propósito era enseñarles a los sordomudos a escuchar y hablar. Nunca había oído hablar de un tipo de educación así, por lo que visité la clase con escepticismo, pero con la esperanza de que mi tiempo no fuera completamente desperdiciado. Allí presencié una demostración que me dio una visión mucho más amplia de lo que había logrado al despertar y mantener vivo en la mente de mi hijo el DESEO de escuchar con normalidad. Vi cómo se enseñaba a sordomudos a oír y hablar mediante la aplicación del mismo principio que yo había utilizado más de veinte años antes para salvar a mi hijo de la sordomudez. Así, por un extraño giro de la Rueda del Destino, mi hijo Blair y yo hemos sido destinados a contribuir en la corrección de la sordomudez para generaciones aún no nacidas, porque, hasta donde sé, somos las únicas personas vivas que han demostrado, de manera definitiva, que esta condición puede corregirse hasta el punto de permitir que quienes la padecen puedan llevar una vida normal. Se hizo con uno; se hará con muchos más.

No tengo la menor duda de que Blair habría sido sordomudo toda su vida si su madre y yo no hubiéramos moldeado su mente como lo hicimos. El médico que atendió su nacimiento nos dijo, confidencialmente, que el niño quizá nunca podría oír ni hablar. Hace unas semanas, el doctor Irving Voorhees, un reconocido especialista en este tipo de casos, examinó minuciosamente a Blair. Se quedó asombrado al descubrir lo bien que mi hijo puede oír y hablar. Su evaluación indicó que, «teóricamente, el niño no debería tener la capacidad de oír en absoluto». Pero lo hace, a pesar de que las radiografías muestran que no existe ninguna abertura en el cráneo que conecte el área donde deberían estar sus orejas con su cerebro.

Cuando sembré en su mente el DESEO de oír, hablar y vivir como una persona normal, junto con ese impulso se manifestó una influencia misteriosa que llevó a la Naturaleza a construir un puente sobre el abismo de silencio entre su cerebro y el mundo exterior, mediante un proceso que ni los médicos más expertos han podido explicar. Sería un sacrilegio de mi parte siquiera especular cómo fue que la Naturaleza realizó este milagro. Pero sería imperdonable no contarle al mundo lo que sé sobre el modesto papel que desempeñé en esta experiencia extraordinaria. Es mi deber y privilegio decir que creo, y no sin razón, que nada es imposible para quien respalda su DESEO con una FE inquebrantable.

En verdad, un VEHEMENTE DESEO tiene maneras misteriosas de transformarse en su equivalente físico. Blair DESEABA escuchar con normalidad, ¡y ahora lo hace! Nació con una condición que podría haber llevado a alguien con un DESEO menos definido a las calles, con un puñado de lápices y un vaso de hojalata. Sin embargo, ahora, esa misma condición se ha convertido en el medio con el cual podrá brindar un servicio valioso a millones de personas con problemas de audición, además de proporcionarle un empleo útil y una compensación económica adecuada por el resto de su vida.

Las pequeñas «mentiras piadosas» que sembré en su mente cuando era niño, llevándolo a CREER que su discapacidad se convertiría en una gran ventaja que podría aprovechar, se han justificado plenamente. En verdad, no hay nada, bueno o malo, que la CREENCIA, combinada con un VEHEMENTE DESEO, no pueda convertir en realidad. Estas cualidades están al alcance de todos.

En toda mi experiencia, tratando con hombres y mujeres que enfrentaban problemas personales, jamás encontré un caso que demostrara más claramente el poder del DESEO. Los autores a veces cometen el error de escribir sobre temas de los que solo tienen un conocimiento superficial o elemental. Pero he tenido la fortuna de poner a prueba la solidez del PODER DEL DESEO a partir de la propia condición de mi hijo. Quizá fue providencial que esta experiencia llegara como lo hizo, porque seguramente nadie está mejor preparado que él para servir como ejemplo de lo que sucede cuando un DESEO se pone a prueba. *Si la Madre Naturaleza se doblega ante la voluntad del deseo, ¿es lógico pensar que hombres simples pueden derrotar un vehemente deseo?*

¡Extraño e insondable es el poder de la mente humana! No comprendemos el método mediante el cual utiliza cada circunstancia, cada individuo, cada objeto físico a su alcance como un medio para transmutar el DESEO en su equivalente físico. Tal vez la ciencia descubra algún día este secreto.

Sembré en la mente de mi hijo el DESEO de oír y hablar como cualquier persona normal. Ese DESEO se ha convertido en realidad. Sembré en su mente el DESEO de convertir su mayor discapacidad en su mayor fortaleza. Ese DESEO también se ha hecho realidad. El *modus operandi* mediante el cual se logró este asombroso resultado no es difícil de describir. Se basó en tres hechos muy concretos: en primer lugar, MEZCLÉ la FE con el DESEO de una audición normal y se lo transmití a mi hijo; en segundo lugar, le comuniqué ese DESEO de todas las formas posibles, con un esfuerzo persistente y continuo, a lo largo de muchos años, y, en tercer lugar, ¡ÉL ME CREYÓ!

Mientras finalizaba este capítulo, llegó la noticia de la muerte de la señora Schuman-Heink. Un breve párrafo en el despacho de noticias ofrece la clave del éxito extraordinario de esta mujer como cantante. Cito el párrafo porque la clave que contiene no es otra que el DESEO:

> Al comienzo de su carrera, la señora Schuman-Heink visitó al director de la Ópera de la Corte de Viena para que evaluara su voz. Pero él ni siquiera la escuchó cantar. Tras echar un vistazo a la muchacha torpe y pobremente vestida, exclamó sin demasiada amabilidad: «Con esa cara y sin ninguna personalidad, ¿cómo esperas triunfar en la ópera? Mi niña, abandona esa idea. Cómprate una máquina de coser y ponte a trabajar. TÚ NUNCA SERÁS CANTANTE».

¡Nunca es mucho tiempo! El director de la Ópera de la Corte de Viena sabía mucho sobre la técnica del canto, pero sabía poco sobre el poder del DESEO cuando alcanza la magnitud de una obsesión. Si hubiera conocido más de ese poder, no habría cometido el error de condenar el talento sin darle una oportunidad de florecer.

Hace algunos años, un socio mío enfermó gravemente. Su estado empeoró con el tiempo y finalmente fue hospitalizado para una operación. Justo antes de que lo llevaran a la sala de cirugía, lo observé y me pregunté cómo alguien tan delgado y demacrado podría soportar una intervención de esa magnitud. El médico me advirtió que había muy pocas posibilidades de que volviera a verlo con vida. Pero esa era la opinión del doctor. No era la del paciente. Instantes antes de ser llevado al quirófano, mi amigo me susurró débilmente:

—No te preocupes, jefe, en unos días estaré fuera de aquí.

La enfermera me miró con compasión. Pero el paciente sobrevivió. Cuando todo terminó, su médico dijo:

—Nada más que su propio deseo de vivir lo salvó. Nunca habría salido adelante si no hubiera rechazado por completo la posibilidad de morir.

Creo en el poder del DESEO respaldado por la FE porque he visto cómo este poder ha elevado a hombres desde comienzos humildes hasta lugares de poder y riqueza; lo he visto arrebatar víctimas de la tumba; lo he visto servir como el medio por el cual los hombres han logrado recuperarse después de haber sido derrotados de cien maneras distintas; lo he visto proporcionar a mi propio hijo una vida normal, feliz y exitosa, a pesar de que la Naturaleza lo envió al mundo sin orejas.

¿Cómo puede uno aprovechar y utilizar el poder del DESEO? Esta pregunta ha sido respondida a lo largo de este capítulo y los siguientes de este libro. Este mensaje se difunde al mundo al término de la que ha sido la crisis más larga y, quizá, más devastadora que los Estados Unidos haya conocido. Es razonable suponer que el mensaje llegará a muchas personas afectadas por la crisis: aquellos que han perdido sus fortunas, otros que han perdido sus posiciones y una gran cantidad de individuos que deben reorganizar sus planes y abrirse camino nuevamente. A todos ellos quiero transmitirles la idea de que todo logro, sin importar su naturaleza o propósito, debe comenzar con un DESEO intenso y VEHEMENTE por algo concreto.

A partir de algún extraño y poderoso principio de «química mental» que nunca ha revelado, la Naturaleza envuelve en el impulso de un DESEO INTENSO «ese algo» que no reconoce la palabra *imposible* ni acepta el fracaso como una realidad.

3

Fe

VISUALIZACIÓN Y CREENCIA
EN LA CONSECUCIÓN DEL DESEO

EL SEGUNDO PASO HACIA LA RIQUEZA

La fe es el químico principal de la mente. Cuando la FE se mezcla con la vibración del pensamiento, la mente subconsciente capta instantáneamente la vibración, la traduce en su equivalente espiritual y la transmite a la Inteligencia Infinita, como ocurre en el caso de la oración.

Las emociones de FE, AMOR y SEXO son las más poderosas entre todas las emociones positivas principales. Cuando estas tres se combinan, producen el efecto de «colorear» la vibración del pensamiento de tal manera que llega instantáneamente a la mente subconsciente, donde se transforma en su equivalente espiritual, la única forma que induce una respuesta de la Inteligencia Infinita.

El amor y la fe son de naturaleza psíquica; están relacionados con el lado espiritual del ser humano. El sexo, en cambio, es puramente biológico y se relaciona tan solo con lo físico. La combinación o fusión de estas tres emociones tiene el efecto de abrir una línea de comunicación directa entre la mente finita y pensante del ser humano y la Inteligencia Infinita.

Cómo desarrollar la fe

A continuación, se presenta una declaración que permitirá comprender mejor la importancia del principio de la autosugestión en la transmutación del deseo hacia su equivalente físico o monetario, a saber: la FE es un estado mental que puede ser inducido o creado mediante afirmaciones o instrucciones repetidas a la mente subconsciente a través del principio de la autosugestión.

Como ejemplo, consideremos el propósito por el cual, quizá, usted está leyendo este libro. El objetivo, naturalmente, es adquirir la capacidad de transmutar el impulso intangible del DESEO en su equivalente físico: el dinero. Siguiendo las instrucciones establecidas en los capítulos sobre autosugestión y la mente subconsciente, tal como se resumen en el capítulo correspondiente a la autosugestión, usted puede CONVENCER a su mente subconsciente de que realmente cree que recibirá aquello que está pidiendo. La mente subconsciente actuará sobre esa creencia y se la devolverá en forma de FE, seguida de planes definidos para obtener lo que desea.

El método por el cual se desarrolla la FE, cuando aún no existe, es muy difícil de describir, casi tan difícil, de hecho, como describir el color rojo a un hombre ciego de nacimiento, que nunca ha visto colores y que no tiene con qué comparar lo que se le intenta explicar. La fe es un estado mental que puede desarrollar a voluntad, una vez que haya dominado los 13 principios, porque es un estado mental que surge voluntariamente a partir de la aplicación y el uso de esos principios.

La repetición de afirmaciones o instrucciones a su mente subconsciente es el único método conocido para desarrollar voluntariamente la emoción de la fe.

Tal vez el significado de esto se aclare con la siguiente explicación sobre cómo los hombres a veces se convierten en criminales. En palabras de un famoso criminólogo: «Cuando los hombres entran en contacto con el crimen por primera vez, lo aborrecen. Si permanecen en contacto con el crimen por un tiempo, se acostumbran y lo toleran. Si permanecen en contacto con él el tiempo suficiente, finalmente lo aceptan y se ven influenciados por él».

Esto equivale a decir que cualquier impulso de pensamiento que se transmita de forma repetida a la mente subconsciente es por último aceptado y llevado a la práctica por ella, que procederá a traducir ese impulso en su equivalente físico a partir del procedimiento más práctico disponible.

En relación con esto, considere de nuevo la siguiente afirmación: TODOS LOS PENSAMIENTOS QUE HAN SIDO EMOCIONALIZADOS (dotados de sentimiento) Y MEZCLADOS CON FE comienzan inmediatamente a traducirse en su equivalente o contraparte física.

Las emociones, o la parte «sentimental» de los pensamientos, son los factores que les dan vitalidad, vida y acción. Las emociones de FE, AMOR y SEXO, cuando se combinan con cualquier impulso de pensamiento, les otorgan mayor fuerza de acción que cualquiera de estas emociones por sí sola.

No solo los impulsos de pensamiento que han sido mezclados con FE, sino también aquellos que han sido mezclados con cualquiera de las emociones positivas o negativas, pueden alcanzar e influir en la mente subconsciente.

A partir de esta afirmación, usted comprenderá que la mente subconsciente traducirá en su equivalente físico un impulso de pensamiento negativo o destructivo con la misma facilidad con la que actuará sobre impulsos de pensamiento positivos o constructivos. Esto explica el extraño fenómeno que millones de personas experimentan y al que se refieren como «desgracia» o «mala suerte».

Hay millones de personas que CREEN estar «condenadas» a la pobreza y al fracaso debido a alguna extraña fuerza sobre la cual CREEN no tener control. Ellos mismos son los creadores de sus propias «desgracias», debido a esta creencia negativa, que es captada por la mente subconsciente y traducida en su equivalente físico.

Este es un momento oportuno para sugerir nuevamente que usted puede beneficiarse al transmitir a su mente subconsciente cualquier DESEO que quiera convertir en su equivalente físico o monetario, en un estado de expectativa o CREENCIA de que la transmutación ocurrirá realmente. Su CREENCIA o FE es el elemento que determina la acción de su mente subconsciente. Nada le impide «engañar» a su mente subconsciente cuando le da instrucciones mediante la autosugestión, de la misma manera en que yo engañé a la mente subconsciente de mi hijo.

Para hacer que este «engaño» sea aún más realista, cuando recurra a su mente subconsciente, compórtese como si YA TUVIERA EN SU PODER AQUELLO QUE ESTÁ EXIGIENDO.

La mente subconsciente transmutará en su equivalente físico, por conducto del medio más directo y práctico disponible, cualquier orden que se le dé en un estado de CREENCIA o FE de que la orden será cumplida.

Seguramente ya se ha dicho lo suficiente como para proporcionar un punto de partida desde el cual cualquiera pueda, mediante la experimentación y la práctica, adquirir la capacidad de mezclar la FE con cualquier orden dada a la mente subconsciente. La perfección llegará con la práctica. *No* puede alcanzarse simplemente *leyendo* instrucciones.

Si es cierto que una persona puede convertirse en criminal por su asociación con el crimen (y esto es un hecho comprobado), también es cierto que uno puede desarrollar la fe si se le sugiere de manera voluntaria a la mente subconsciente que se tiene fe. La mente, finalmente, adopta la naturaleza de las influencias que la dominan. Comprenda esta verdad y sabrá por qué es esencial fomentar las *emociones positivas* como fuerzas dominantes de su mente, y desalentar y *eliminar* las emociones negativas.

Una mente dominada por emociones positivas se convierte en un terreno fértil para el estado mental conocido como fe. Una mente así dominada puede, a voluntad, dar instrucciones a la mente subconsciente, la cual las aceptará y las pondrá en práctica de inmediato.

LA FE ES UN ESTADO MENTAL QUE PUEDE SER INDUCIDO POR LA AUTOSUGESTIÓN.

A lo largo de los siglos, los religiosos han exhortado a la humanidad en apuros a «tener fe» en este o aquel dogma o credo, pero han fallado en explicar CÓMO tener fe. No han aclarado que «la fe es un estado mental y que puede ser inducida por la autosugestión».

En un lenguaje que cualquier ser humano normal puede entender, describiremos todo lo que se sabe sobre el principio mediante el cual la FE puede desarrollarse donde aún no existe.

Tenga fe en sí mismo; tenga fe en lo infinito. Antes de comenzar, debe recordar una vez más que:

¡La FE es el «elixir eterno» que da vida, poder y acción al impulso del pensamiento!

La siguiente frase merece ser leída una segunda vez, una tercera y una cuarta. ¡Merece ser leída en voz alta!

La FE es el punto de partida de toda acumulación de riquezas.

La FE es la base de todos los «milagros» y de todos los misterios que no pueden ser analizados por las reglas de la ciencia.

La FE es el único antídoto conocido contra el FRACASO.

La FE es el elemento, el «reactivo químico» que, cuando se mezcla con la oración, permite la comunicación directa con la Inteligencia Infinita.

La FE es el elemento que transforma la vibración ordinaria del pensamiento, creada por la mente finita del hombre, en su equivalente espiritual.

La FE es el único medio con el cual la fuerza cósmica de la Inteligencia Infinita puede ser aprovechada y utilizada por el ser humano.

¡CADA UNA DE ESTAS AFIRMACIONES PUEDE SER DEMOSTRADA!

La prueba es simple y fácil de demostrar. Se encuentra envuelta en el principio de la autosugestión. Centrémonos, por lo tanto, en el tema de la autosugestión y descubramos qué es y qué puede lograr.

Es un hecho bien conocido que, finalmente, una persona llega a CREER todo lo que se repite a sí misma, ya sea que la afirmación sea verdadera o falsa. Si un hombre repite una mentira una y otra vez, al final la aceptará como verdad. Y no solo eso, sino que llegará a CREERLA como una verdad absoluta. Cada persona es lo que es debido a los PENSAMIENTOS DOMINANTES a los que les permite ocupar su mente. ¡Los pensamientos que un individuo introduce deliberadamente en su propia mente y que fomenta con emoción y convicción, y con los que mezcla una o más emociones, se convierten en las fuerzas motivadoras que dirigen y controlan cada uno de sus movimientos, actos y decisiones!

Ahora llegamos a una afirmación de verdad significativa: LOS PENSA-MIENTOS QUE SE MEZCLAN CON ALGUNO DE LOS SENTIMIENTOS DE LAS EMOCIONES SE CONVIERTEN EN UNA FUERZA «MAGNÉTICA» QUE ATRAE, DESDE LAS VIBRACIONES DEL ÉTER, OTROS PENSAMIENTOS SIMILARES O RELACIONADOS. Un pensamiento «mag-netizado» con emoción puede compararse con una semilla que, al ser plantada en suelo fértil, germina, crece y se multiplica una y otra vez, hasta que aquello que originalmente era una pequeña semilla ¡se convierte en millones de semillas de la MISMA ESPECIE!

El éter es una gran masa cósmica de fuerzas de vibración eternas. Está compuesto tanto por vibraciones destructivas como por vibracio-nes constructivas. Contiene, en todo momento, vibraciones de miedo, pobreza, enfermedad, fracaso y miseria, al igual que vibraciones de prosperidad, salud, éxito y felicidad, del mismo modo en que transporta el sonido de cientos de orquestas musicales y cientos de voces humanas, cada una manteniendo su propia identidad y su medio de transmisión a través de la radio.

Desde este vasto depósito del éter, la mente humana está constan-temente atrayendo vibraciones que armonizan con aquello que DOMINA su pensamiento. Cualquier pensamiento, idea, plan o propósito que una persona *mantenga* en su mente atrae, desde las vibraciones del éter, una multitud de pensamientos similares, los suma a su propia fuerza y crece hasta convertirse en el AMO MOTIVACIONAL dominante de la persona en cuya mente ha sido albergado.

Ahora regresemos al punto de partida y descubramos cómo puede plantarse la semilla original de una idea, plan o propósito en la mente. La respuesta es simple: cualquier idea, plan o propósito puede implantarse en la mente *por medio de la repetición del pensamiento*. Por esta razón, le pido que escriba una declaración de su propósito principal o meta definitiva, que la memorice y que la repita en voz alta día tras día, hasta que estas vibraciones de sonido hayan llegado a su mente subconsciente.

Somos lo que somos debido a las vibraciones de pensamiento que captamos y registramos gracias a los estímulos de nuestro entorno diario.

Decídase a liberarse de las influencias de cualquier entorno desafortunado y a construir su propia vida según su VOLUNTAD. Al hacer un inventario de sus activos y pasivos mentales, descubrirá que su mayor debilidad es la falta de autoconfianza. Este obstáculo puede superarse, y la timidez puede transformarse en valentía, con la ayuda del principio de autosugestión. La aplicación de este principio puede lograrse a partir de un sencillo proceso: formular pensamientos positivos por escrito, memorizarlos y repetirlos hasta que se conviertan en una parte activa y operativa de la facultad subconsciente de su mente.

Fórmula para desarrollar la autoconfianza

Primero: sé que tengo la capacidad de lograr el objetivo de mi Propósito Definido en la vida, por lo tanto, EXIJO de mí mismo una acción persistente y continua para alcanzarlo, y aquí y ahora me comprometo a ejecutar dicha acción.

Segundo: me doy cuenta de que los pensamientos dominantes en mi mente posteriormente se reproducirán en acciones físicas externas y poco a poco se transformarán en realidad. Por lo tanto, concentraré mis pensamientos durante treinta minutos diarios en la tarea de visualizar a la persona en la que deseo convertirme, creando así una imagen mental clara de esa persona en mi mente.

Tercero: sé que, por medio del principio de autosugestión, cualquier deseo que mantenga de forma persistente en mi mente posteriormente buscará su expresión a través de algún medio práctico para lograrlo. Por lo tanto, dedicaré diez minutos diarios a exigirme el desarrollo de la AUTOCONFIANZA.

Cuarto: he escrito claramente una descripción de mi META PRINCIPAL DEFINIDA en la vida y nunca dejaré de intentarlo hasta que haya desarrollado la suficiente confianza en mí mismo para alcanzarla.

Quinto: comprendo plenamente que ninguna riqueza o posición puede perdurar si no está construida sobre la verdad y la justicia, por lo que no me involucraré en ninguna transacción que no beneficie a todas las personas a las que afecte. Tendré éxito atrayendo hacia mí las fuerzas que deseo utilizar y la cooperación de otras personas. Induciré a otros a ayudarme gracias a mi voluntad de servir a los demás. Eliminaré el odio, la envidia, los celos, el egoísmo y el cinismo, gracias a que desarrollaré amor por toda la humanidad, porque sé que una actitud negativa hacia los demás nunca me traerá el éxito. Haré que los demás crean en mí, porque yo creeré en ellos y en mí mismo.

Firmaré mi nombre en esta fórmula, la memorizaré y la repetiré en voz alta una vez al día, con plena FE en que influirá gradualmente en mis

PENSAMIENTOS y ACCIONES, hasta convertirme en una persona autosuficiente y exitosa.

Detrás de esta fórmula hay una ley de la Naturaleza que ningún hombre ha logrado explicar por completo. Ha desconcertado a los científicos de todas las épocas. Los psicólogos han denominado a esta ley «autosugestión», y la han dejado así.

El nombre con el que se denomina esta ley tiene poca importancia. Lo verdaderamente importante es que FUNCIONA para la gloria y el éxito de la humanidad, SI se usa de manera constructiva. Por otro lado, si se usa de manera destructiva, destruirá con la misma facilidad. En esta afirmación se encuentra una verdad muy significativa: aquellos que caen en la derrota y terminan sus vidas en pobreza, miseria y angustia lo hacen debido a la aplicación negativa del principio de autosugestión. La causa de esto radica en el hecho de que TODOS LOS IMPULSOS DEL PENSAMIENTO TIENDEN A CONVERTIRSE EN SU EQUIVALENTE FÍSICO.

La mente subconsciente (el laboratorio químico en el que todos los impulsos del pensamiento se combinan y se preparan para su traducción en realidad física) no distingue entre pensamientos constructivos o destructivos. Trabaja con el material que le proporcionamos a través de nuestros pensamientos. La mente subconsciente convertirá en realidad un pensamiento impulsado por el MIEDO con la misma facilidad con la que convertirá en realidad un pensamiento impulsado por el CORAJE o la FE.

Los libros de historia médica están llenos de ejemplos de «suicidios sugestivos». Un hombre puede quitarse la vida debido a la autosugestión negativa tan efectivamente como por cualquier otro medio. En una ciudad del Medio Oeste de los Estados Unidos, un hombre llamado Joseph Grant, un funcionario de banco, tomó prestada una gran suma de dinero del banco sin el consentimiento de los directores. Perdió el dinero en el juego. Una tarde, el inspector del banco llegó para revisar las cuentas. Grant huyó del banco y se registró en un hotel cercano. Tres días después, cuando lo encontraron, estaba en la cama, llorando y gimiendo, repitiendo una y otra vez:

—¡Dios mío, esto me matará! ¡No puedo soportar la desgracia!

Poco después estaba muerto. Los médicos dictaminaron que el caso fue uno de «suicidio mental».

Del mismo modo que la electricidad puede hacer girar las ruedas de la industria y brindar un servicio útil cuando se usa constructivamente, o quitar la vida si se usa incorrectamente, la ley de la autosugestión puede elevarlo hacia la paz y la prosperidad, o arrastrarlo al valle de la miseria, el fracaso y la muerte, dependiendo de cómo la entienda y aplique.

Si llena su mente de MIEDO, duda e incredulidad en su capacidad para conectarte y utilizar las fuerzas de la Inteligencia Infinita, la ley de la autosugestión tomará este espíritu de incredulidad y lo usará como un modelo con el cual su mente subconsciente lo convertirá en su equivalente físico.

¡ESTA AFIRMACIÓN ES TAN CIERTA COMO EL HECHO DE QUE DOS MÁS DOS SON CUATRO!

Así como el viento lleva un barco hacia el este y otro hacia el oeste, la ley de la autosugestión lo elevará o lo hundirá, según la forma en que dirija las velas de su PENSAMIENTO.

La ley de la autosugestión, con la cual cualquier persona puede elevarse hasta alcanzar logros que desafían la imaginación, está bellamente descrita en los siguientes versos:

> Si crees que estás derrotado, lo estás.
> Si crees que no te atreves, no lo harás.
> Si te gustaría ganar, pero crees que no puedes,
> es casi seguro que no lo lograrás.
>
> Si crees que perderás, ya estás perdido,
> porque en el mundo encontramos
> que el éxito comienza con la voluntad de un hombre;
> todo está en el estado mental.

Si crees que eres inferior, lo eres.
Tienes que pensar en grande para elevarte.
Debes estar seguro de ti mismo antes
de poder ganar un premio.

Las batallas de la vida no siempre las ganan
los hombres más fuertes o rápidos,
tarde o temprano, el hombre que gana
es aquel QUE CREE QUE PUEDE.

Observe las palabras resaltadas y captará el profundo significado que el poeta quiso transmitir.

En algún lugar de su ser (quizá en las células de su cerebro) duerme la semilla del logro, que, si se despierta y se pone en acción, podría llevarlo a alturas que jamás imaginó alcanzar.

Así como un maestro músico puede hacer que las notas más bellas fluyan de las cuerdas de un violín, puede despertar el genio dormido en su mente y hacer que lo impulse hacia cualquier meta que desee alcanzar.

Abraham Lincoln fracasó en todo lo que intentó hasta que cumplió más de 40 años. Era un «don nadie de ninguna parte», hasta que una gran experiencia despertó el genio dormido dentro de su corazón y su mente, y le dio al mundo uno de sus más grandes hombres. Esa «experiencia» estuvo cargada de emociones de dolor y de AMOR. Le llegó por conducto de Anne Rutledge, la única mujer a la que realmente amó.

Es un hecho conocido que la emoción del AMOR está estrechamente relacionada con el estado mental conocido como FE, y esto se debe a que el amor casi logra traducir los impulsos del pensamiento en su equivalente espiritual. Durante su investigación, el autor descubrió, al analizar la vida y los logros de cientos de hombres de éxito, que detrás de casi CADA UNO DE ELLOS estuvo la influencia del amor de una mujer. La emoción del amor, en el corazón y la mente humanos, crea un campo magnético favorable, que permite la atracción de vibraciones más altas y refinadas que flotan en el éter.

Si deseas evidencia del poder de la FE, estudia los logros de hombres y mujeres que la han utilizado. Encabezando la lista está el Nazareno. El cristianismo es la mayor fuerza que por sí misma influye en la mente de los seres humanos. La base del cristianismo es la FE, sin importar cuántas personas hayan pervertido o malinterpretado el significado de esta gran fuerza, y sin importar cuántos dogmas y credos se hayan creado en su nombre sin reflejar realmente sus principios.

La suma y sustancia de las enseñanzas y los logros de Cristo, que algunos han interpretado como «milagros», fueron nada más y nada menos que FE. Si hay fenómenos como los «milagros», solo pueden ser producidos a partir del estado mental conocido como FE. Algunos maestros religiosos, e incluso muchas personas que se llaman a sí mismas cristianas, no entienden ni practican la FE.

Consideremos el poder de la FE, tal como es demostrado en la actualidad por un hombre bien conocido en toda la civilización: Mahatma Gandhi, de India. En este hombre, el mundo tiene uno de los ejemplos más asombrosos que se conocen de las posibilidades de la FE. Gandhi posee más poder potencial que cualquier otro hombre vivo en su tiempo, a pesar de que no cuenta con las herramientas tradicionales del poder, como el dinero, los barcos de guerra, los soldados o el armamento. Gandhi no tiene dinero, no tiene un hogar, no posee siquiera un traje formal, pero SÍ TIENE PODER. ¿Cómo obtuvo ese poder?

LO CREÓ A PARTIR DE SU COMPRENSIÓN DEL PRINCIPIO DE LA FE Y MEDIANTE SU CA-PACIDAD PARA TRANSMITIR ESA FE A LA MENTE DE DOSCIENTOS MILLONES DE PERSONAS.

Gandhi ha logrado, por medio de la influencia de la FE, lo que ninguna potencia militar en la Tierra ha podido ni podrá lograr jamás con soldados y equipo militar. Ha conseguido la asombrosa hazaña de INFLUENCIAR a 200 millones de mentes para ACTUAR EN SINCRONÍA, COMO UNA SOLA MENTE.

¿Qué otra fuerza en la Tierra, excepto la FE, podría lograr algo así?

Llegará el día en que tanto los empleados como los empleadores descubrirán las posibilidades de la FE. Ese día está comenzando a amanecer. El mundo entero ha tenido amplias oportunidades durante la reciente crisis económica de ser testigo de lo que la FALTA DE FE puede hacerles a los negocios.

Seguramente, la civilización ha producido un número suficiente de seres humanos inteligentes como para aprovechar la gran lección que la Gran Depresión le ha enseñado al mundo. Durante esta crisis, el mundo ha tenido abundante evidencia de que el miedo generalizado paraliza las ruedas de la industria y los negocios. De esta experiencia surgirán líderes en los negocios y la industria que aprenderán del ejemplo que Gandhi le ha dado al mundo y aplicarán a los negocios las mismas tácticas que él ha usado para construir el mayor movimiento de seguidores conocido en la historia de la humanidad. Estos nuevos líderes surgirán de entre trabajadores desconocidos, aquellos que hoy laboran en las fábricas de acero, en las minas de carbón, en las plantas automotrices y en las pequeñas ciudades y los pueblos de los Estados Unidos.

Los negocios están destinados a ser reformados a fondo, no hay duda de ello. Los métodos del pasado, basados en la combinación económica de la FUERZA y el MIEDO, serán reemplazados por los principios superiores de la FE y la COOPERACIÓN. Los trabajadores recibirán más que un simple salario diario; obtendrán dividendos del negocio, al igual que quienes aportan el capital. Pero antes deben DAR MÁS A SUS EMPLEADORES y dejar de lado la negociación basada en la fuerza y la confrontación, que hasta ahora ha sido a expensas del público. *¡Deben ganarse el derecho a esos dividendos!*

Más aún, y esto es lo más importante de todo: SERÁN LIDERADOS POR HOMBRES QUE COMPRENDAN Y APLIQUEN LOS PRINCIPIOS UTILIZADOS POR MAHATMA GANDHI. Solo así, podrán los líderes obtener de sus seguidores el espíritu de COOPERACIÓN TOTAL, el cual constituye el poder en su forma más elevada y duradera.

Esta estupenda era de las máquinas en la que vivimos, y de la que apenas estamos emergiendo, ha privado a los hombres de su alma. Sus líderes han tratado a los hombres como si fueran piezas de maquinaria fría; ellos se han visto obligados a hacerlo por los empleados, quienes han negociado, a expensas de todos los involucrados, para *recibir* sin *dar* nada a cambio. La consigna del futuro será LA FELICIDAD Y LA SATISFACCIÓN HUMANAS, y cuando se alcance este estado mental, la producción se cuidará por sí misma, de manera más efectiva que cualquier cosa que se haya logrado y en la cual los hombres no pudieron, ni supieron, mezclar FE e interés individual con su trabajo.

Debido a la necesidad de fe y cooperación en el funcionamiento de los negocios y la industria, será tanto interesante como provechoso analizar un acontecimiento que proporciona una excelente comprensión del método por el cual los industriales y empresarios acumulan grandes fortunas, al *dar* antes de intentar *recibir*.

El evento elegido como ejemplo se remonta a 1900, cuando se estaba formando la United States Steel Corporation. Mientras lee esta historia, tenga en cuenta estos hechos fundamentales y comprenderá cómo las IDEAS se han convertido en enormes fortunas.

Primero: la gigantesca United States Steel Corporation nació en la mente de Charles M. Schwab, en la forma de una IDEA que creó a través de su IMAGINACIÓN.

Segundo: Schwab mezcló la FE con su IDEA.

Tercero: formuló un PLAN para transformar su IDEA en una realidad física y financiera.

Cuarto: puso en marcha su plan con su famoso discurso en el University Club.

Quinto: aplicó y dio seguimiento a su PLAN con PERSEVERANCIA, respaldándolo con una firme DECISIÓN hasta que se realizó por completo.

Sexto: preparó el camino para el éxito con un VEHEMENTE DESEO de triunfar.

Si usted es de los que a menudo se han preguntado cómo se acumulan grandes fortunas, esta historia sobre la creación de la United States Steel Corporation le resultará reveladora. Si aún duda de la idea de que los hombres pueden PENSAR Y HACERSE RICOS, esta historia debería disipar todas sus dudas, ya que en el relato de la United States Steel Corporation se puede apreciar claramente la aplicación de una gran parte de los 13 principios descritos en este libro.

Esta asombrosa descripción del poder de una IDEA fue relatada de manera dramática por John Lowell en el *New York World-Telegram*, gracias a cuya cortesía se reproduce aquí.

Un elegante discurso posterior a una cena por mil millones de dólares

La noche del 12 de diciembre de 1900, cuando unos ochenta miembros de la nobleza financiera del país se reunieron en el salón de banquetes del University Club, en la Quinta Avenida, para rendir homenaje a un joven del Oeste, menos de media docena de los invitados se dio cuenta de que estaban a punto de presenciar el episodio más significativo en la historia industrial estadounidense.

J. Edward Simmons y Charles Stewart Smith, con el corazón lleno de gratitud por la generosa hospitalidad que Charles M. Schwab les había brindado en una reciente visita a Pittsburgh, habían organizado la cena para presentar al joven empresario del acero, de 38 años, a la sociedad bancaria del Este. Pero no esperaban que tomara la convención por asalto. De hecho, le advirtieron que los corazones dentro de los rígidos trajes de Nueva York no serían receptivos a la oratoria y que, si no quería aburrir a los Stillman, Harriman y Vanderbilt, sería mejor que limitara su discurso a quince o veinte minutos de amables banalidades y lo dejara así.

Incluso John Pierpont Morgan, sentado a la derecha de Schwab, como correspondía a su dignidad imperial, solo tenía la intención de honrar la mesa del banquete con su presencia por un tiempo muy breve. Y en lo que respecta a la prensa y al público, todo el evento tenía tan poca importancia que no apareció ninguna mención en los periódicos al día siguiente.

Así que los dos anfitriones y sus distinguidos invitados disfrutaron los acostumbrados siete u ocho platos. Hubo poca conversación, y la que hubo fue comedida. Pocos de los banqueros y corredores habían conocido a Schwab, cuya carrera había florecido a orillas del Monongahela, y ninguno lo conocía bien. Pero antes de que terminara la noche, ellos, junto con el maestro del dinero Morgan, quedarían completamente cautivados, y un «bebé» de mil millones de dólares, la United States Steel Corporation, sería concebido.

Es quizá desafortunado, por el bien de la historia, que no se haya conservado ningún registro del discurso de Charlie Schwab en la cena. Repitió algunas partes en una reunión similar de banqueros en Chicago más adelante. Y aun más tarde, cuando el gobierno presentó una demanda para disolver el Steel Trust, él mismo dio su propia versión, desde el estrado de testigos, de las palabras que llevaron a Morgan a un frenesí de actividad financiera.

Es probable, sin embargo, que haya sido un discurso «sencillo», algo incorrecto gramaticalmente (pues Schwab nunca se preocupó por las sutilezas del lenguaje), lleno de epigramas y salpicado de ingenio. Pero, más allá de eso, tuvo una fuerza galvanizadora y un alcance tremendo en los cinco mil millones de capital estimado que representaban los comensales. Cuando terminó y la reunión seguía bajo su hechizo, a pesar de que Schwab había hablado durante noventa minutos, Morgan llevó al orador a una ventana donde, con las piernas colgadas de un asiento elevado e incómodo, conversaron durante una hora más.

La magia de la personalidad de Schwab se había desplegado con toda su fuerza, pero lo más importante y duradero fue el programa claro y bien definido que presentó para la expansión de la producción de acero. Muchos otros hombres habían intentado interesar a Morgan en la creación de un consorcio del acero al estilo de los que se habían creado para la producción de galletas, alambre y aros, azúcar, caucho, whisky, petróleo o goma de mascar. John W. Gates, el apostador, lo había impulsado, pero Morgan desconfiaba de él. Los hermanos Moore, Bill y Jim, corredores de bolsa de Chicago que habían formado un consorcio para la producción de cerillos y una corporación de galletas, lo promovieron sin éxito. Elbert H. Gary, el santurrón abogado de campo, quiso fomentarlo, pero no tenía la estatura suficiente para impresionar. Hasta que la elocuencia de Schwab elevó a J. P. Morgan a las alturas desde las cuales pudo visualizar los sólidos resultados de la empresa financiera más audaz jamás concebida, el proyecto era visto como el delirio de unos chiflados que buscaban dinero fácil.

El magnetismo financiero que, una generación atrás, había comenzado a atraer a miles de pequeñas y, a veces, ineficazmente administradas compañías para formar grandes sociedades que aplastaban a la competencia se había activado en el mundo del acero gracias a las maniobras de aquel alegre pirata empresarial, John W. Gates. Gates ya había formado la American Steel and Wire Company a partir de una cadena de pequeñas empresas y, junto con Morgan, había creado la Federal Steel Company. Las compañías National Tube y American Bridge eran otras de las empresas de Morgan, y los hermanos Moore habían abandonado el negocio de las cerillas y las galletas para formar el grupo American (Tin Plate, Steel Hoop, Sheet Steel) y la National Steel Company.

Pero al lado del gigantesco consorcio vertical de Andrew Carnegie, un consorcio propiedad de 53 socios y operado por ellos, esas otras combinaciones eran insignificantes. Podían fusionarse cuanto quisieran, pero en su conjunto no lograban hacer mella en la organización de Carnegie, y Morgan lo sabía.

El excéntrico viejo escocés también lo sabía. Desde las majestuosas alturas de su castillo en Skibo, primero con diversión y luego con resentimiento, había observado los intentos de las pequeñas empresas de Morgan por competir con su negocio. Cuando esos intentos se volvieron demasiado atrevidos, el temperamento de Carnegie se convirtió en ira y represalia. Decidió duplicar cada acería que poseyeran sus rivales. Hasta entonces no le habían interesado los negocios de alambre, tuberías, aros o láminas. Se había conformado con venderles el acero en bruto y dejar que ellos lo transformaran en la forma que quisieran. Pero ahora, con Schwab como su principal y capaz lugarteniente, planeaba acorralar a sus enemigos.

Así fue como, en el discurso de Charles M. Schwab, Morgan vio la solución a su problema de consolidación. Un consorcio sin Carnegie, el más grande de todos, no sería un consorcio en absoluto, sería como un pudín de ciruelas sin ciruelas, según dijo un escritor.

El discurso de Schwab de la noche del 12 de diciembre de 1900 sin duda insinuó, aunque no lo prometió explícitamente, que la vasta empresa de Carnegie podría ser incorporada bajo el paraguas de Morgan. Habló sobre el futuro mundial del acero, sobre la reorganización para mejorar la eficiencia, la especialización, la eliminación de las acerías ineficientes y la concentración de esfuerzos en las propiedades más prósperas, sobre economías en el tráfico de mineral, economías en los departamentos administrativos y generales, y sobre la conquista de mercados extranjeros.

Más aún, les explicó a los «bucaneros» presentes los errores de su piratería habitual. Insinuó que sus objetivos habían sido crear monopolios, elevar los precios y pagarse generosos dividendos a costa de su posición privilegiada. Schwab condenó el sistema con su estilo más enfático. La miopía de esa política, les dijo, residía en que restringía el mercado en una época en la que todo clamaba por expansión. Al abaratar el costo del acero, argumentó, se crearía un mercado en constante crecimiento, se idearían más usos para el acero y se podría capturar una buena parte del comercio mundial. En realidad, aunque él mismo no lo supiera, Schwab era un apóstol de la moderna producción en masa.

Así terminó la cena en el University Club. Morgan se fue a casa a reflexionar sobre las brillantes predicciones de Schwab. Este regresó a Pittsburgh para seguir dirigiendo el negocio del acero para «Wee Andra Carnegie», mientras que Gary y los demás volvieron a sus indicadores bursátiles, en espera del próximo movimiento.

Y no tardó en llegar. Morgan necesitó aproximadamente una semana para digerir el «banquete de la razón» que Schwab le había servido. Cuando se aseguró de que no sufriría una «indigestión financiera», mandó llamar a Schwab y descubrió que el joven se mostraba algo reservado. Schwab insinuó que el señor Carnegie podría no ver con buenos ojos que su presidente de confianza estuviera coqueteando con el Emperador de Wall Street, una calle que Carnegie había jurado no pisar nunca. Entonces, John W. Gates, quien actuaba como intermediario, sugirió que si Schwab «casualmente» se encontraba en el Hotel Bellevue en Filadelfia, J. P. Morgan también podría «casualmente» estar allí. Sin embargo, cuando Schwab llegó, Morgan estaba inconvenientemente enfermo en su casa de Nueva York, por lo que, ante la insistente invitación del anciano magnate, Schwab viajó a Nueva York y se presentó en la puerta de la biblioteca del financiero.

Ahora bien, ciertos historiadores económicos han afirmado que, desde el principio hasta el final de este drama, el escenario fue preparado por Andrew Carnegie; que la cena en honor a Schwab, el famoso discurso y la reunión del domingo por la noche entre Schwab y el Rey del Dinero fueron eventos organizados por el astuto escocés. La verdad es exactamente la opuesta. Cuando Schwab fue convocado para consumar el acuerdo, ni siquiera sabía si «el pequeño jefe», como llamaban a Andrew, estaría dispuesto a escuchar una oferta de venta, sobre todo porque provenía de un grupo de hombres a quienes Andrew consideraba carentes de santidad. Sin embargo, llevó a la conferencia seis hojas de plancha de cobre, con cifras anotadas de su puño y letra, que representaban para él el valor físico y la capacidad potencial de ingresos de cada empresa siderúrgica que consideraba una estrella esencial en el nuevo firmamento del metal.

Cuatro hombres examinaron estas cifras durante toda la noche. El principal, por supuesto, era Morgan, firme en su creencia en el Derecho Divino del Dinero. Con él estaba su aristocrático socio, Robert Bacon, un erudito y un caballero. El tercero era John W. Gates, a quien Morgan despreciaba como un apostador, pero a quien utilizaba como herramienta. El cuarto era Schwab, quien sabía más sobre los procesos de fabricación y venta del acero que cualquier otro grupo de hombres vivos en ese momento. Durante toda la conferencia, las cifras de Schwab nunca fueron cuestionadas. Si decía que una empresa valía una determinada cantidad, entonces valía exactamente eso y nada más. También insistió en incluir en la combinación solo aquellas empresas que él mismo había seleccionado. Había concebido una corporación en la que no habría duplicidades, ni siquiera para satisfacer la avaricia de amigos que querían deshacerse de sus empresas a costa de los amplios hombres de Morgan. Por ello dejó fuera, deliberadamente, varias de las empresas más grandes en las que «morsas y carpinteros» de Wall Street habían fijado sus ojos hambrientos.

Cuando amaneció, Morgan se levantó y enderezó la espalda. Solo quedaba una pregunta.

—¿Crees que puedas persuadir a Andrew Carnegie para que venda? —preguntó.

—Puedo intentarlo —respondió Schwab.

—Si logras que venda, yo me encargaré del asunto —dijo Morgan.

Hasta ese punto, todo iba bien. Pero ¿vendería Carnegie? ¿Cuánto pediría? (Schwab calculaba unos 320 millones de dólares). ¿Qué tipo de pago aceptaría? ¿Acciones ordinarias o preferentes? ¿Bonos? ¿Efectivo? Nadie podía reunir un tercio de 1 000 millones de dólares en efectivo.

En enero hubo un partido de golf en el terreno helado de St. Andrews en Westchester, con Andrew abrigado con suéteres contra el frío y Charlie hablando animadamente, como siempre, para mantener su ánimo en alto. Pero no se mencionó ni una palabra sobre negocios hasta que ambos se sentaron en la cálida comodidad de la cabaña de Carnegie, situada cerca del campo. Entonces, con la misma persuasión que había hipnotizado a ochenta millonarios en el University Club, Schwab desplegó ante él las brillantes promesas de un retiro confortable, de millones sin límite, para satisfacer los caprichos sociales del anciano. Carnegie capituló, escribió una cifra en un pedazo de papel, se lo entregó a Schwab y dijo:

—Muy bien, venderemos por esta cantidad.

La cifra era de aproximadamente 400 millones de dólares, obtenida al tomar los 320 millones mencionados por Schwab como base para luego añadir 80 millones más, lo cual representaba el aumento en el valor del capital de los dos años anteriores.

Más tarde, en la cubierta de un transatlántico, el escocés le dijo con pesar a Morgan:

—Ojalá te hubiera pedido 100 millones más.

—Si los hubieras pedido, los habrías conseguido —le respondió Morgan alegremente.

***

Hubo, por supuesto, un gran revuelo. Un corresponsal británico envió un cable diciendo que el mundo siderúrgico extranjero estaba «horrorizado» por la gigantesca fusión. El presidente Hadley, de Yale, declaró que, a menos que los consorcios fueran regulados, el país podía esperar «un emperador en Washington dentro de los próximos veinticinco años». Pero aquel hábil manipulador de acciones, Keene, puso manos a la obra, impulsando la venta de las nuevas acciones al público con tal vigor que todo el exceso de capital inflado —estimado por algunos en casi 600 millones de dólares— fue absorbido en un abrir y cerrar de ojos. Así que Carnegie obtuvo sus millones, el sindicato de Morgan se embolsó 62 millones de dólares por todas sus «gestiones» y todos los «chicos», desde Gates hasta Gary, consiguieron sus fortunas.

***

El joven Schwab, de 38 años, recibió su recompensa. Fue nombrado presidente de la nueva corporación y permaneció en el cargo hasta 1930.

La dramática historia del «Gran Negocio» que acabas de leer se incluyó en este libro porque ejemplifica perfectamente el método por el cual ¡EL DESEO PUEDE TRANSMUTARSE EN SU EQUIVALENTE FÍSICO!

Imagino que algunos lectores cuestionarán la afirmación de que un simple e intangible DESEO puede convertirse en su equivalente físico. Sin duda, algunos dirán: «¡No se puede convertir NADA en ALGO!». La respuesta está en la historia de la United States Steel Corporation.

Esa gigantesca organización fue creada en la mente de un solo hombre. El plan mediante el cual la organización adquirió las acerías que le dieron estabilidad financiera también fue concebido en la mente de ese mismo hombre. Su FE, su DESEO, su IMAGINACIÓN y su PERSEVERANCIA fueron los ingredientes reales que dieron vida a la United States Steel Corporation. Las acerías y el equipo mecánico adquiridos por la corporación, DESPUÉS DE SU CONSTITUCIÓN LEGAL, fueron elementos incidentales. Pero un análisis cuidadoso revela que el valor estimado de las propiedades adquiridas por la corporación aumentó en ¡SEISCIENTOS MILLONES DE DÓLARES!, solo por el hecho de consolidarlas bajo una única administración.

En otras palabras, la IDEA de Charles M. Schwab, junto con la FE con la que la transmitió a las mentes de J. P. Morgan y los demás, se comercializó con una ganancia de aproximadamente 600 millones de dólares. ¡Nada despreciable para una sola IDEA!

Lo que ocurrió con algunos de los hombres que se repartieron los millones de dólares de beneficio por esta transacción no es un asunto que nos preocupe en este momento. Lo realmente importante de este asombroso logro es que sirve como prueba incuestionable de la solidez de la filosofía descrita en este libro, porque esta fue el hilo conductor de toda la operación. Además, la viabilidad de esta filosofía quedó demostrada por el hecho de que la United States Steel Corporation prosperó y se convirtió en una de las corporaciones más ricas y poderosas de los Estados Unidos, la cual emplea a miles de personas, desarrolla nuevos usos para el acero y abre nuevos mercados. Esto demuestra que los 600 millones de dólares en ganancias que produjo la IDEA de Schwab fueron bien ganados. ¡LA RIQUEZA comienza en forma de un PENSAMIENTO!

La cantidad está limitada únicamente por la persona en cuya mente se pone en marcha ese PENSAMIENTO. ¡LA FE elimina las limitaciones! Recuerda esto cuando estés listo para regatear con la Vida lo que sea que pidas como precio por haber pasado por aquí.

Recuerda también que el hombre que creó la United States Steel Corporation era prácticamente desconocido en ese momento. No era más que el «hombre de confianza» de Andrew Carnegie hasta que dio vida a su famosa IDEA. Después de eso ascendió rápidamente a una posición de poder, fama y riqueza.

No hay limitaciones para la mente excepto aquellas que aceptamos. La pobreza y la riqueza son hijas del pensamiento.

4

AUTOSUGESTIÓN

EL MEDIO PARA INFLUIR
EN LA MENTE SUBCONSCIENTE

EL TERCER PASO HACIA LA RIQUEZA

AUTOSUGESTIÓN es un término que se aplica a todas las sugestiones y a todos los estímulos autoinducidos que llegan a la mente a través de los cinco sentidos. Dicho de otra manera, la autosugestión es la capacidad de sugestionarse a uno mismo. Es el medio de comunicación entre la parte de la mente donde tiene lugar el pensamiento consciente y aquella que actúa como el centro de acción de la mente subconsciente.

A partir de los pensamientos dominantes que uno permite que permanezcan en la mente consciente (ya sean pensamientos negativos o positivos, lo cual es irrelevante), el principio de la autosugestión llega voluntariamente a la mente subconsciente e influye en ella con estos pensamientos.

NINGÚN PENSAMIENTO, ya sea negativo o positivo, PUEDE INGRESAR A LA MENTE SUBCONSCIENTE SIN LA AYUDA DEL PRINCIPIO DE LA AUTOSUGESTIÓN, con la excepción de los pensamientos captados del éter. Dicho de otro modo, todas las impresiones sensoriales que se perciben con los cinco sentidos son filtradas por la mente consciente y pueden ser enviadas a la mente subconsciente o rechazadas a voluntad. Por lo tanto, la facultad consciente actúa como un guardián exterior que protege el acceso a la mente subconsciente.

La naturaleza ha construido al ser humano de tal manera que tiene un CONTROL ABSOLUTO sobre el material que llega a su mente subconsciente por medio de sus cinco sentidos, aunque esto no debe interpretarse como una afirmación de que el hombre SIEMPRE EJERCE este control. En la gran mayoría de los casos, NO lo ejerce, lo que explica por qué tantas personas pasan la vida en la pobreza.

Recuerde lo que se ha dicho sobre la mente subconsciente y su semejanza con un campo fértil, en el cual las malas hierbas crecerán en abundancia si no se siembran en él semillas de cultivos más deseables. La AUTOSUGESTIÓN es el mecanismo de control gracias al cual un individuo puede alimentar de forma voluntaria su mente subconsciente con pensamientos de naturaleza creativa o, por negligencia, permitir que pensamientos de naturaleza destructiva se arraiguen en este fértil jardín mental.

En el último de los seis pasos descritos en el capítulo sobre el DESEO, se le recomendó leer EN VOZ ALTA, dos veces al día, la DECLARACIÓN ESCRITA de su DESEO DE DINERO y verse y sentirse a sí mismo COMO SI YA estuviera en posesión del dinero. Al seguir estas instrucciones, usted está comunicando el objeto de su DESEO directamente a su MENTE SUBCONSCIENTE con un espíritu de absoluta FE. Mediante la repetición de este procedimiento, usted desarrolla voluntariamente hábitos de pensamiento favorables a sus esfuerzos por transmutar el deseo en su equivalente monetario.

Vuelva a revisar estos seis pasos descritos en el capítulo dos y léalos nuevamente, con mucho cuidado, antes de continuar. Luego, cuando llegue a esa parte, lea atentamente las cuatro instrucciones para la organización de su grupo «Mente Maestra», que aparecen descritas en el capítulo sobre planificación organizada. Al comparar estos dos conjuntos de instrucciones con lo que se ha dicho sobre la autosugestión, notará, por supuesto, que ambas implican la aplicación del principio de la autosugestión.

Por lo tanto, recuerde que, cuando lea en voz alta la declaración de su deseo (con la cual intenta desarrollar una «mentalidad de riqueza»), la simple lectura de las palabras NO TENDRÁ CONSECUENCIAS, A MENOS QUE usted mezcle emoción o sentimiento con sus palabras. Si repite un millón de veces la famosa fórmula de Émile Coué: «Día a día, en todos los sentidos, estoy cada vez mejor», sin mezclar emoción y FE con sus palabras, no experimentará ningún resultado deseable. Su mente subconsciente reconoce y actúa ÚNICAMENTE sobre pensamientos que han sido bien impregnados de emoción o sentimiento.

Este es un hecho de tal importancia que justifica su repetición en casi todos los capítulos, porque la falta de comprensión de este principio es la razón principal por la cual la mayoría de las personas que intentan aplicar la autosugestión no obtiene los resultados deseados.

Las palabras llanas y sin emoción no influyen en la mente subconsciente. No obtendrá resultados reconocibles hasta que aprenda a llegar a su mente subconsciente con pensamientos o palabras habladas que estén profundamente emocionalizadas con CREENCIAS.

No se desanime si no puede controlar y dirigir sus emociones la primera vez que intente hacerlo. Recuerde que no hay la posibilidad de OBTENER ALGO A CAMBIO DE NADA. La habilidad para influir en su mente subconsciente tiene un precio, y usted DEBE PAGAR ESE PRECIO. No puede hacer trampa, incluso si quisiera hacerlo. El precio de la capacidad para influir en su mente subconsciente es una PERSISTENCIA CONSTANTE en la aplicación de los principios aquí descritos. No se puede desarrollar la habilidad deseada por un precio menor. USTED, Y SOLAMENTE USTED, debe decidir si la recompensa por la que está esforzándose (la «mentalidad de riqueza») vale el precio que debe pagar en cuanto a su esfuerzo.

La sabiduría y la «astucia» por sí solas no atraerán ni retendrán el dinero, excepto en unos pocos casos muy poco frecuentes, en los que la ley de los promedios favorece la atracción de riqueza a través de esos medios. El método para atraer dinero descrito aquí no depende de la ley de los promedios. Además, este método no hace excepciones. Funcionará para una persona con la misma eficacia que para otra. Cuando se experimenta un fracaso, es el individuo, *no el método*, el que ha fallado. Si usted hace el intento y fracasa, haga otro esfuerzo, y otro más, hasta que logre el éxito.

Su capacidad para utilizar el principio de la autosugestión dependerá, en gran medida, de su habilidad para CONCENTRARSE en un DESEO determinado hasta que ese deseo se convierta en una OBSESIÓN VEHEMENTE.

Cuando comience a seguir las instrucciones relacionadas con los seis pasos descritos en el segundo capítulo, será necesario que haga uso del principio de CONCENTRACIÓN.

Aquí le ofrecemos algunas sugerencias para emplear la concentración de manera efectiva. Cuando empiece a poner en práctica el primer paso, que le recomienda «fijar en su mente la cantidad EXACTA de dinero que desea obtener», mantenga sus pensamientos en esa cantidad de dinero mediante la CONCENTRACIÓN o fijación de la atención, con los ojos cerrados, hasta que pueda VER REALMENTE la apariencia física de ese dinero. Haga esto al menos una vez al día. Mientras realiza esos ejercicios, siga las instrucciones del capítulo sobre la FE y véase a sí mismo REALMENTE EN POSESIÓN DEL DINERO.

Aquí hay un hecho de gran importancia: la mente subconsciente acepta cualquier orden que se le dé con un espíritu de FE ABSOLUTA y actúa en consecuencia, aunque a menudo esas órdenes deben repetirse una y otra vez antes de que la mente subconsciente las interprete correctamente. Teniendo en cuenta esta afirmación, considere la posibilidad de jugar un «truco» completamente legítimo con su mente subconsciente, haciéndole creer, *porque usted así lo cree*, que debe tener la cantidad de dinero que está visualizando, que ese dinero ya está esperando a que usted lo reclame y que la mente subconsciente DEBE proporcionarle planes prácticos para obtener ese dinero que le pertenece.

Entregue la idea expresada en el párrafo anterior a su IMAGINACIÓN y observe lo que su imaginación puede hacer, o hará, para desarrollar planes prácticos que le permitan acumular dinero mediante la transmutación de su deseo.

NO ESPERE a tener un plan definido sobre cómo intercambiará bienes o servicios a cambio del dinero que visualiza. Comience de inmediato a verse a sí mismo en posesión del dinero, MIENTRAS EXIGE y ESPERA que su mente subconsciente le proporcione el plan o los planes necesarios. Manténgase alerta para cuando aparezcan esos planes y, cuando surjan, póngalos en PRÁCTICA INMEDIATAMENTE. Cuando los planes aparezcan, es probable que «destellen» en su mente por medio del sexto sentido, en forma de una «inspiración». Esta inspiración puede considerarse un «telegrama» o un mensaje directo de la Inteligencia Infinita. Trátelo con respeto y actúe en consecuencia tan pronto como lo reciba. No hacerlo sería FATAL para su éxito.

En el cuarto de los seis pasos se le instruyó a «crear un plan definido para poner en práctica su deseo y a comenzar de inmediato a poner ese plan en acción». Debe seguir esta instrucción de la manera descrita en los párrafos anteriores. No confíe únicamente en su razón para crear su plan de acumulación de dinero mediante la transmutación del deseo. Su razonamiento es imperfecto. Además, su facultad de razonamiento puede ser perezosa y, si depende exclusivamente de ella, puede fallarle.

Cuando visualice el dinero que desea acumular (con los ojos cerrados), *imagínese a sí mismo prestando el servicio o entregando los bienes que planea ofrecer a cambio de ese dinero. ¡Esto es fundamental!*

Resumen de las instrucciones

El hecho de que usted esté leyendo este libro indica que busca adquirir conocimiento de manera sincera. También indica que es un estudioso de este tema. Si es solo un estudioso, hay la posibilidad de que aprenda muchos temas que antes desconocía, pero solo lo logrará si adopta una actitud de humildad. Si decide seguir algunas de las instrucciones, pero descuida o se niega a seguir otras, *fracasará*. Para obtener resultados satisfactorios debe seguir TODAS las instrucciones con un espíritu de FE.

Las instrucciones relacionadas con los seis pasos del segundo capítulo se resumen a continuación y se combinan con los principios cubiertos en este capítulo de la siguiente manera:

Primero: vaya a un lugar tranquilo (preferiblemente en la cama por la noche) donde no haya interrupciones, cierre los ojos y repita en voz alta (para que pueda escuchar sus propias palabras) la declaración escrita que contiene la cantidad de dinero que desea acumular, el plazo para lograrlo y la descripción del servicio o producto que ofrecerá a cambio de ese dinero. Mientras sigue estas instrucciones, VÉASE A SÍ MISMO EN POSESIÓN DEL DINERO.

Por ejemplo, supongamos que desea acumular 50 000 dólares para el primero de enero dentro de cinco años y que planea ganar este dinero ofreciendo servicios personales como vendedor. Su declaración de propósito debería contener el siguiente mensaje escrito:

Para el primer día de enero de 19... tendré en mi posesión $50 000, que recibiré en diversas cantidades en el ínterin.

A cambio de este dinero ofreceré el servicio más eficiente que soy capaz de brindar, entregando la mayor cantidad y con la mejor calidad posibles en mi labor como vendedor de... (describa el servicio o producto que planea vender).

Creo firmemente que tendré este dinero en mi posesión. Mi fe es tan fuerte que ahora puedo ver este dinero ante mis ojos. Puedo tocarlo con mis manos. Está esperando a ser transferido a mí en el momento y en la proporción en que brinde el servicio que planeo ofrecer a cambio. Estoy esperando el plan con el que podré acumular este dinero y seguiré el plan tan pronto como lo reciba.

Segundo: repita este proceso cada noche y cada mañana hasta que pueda visualizar (en su imaginación) el dinero que desea acumular.

Tercero: coloque una copia escrita de su declaración en un lugar donde pueda verla por la mañana y por la noche. Léala antes de acostarse y al despertarse hasta que la haya memorizado por completo.

Recuerde que, al seguir estas instrucciones, estará aplicando el principio de la autosugestión con el propósito de dar órdenes a su mente subconsciente. Recuerde también que su mente subconsciente SOLO actuará sobre aquellas instrucciones que estén cargadas de emoción y que le sean entregadas con «sentimiento». LA FE es la más fuerte y productiva de las emociones. Siga las instrucciones dadas en el capítulo sobre la FE.

Al principio, estas instrucciones pueden parecerle abstractas.

No permita que esto lo perturbe. Sígalas, sin importar cuán abstractas o poco prácticas puedan parecer al principio. Pronto llegará el momento, si sigue estas instrucciones tanto *en espíritu como en acción*, en el cual se desplegará ante usted un universo completamente nuevo de poder.

El escepticismo con respecto a TODAS las ideas nuevas es una característica común en los seres humanos. Pero, si sigue las instrucciones descritas, su escepticismo pronto será reemplazado por la creencia, y esta, a su vez, se cristalizará en una FE ABSOLUTA. Entonces habrá llegado al punto en el que podrá decir con total certeza: «Soy el dueño de mi destino, soy el capitán de mi alma».

Muchos filósofos han afirmado que el hombre es el amo de su propio destino *terrenal*, pero la mayoría no ha explicado *por qué* lo es. La razón por la cual el hombre puede ser el dueño de su propia vida y, en particular, de su situación financiera se explica a fondo en este capítulo. El ser humano puede convertirse en el amo de sí mismo y de su entorno porque tiene el PODER DE INFLUENCIAR SU PROPIA MENTE SUBCONSCIENTE y, por medio de ella, obtener la cooperación de la Inteligencia Infinita.

Está usted leyendo el capítulo que representa la piedra angular de esta filosofía. Las instrucciones contenidas aquí deben ser comprendidas y APLICADAS CON PERSISTENCIA si desea tener éxito en la transmutación del deseo en dinero.

El proceso real de transformar el DESEO en dinero implica el uso de la autosugestión como el medio con el cual se puede alcanzar e influenciar la mente subconsciente. Los demás principios son simplemente herramientas para aplicar la autosugestión. Mantenga este pensamiento presente y será consciente en todo momento del papel crucial que desempeña este principio en sus esfuerzos por acumular riqueza a través de los métodos descritos en este libro.

Siga estas instrucciones con la actitud de un niño pequeño. Inyecte en sus esfuerzos algo de la FE de un niño. El autor ha sido extremadamente cuidadoso en asegurarse de que ninguna instrucción impráctica haya sido incluida, debido a su sincero deseo de ser útil.

Después de haber leído todo el libro, vuelva a este capítulo y siga, en espíritu y en acción, esta instrucción: LEA TODO ESTE CAPÍTULO EN VOZ ALTA CADA NOCHE HASTA QUE ESTÉ COMPLETAMENTE CONVENCIDO DE QUE EL PRINCIPIO DE AUTOSUGESTIÓN ES SÓLIDO Y QUE LE DARÁ TODO LO QUE SE HA PROMETIDO. A MEDIDA QUE LEA, SUBRAYE CON UN LÁPIZ CADA FRASE QUE LO IMPRESIONE FAVORABLEMENTE.

Siga esta instrucción al pie de la letra y abrirá el camino hacia una comprensión completa y el dominio de los principios del éxito.

5

CONOCIMIENTOS ESPECIALIZADOS

EXPERIENCIA PERSONAL
U OBSERVACIONES

EL CUARTO PASO HACIA LA RIQUEZA

Hay dos tipos de conocimiento. Uno es general y el otro es especializado. El conocimiento general, por vasto y variado que sea, tiene poco valor para la acumulación de dinero. Las facultades de las grandes universidades poseen, en conjunto, prácticamente todas las formas de conocimiento general conocidas por la civilización. Sin embargo, *la mayoría de los profesores tiene poco o ningún dinero.* Se especializan en *enseñar* conocimiento, pero no se especializan en la organización ni en el *uso* del conocimiento.

El CONOCIMIENTO no atraerá dinero a menos que esté organizado e inteligentemente dirigido mediante PLANES DE ACCIÓN PRÁCTICOS hacia un OBJETIVO DEFINIDO de acumulación de riqueza. La falta de comprensión de este hecho ha sido la fuente de confusión para millones de personas que creen erróneamente que «el conocimiento es poder». ¡No lo es en absoluto! El conocimiento es solo poder *potencial*. Se convierte en poder solo cuando, y si, se organiza en planes de acción concretos y se dirige hacia un fin específico.

Este «eslabón perdido» en todos los sistemas educativos conocidos en la actualidad radica en la incapacidad de las instituciones educativas para enseñar a sus estudiantes CÓMO ORGANIZAR Y UTILIZAR EL CONOCIMIENTO DESPUÉS DE ADQUIRIRLO.

Muchas personas cometen el error de suponer que, debido a que tuvo poca «educación formal», Henry Ford no es un hombre «educado». Quienes cometen este error no conocen a Henry Ford ni comprenden el verdadero significado de la palabra *educar*. Esta palabra proviene del término latino *educo*, que significa extraer, DESARROLLAR DESDE ADENTRO.

Un hombre educado no es necesariamente aquel que posee una abundancia de conocimientos generales o especializados. Un hombre verdaderamente educado es aquel que ha desarrollado sus facultades mentales hasta el punto de poder adquirir cualquier cosa que desee, o su equivalente, sin violar los derechos de los demás. Henry Ford encaja a la perfección en esta definición.

Durante la Guerra Mundial, un periódico de Chicago publicó ciertos editoriales en los que, entre otras afirmaciones, se refería a Henry Ford como «un pacifista ignorante». Ford se sintió ofendido por estos comentarios y presentó una demanda contra el periódico por difamación. Cuando el caso fue llevado a juicio, los abogados del periódico argumentaron que sus declaraciones eran justificadas y llamaron a Henry Ford al estrado de los testigos con el propósito de demostrar ante el jurado que era un ignorante. Los abogados le hicieron a Ford una gran variedad de preguntas, todas diseñadas para probar, mediante sus propias respuestas, que, aunque poseía un conocimiento especializado considerable sobre la fabricación de automóviles, en términos generales era una persona ignorante.

A Henry Ford le hicieron preguntas como las siguientes: «¿Quién fue Benedict Arnold?», «¿Cuántos soldados enviaron los británicos a

América para sofocar la rebelión de 1776?». A esta última pregunta, Ford respondió:

—No sé el número exacto de soldados que enviaron los británicos, pero he oído que fue un número considerablemente mayor que el que regresó.

Finalmente, Ford se cansó de este tipo de preguntas y, en respuesta a una particularmente ofensiva, se inclinó hacia adelante, señaló con el dedo al abogado que la había formulado y dijo:

—Si realmente QUISIERA responder la pregunta tonta que acaba de hacerme, o cualquiera de las otras preguntas que me ha hecho, permítame recordarle que tengo una fila de botones eléctricos en mi escritorio y, con solo presionar el botón adecuado, puedo convocar a mi lado a hombres que pueden responder CUALQUIER pregunta que desee sobre el negocio al que dedico la mayor parte de mis esfuerzos. Ahora, ¿puede decirme POR QUÉ debería llenar mi mente con conocimiento general solo para poder responder preguntas cuando tengo a mi alrededor personas que pueden proporcionarme cualquier conocimiento que necesite?

Sin duda había una gran lógica en esa respuesta.

El abogado quedó completamente desconcertado. Todos en la sala del tribunal se dieron cuenta de que esa no era la respuesta de un hombre ignorante, sino de un hombre EDUCADO. Un hombre educado es aquel que sabe dónde obtener el conocimiento cuando lo necesita y cómo organizar ese conocimiento en planes de acción concretos. Mediante la ayuda de su grupo «Mente Maestra», Henry Ford tenía a su disposición todo el conocimiento especializado que necesitaba para convertirse en uno de los hombres más ricos de los Estados Unidos. *No era esencial que él poseyera ese conocimiento en su propia mente.* Cualquiera que tenga la inteligencia y la iniciativa suficientes para leer un libro como este no puede perder de vista la importancia de este ejemplo.

Antes de estar seguro de su capacidad para transmutar el DESEO en su equivalente monetario, necesitará CONOCIMIENTO ESPECIALIZADO sobre el servicio, producto o profesión que planea ofrecer a cambio de riqueza. Quizá necesite mucho más conocimiento especializado del que pueda o quiera adquirir por su cuenta y, si ese es el caso, puede superar esta debilidad mediante la ayuda de su propio grupo «Mente Maestra».

Andrew Carnegie afirmó que, personalmente, no sabía nada sobre los aspectos técnicos del negocio del acero; de hecho, ni siquiera le interesaba conocerlos. El conocimiento especializado que requería para fabricar y comercializar acero lo obtuvo gracias a los integrantes de su GRUPO MENTE MAESTRA.

La acumulación de grandes fortunas requiere PODER, y el poder se adquiere a partir del conocimiento especializado altamente organizado y dirigido con inteligencia. Sin embargo, ese conocimiento NO necesita estar en posesión de la persona que acumula la fortuna.

Este último punto debería dar esperanza y ánimo a cualquier persona ambiciosa que quiera hacer fortuna, pero que no haya recibido la «educación» necesaria para adquirir directamente el conocimiento especializado que pueda requerir. Muchos hombres pasan la vida sintiendo un «complejo de inferioridad» porque no se consideran personas «educadas». El hombre que puede organizar y dirigir un grupo «Mente Maestra» de personas que poseen el conocimiento útil para acumular dinero es tan educado como cualquiera dentro de ese grupo. RECUERDE ESTO si alguna vez se ha sentido en inferioridad debido a la falta de educación formal.

Thomas A. Edison solo tuvo tres meses de «escolaridad» en toda su vida. No le faltaba educación, y tampoco murió pobre.

Henry Ford no pasó de sexto grado, pero se las ha arreglado bastante bien por sí mismo, financieramente.

¡El CONOCIMIENTO ESPECIALIZADO es una de las formas más abundantes y baratas de servicio que pueden obtenerse! Si tiene alguna duda sobre esto, revise la nómina de cualquier universidad.

Es rentable saber cómo adquirir conocimiento

Primero, decida qué tipo de conocimiento especializado necesita y con qué propósito lo requiere. En gran medida, su propósito principal en la vida y la meta hacia la que trabaja le ayudarán a determinar qué conocimiento necesita.

Una vez resuelta esta cuestión, el siguiente paso es obtener información precisa sobre fuentes confiables de conocimiento. Las más importantes son:

a) Su propia experiencia y educación
b) La experiencia y educación disponibles mediante la cooperación con otros (Alianza «Mente Maestra»).
c) Colegios y universidades
d) Bibliotecas públicas (mediante libros y revistas en los que se encuentra todo el conocimiento organizado por la civilización)
e) Cursos de formación especializada (en particular, en escuelas nocturnas y programas de estudio en el hogar)

A medida que se adquiere conocimiento, este debe organizarse y utilizarse con un propósito definido, a partir de planes prácticos. El conocimiento no tiene valor excepto en la medida en que pueda aplicarse para alcanzar un objetivo valioso. Esta es una de las razones por las que los títulos universitarios no tienen un mayor reconocimiento: solo representan un cúmulo de conocimientos misceláneos.

Si está considerando recibir educación adicional, primero determine el propósito para el cual desea adquirir ese conocimiento. Luego identifique dónde puede obtener ese conocimiento específico a partir de fuentes confiables.

Los hombres exitosos, en todas las áreas, nunca dejan de adquirir conocimiento especializado relacionado con su propósito principal, negocio o profesión. Aquellos que no tienen éxito, por lo general, cometen el error de creer que el período de adquisición de conocimientos se acaba cuando terminan la escuela. La verdad es que la educación formal apenas pone a una persona en el camino para aprender a adquirir conocimiento práctico.

Con este mundo cambiante, que comenzó tras el colapso económico, llegaron también cambios asombrosos en los requisitos educativos. La consigna del día es ESPECIALIZACIÓN. Este principio fue enfatizado por Robert P. Moore, secretario de nombramientos de la Universidad de Columbia:

Los especialistas más buscados

Las empresas que buscan contratar empleados muestran un interés particular en los candidatos que se han especializado en un área específica: graduados de escuelas de negocios con formación en contabilidad y estadísticas, ingenieros de todo tipo, periodistas, arquitectos, químicos y también líderes destacados y personas activas durante el último año de estudios.

El candidato que ha participado activamente en el campus, cuya personalidad le permite relacionarse bien con todo tipo de personas y que ha hecho un buen trabajo con sus estudios, tiene una ventaja decisiva sobre el estudiante estrictamente académico. Algunos, debido a sus calificaciones generales y habilidades, han recibido múltiples ofertas de empleo, en algunos casos hasta seis.

Al alejarse de la idea de que el estudiante con «calificaciones perfectas» es siempre el que obtiene las mejores oportunidades laborales, el señor Moore explicó que la mayoría de las empresas no solo evalúa los expedientes académicos, sino también las actividades extracurriculares y las personalidades de los estudiantes.

Una de las empresas industriales más grandes, líder en su sector, en una carta dirigida al señor Moore sobre los próximos graduados universitarios, mencionó lo siguiente:

Nos interesa principalmente encontrar a personas que puedan lograr un progreso excepcional en el trabajo gerencial. Por esta razón enfatizamos mucho más las cualidades de carácter, inteligencia y personalidad que la formación académica específica.

Propuesta de «prácticas profesionales»

Al proponer un sistema de «prácticas profesionales» para que los estudiantes trabajen en oficinas, comercios y sectores industriales durante las vacaciones de verano, el señor Moore afirma que, después de los dos o tres primeros años de universidad, cada estudiante debería ser instado a «elegir un camino definido para su futuro y a hacer un alto si simplemente ha estado navegando sin un propósito claro a través de un currículo académico sin especialización».

«Las universidades y los colegios deben enfrentar la realidad de que todas las profesiones y ocupaciones actuales exigen especialistas», enfatizó el señor Moore, instando a las instituciones educativas a asumir una mayor responsabilidad en la orientación vocacional.

Una de las fuentes más confiables y prácticas de conocimiento disponible para aquellos que necesitan formación especializada son las escuelas nocturnas, que operan en la mayoría de las grandes ciudades. Las escuelas por correspondencia ofrecen formación especializada en cualquier lugar donde llegue el servicio postal de los Estados Unidos, sobre todos los temas que pueden enseñarse mediante el método de educación a distancia. Una de las ventajas del estudio en el hogar es la flexibilidad del programa de estudios, que permite a los estudiantes aprender en su tiempo libre. Otra enorme ventaja del estudio en casa (si se elige la escuela adecuada) es que la mayoría de los cursos ofrecidos incluye generosos privilegios de consulta, lo que puede ser de un valor incalculable para quienes necesitan conocimientos especializados. Sin importar dónde viva, se puede beneficiar de estas oportunidades.

Cualquier cosa obtenida sin esfuerzo y sin costo suele no valorarse y, a menudo, se desacredita. Quizá por esto obtenemos tan poco provecho de las maravillosas oportunidades que ofrecen las escuelas públicas. La AUTODISCIPLINA que se adquiere al seguir un programa definido de estudio especializado compensa, en cierta medida, la oportunidad desperdiciada cuando el conocimiento estuvo disponible de forma gratuita. Las escuelas por correspondencia son instituciones altamente organizadas y administradas como negocios. Sus tarifas de matrícula son tan bajas que deben insistir en pagos puntuales. El hecho de que se exija el pago, independientemente de si el estudiante obtiene buenas o malas calificaciones, tiene el efecto de motivar a los alumnos a completar el curso cuando de otro modo quizá lo abandonarían. Las escuelas por correspondencia no han enfatizado bastante este punto, pero la realidad es que sus departamentos de cobro ofrecen el mejor tipo de entrenamiento en DECISIÓN, PUNTUALIDAD, ACCIÓN Y EL HÁBITO DE TERMINAR LO QUE SE EMPIEZA.

Aprendí esto por experiencia propia, hace más de 25 años. Me inscribí en un curso de estudio en casa sobre publicidad. Después de completar ocho o diez lecciones dejé de estudiar, pero la escuela no dejó de enviarme facturas. Además, insistía en que debía pagar, sin importar si continuaba con mis estudios o no. Decidí que, si tenía que pagar el curso (al cual me había comprometido legalmente), entonces debía completarlo y sacarle provecho a mi dinero. En ese momento sentí que el sistema de cobro de la escuela estaba demasiado bien organizado, pero más adelante en la vida comprendí que fue una parte valiosa de mi formación por la que no se me cobró ningún extra. Al estar obligado a pagar, seguí adelante y terminé el curso. Años después descubrí que ese sistema eficiente de cobro había valido mucho en términos de dinero ganado, gracias a la formación en publicidad que tan a regañadientes había tomado.

En este país tenemos lo que se dice que es el mejor sistema de educación pública del mundo. Hemos invertido sumas fabulosas en la construcción de edificios escolares de primera categoría, hemos proporcionado transporte conveniente para que los niños de las zonas rurales puedan asistir a las mejores escuelas, pero hay una debilidad asombrosa en este sistema maravilloso: ¡ES GRATUITO! Una de las cosas más extrañas sobre los seres humanos es que solo valoran aquello que tiene un precio. Las escuelas gratuitas de los Estados Unidos y las bibliotecas gratuitas no impresionan a la gente simplemente *porque son gratuitas*. Esta es la razón principal por la que tantas personas se ven obligadas a adquirir formación adicional después de salir de la escuela y comenzar a trabajar. También es una de las principales razones por las que LOS EMPLEADORES PREFIEREN A LOS TRABAJADORES QUE TOMAN CURSOS A DISTANCIA DESDE CASA. Han aprendido, por experiencia, que cualquier persona que tenga la ambición de sacrificar parte de su tiempo libre para estudiar en casa posee las cualidades necesarias para el liderazgo. Este reconocimiento por parte de los empleadores no es un gesto de caridad, sino una decisión basada en el buen juicio empresarial.

Hay una debilidad en las personas para la cual no hay remedio: LA FALTA DE AMBICIÓN. Las personas, especialmente aquellas con salarios fijos, que organizan su tiempo libre para el estudio en casa rara vez permanecen en los niveles más bajos por mucho tiempo. Su acción abre el camino hacia el ascenso, elimina muchos obstáculos de su trayectoria y atrae la atención favorable de quienes tienen el poder de abrirles las puertas a NUEVAS OPORTUNIDADES.

El método de estudio en casa es particularmente útil para aquellas personas empleadas que, tras salir de la escuela, descubren que necesitan conocimientos especializados adicionales, pero que no pueden dedicar tiempo a regresar a clases presenciales.

Las condiciones económicas cambiantes desde la Gran Depresión han obligado a miles de personas a buscar fuentes adicionales o nuevas de ingresos. Para la mayoría, la solución a este problema solo puede encontrarse mediante la adquisición de conocimientos especializados. Muchos se verán obligados a cambiar de ocupación por completo. Cuando un comerciante descubre que una línea de productos no se vende bien, por lo general la sustituye por otra que sí tenga demanda. De la misma manera, una persona que ofrece sus servicios debe actuar como un comerciante eficiente. Si sus habilidades no le generan ingresos suficientes en una ocupación, debe cambiar a otra que ofrezca mejores oportunidades.

Stuart Austin Wier, quien se formó como ingeniero de obras y trabajó en ese campo hasta que la crisis redujo su mercado hasta el punto en que no estaba recibiendo los ingresos que necesitaba. Ante esta situación, evaluó sus propias capacidades y decidió cambiar su profesión al derecho. Regresó a la escuela y tomó cursos especializados para prepararse como abogado corporativo. A pesar de que la crisis económica aún no había terminado, completó su formación, aprobó el examen de la barra y rápidamente creó una lucrativa práctica legal en Dallas, Texas, tan exitosa que actualmente tiene que rechazar clientes.

Para evitar las excusas de aquellos que dirán «No pude regresar a la escuela porque tengo una familia que mantener» o «Soy demasiado mayor», agrego un dato importante: el señor Wier tenía más de 40 años y estaba casado cuando decidió volver a estudiar. Además, al elegir cuidadosamente cursos muy especializados en las mejores universidades para su campo, completó en dos años lo que la mayoría de los estudiantes de derecho tarda cuatro años en terminar. ¡ES RENTABLE SABER CÓMO ADQUIRIR CONOCIMIENTO!

La persona que deja de estudiar solo porque ha terminado la escuela está condenada de por vida a la mediocridad, sin importar cuál sea su vocación. El camino al éxito es el camino de la búsqueda continua del conocimiento.

Veamos otro caso concreto.

Durante la Gran Depresión, un vendedor de una tienda de comestibles perdió su empleo. Dado que tenía algo de experiencia en contabilidad, tomó un curso especializado, se familiarizó con los sistemas más modernos y los equipos de oficina, y decidió iniciar su propio negocio. Comenzó ofreciendo sus servicios al comerciante para el que había trabajado anteriormente y, poco a poco, firmó contratos con más de cien pequeños comerciantes para llevar sus libros contables a cambio de una tarifa mensual muy accesible. Su idea fue tan práctica que pronto se vio en la necesidad de instalar una oficina portátil en un camión de reparto ligero, equipado con maquinaria contable moderna. Con el tiempo expandió su empresa hasta contar con una flota de oficinas contables móviles y un equipo de empleados, con lo que ofrecía a los pequeños comerciantes un servicio de contabilidad de primer nivel a un costo muy accesible.

El conocimiento especializado, combinado con imaginación, fueron los ingredientes clave para este negocio único y exitoso. El año pasado, el dueño de esta empresa pagó un impuesto sobre la renta casi diez veces mayor que el impuesto que pagó el comerciante para quien trabajaba antes de que la Gran Depresión lo obligara a reinventarse, una crisis que resultó ser una bendición disfrazada.

El origen de este negocio exitoso fue una IDEA.

Dado que tuve el privilegio de proporcionarle la idea a este vendedor desempleado, ahora me permito sugerir otra, con el potencial de producir ingresos aún mayores y de prestar un servicio valioso a miles de personas que realmente lo necesitan.

La idea surgió cuando el vendedor dejó su trabajo para dedicarse a la contabilidad mayorista. Cuando le propuse este plan como una solución a su desempleo, su primera reacción fue decir: «Me gusta la idea, pero no sé cómo convertirla en dinero». En otras palabras, no sabía cómo vender sus conocimientos en contabilidad *después de haberlos adquirido*.

Esto planteó un nuevo problema que debíamos resolver. Con la ayuda de una joven mecanógrafa, experta en caligrafía y con gran capacidad para estructurar información, preparamos un libro muy atractivo que explicaba las ventajas del nuevo sistema contable. Las páginas se mecanografiaron y se encuadernaron ordenadamente en un álbum común, el cual se utilizó como un vendedor silencioso con el que se contó la historia de este nuevo negocio de manera tan efectiva que su propietario pronto tuvo más clientes de los que podía manejar.

Hay miles de personas en todo el país que necesitan los servicios de un especialista en comercialización capaz de preparar una presentación atractiva para utilizarla en la promoción de servicios personales. Los ingresos anuales totales de un servicio de este tipo podrían superar fácilmente los obtenidos por la agencia de empleo más grande, mientras que los beneficios del servicio podrían ser mucho mayores para el comprador que los que se pueden obtener de una agencia de empleo.

La IDEA aquí descrita nació de la necesidad, para hacer frente a una emergencia que debía resolverse, pero no se limitó a servir solo a una persona. La mujer que creó esta idea tiene una gran IMAGINACIÓN. Vio en su recién nacido proyecto intelectual la creación de una nueva profesión, una destinada a prestar un servicio valioso a miles de personas que necesitan orientación práctica para comercializar sus servicios personales.

Impulsada a la acción por el éxito instantáneo de su primer PLAN PREPARADO PARA COMERCIALIZAR SERVICIOS PERSONALES, esta enérgica mujer se dedicó a resolver un problema similar para su hijo, quien acababa de terminar la universidad, pero no había podido encontrar un mercado para sus servicios. El plan que ideó para él fue el mejor ejemplo de comercialización de servicios personales que he visto.

Cuando el libro del plan estuvo terminado, contenía casi cincuenta páginas de información bellamente mecanografiada y correctamente organizada, contando la historia de las habilidades innatas de su hijo, su educación, experiencias personales y una gran variedad de información adicional demasiado extensa para describirla aquí. El libro del plan también incluía una descripción completa del puesto que su hijo deseaba, junto con una magnífica descripción en palabras del plan exacto que seguiría para desempeñar el puesto.

La preparación del plan requirió varias semanas de trabajo, durante las cuales su creadora envió a su hijo a la biblioteca pública casi a diario para obtener datos que le ayudaran a vender sus servicios de la mejor manera posible. También lo envió a todas las empresas competidoras de su posible empleador y recopiló de ellas información clave sobre sus métodos de negocio, lo que resultó de gran valor en la formulación del plan que su hijo tenía la intención de aplicar para el puesto al que aspiraba. Cuando el plan estuvo terminado, contenía más de media docena de sugerencias muy útiles para el beneficio del posible empleador. (Las sugerencias fueron puestas en práctica por la empresa).

Alguien podría preguntarse: «¿Por qué hacer todo este esfuerzo para conseguir un empleo?». La respuesta es directa y, además, dramática, porque trata un tema que se convierte en tragedia para millones de hombres y mujeres cuya única fuente de ingresos son sus servicios personales.

La respuesta es: «¡HACER BIEN LAS COSAS NUNCA ES UNA MOLESTIA!». EL PLAN QUE ESTA MUJER PREPARÓ PARA SU HIJO LE AYUDÓ A CONSEGUIR EL TRABAJO QUE SOLICITÓ EN SU PRIMERA ENTREVISTA, CON UN SALARIO FIJADO POR ÉL MISMO.

Además —y esto también es importante—, EL PUESTO NO REQUERÍA QUE EL JOVEN COMENZARA DESDE ABAJO. INICIÓ SU CARRERA COMO EJECUTIVO JÚNIOR, CON UN SALARIO DE EJECUTIVO.

«¿Por qué tomarse tantas molestias?», podría preguntarse.

Bueno, por un motivo en particular: la PRESENTACIÓN PLANIFICADA de la solicitud de este joven redujo en al menos diez años el tiempo que le habría tomado llegar a la posición en la que comenzó, si hubiera «empezado desde abajo y trabajado para ascender en una empresa».

La idea de empezar desde abajo y ascender puede parecer razonable, pero el mayor problema es que demasiadas personas que comienzan desde abajo nunca logran levantar la cabeza lo suficiente para ser vistas por la OPORTUNIDAD, por lo que permanecen en el mismo lugar. También hay que recordar que la perspectiva desde abajo no es muy alentadora. Tiende a sofocar la ambición. Lo llamamos «quedarse atrapado en la rutina», lo que significa que aceptamos nuestro destino porque desarrollamos el HÁBITO de la rutina diaria, uno que finalmente se vuelve tan fuerte que dejamos de intentar romperlo. Y esa es otra razón por la que vale la pena empezar uno o dos escalones por encima del nivel más bajo. Al hacerlo, uno desarrolla el HÁBITO de observar lo que pasa alrededor, de analizar cómo progresan los demás, de reconocer la OPORTUNIDAD y aprovecharla sin dudarlo.

Dan Halpin es un excelente ejemplo de esto. Durante sus años universitarios fue el gerente del famoso equipo de futbol de Notre Dame que ganó el Campeonato Nacional de 1930, cuando estaba bajo la dirección del legendario Knute Rockne.

Quizá lo inspiró este gran entrenador para apuntar alto y NO CONFUNDIR UNA DERROTA TEMPORAL CON UN FRACASO, tal como Andrew Carnegie, el gran líder industrial, inspiró a sus jóvenes lugartenientes a establecer metas ambiciosas para sí mismos. De cualquier manera, el joven Halpin terminó la universidad en una época muy desfavorable, cuando la Gran Depresión había hecho que encontrar empleo fuera extremadamente difícil. Después de probar suerte en la banca de inversión y la industria cinematográfica, aceptó la primera oportunidad con futuro que encontró: vender audífonos eléctricos por comisión. CUALQUIERA PODÍA EMPEZAR EN UN TRABAJO ASÍ, Y HALPIN LO SABÍA, pero fue suficiente para abrirle la puerta a la oportunidad.

Durante casi dos años continuó en un trabajo que no le gustaba y nunca habría ascendido más allá de ese puesto si no hubiera hecho algo al respecto. Primero se fijó la meta de convertirse en asistente del gerente de ventas de su empresa, y consiguió el puesto. Ese único paso hacia arriba lo colocó lo suficientemente por encima de la multitud como para permitirle ver oportunidades aún mayores; además lo situó en un lugar donde la OPORTUNIDAD PODÍA VERLO A ÉL.

Hizo un trabajo tan destacado vendiendo audífonos que A. M. Andrews, presidente del consejo de administración de Dictograph Products Company, una empresa competidora de la compañía para la que trabajaba Halpin, quiso saber quién era ese hombre, Dan Halpin, que le estaba quitando grandes ventas a la ya establecida Dictograph. Lo mandó llamar y, cuando terminó la entrevista, Halpin era el nuevo gerente de ventas a cargo de la división Acousticon.

Luego, para poner a prueba la determinación de Halpin, el señor Andrews se fue a Florida durante tres meses, dejándolo solo para que se hundiera o saliera a flote en su nuevo trabajo. ¡No se hundió! El espíritu de Knute Rockne, con su lema «El mundo entero ama a un ganador y no tiene tiempo para un perdedor», lo inspiró a entregarse por completo a su trabajo; recientemente fue elegido vicepresidente de la compañía y gerente general de la división Acousticon y Silent Radio, un puesto que la mayoría de los hombres se sentirían orgullosos de alcanzar tras diez años de esfuerzo leal. Halpin lo consiguió en poco más de seis meses.

Es difícil decir si el señor Andrews o el señor Halpin merecen más elogios, porque ambos demostraron poseer esa cualidad tan rara conocida como IMAGINACIÓN. El señor Andrews merece reconocimiento por haber visto en el joven Halpin a un emprendedor de primer nivel. Halpin merece crédito por NEGARSE A COMPROMETERSE CON UNA VIDA QUE NO QUERÍA, al aceptar y mantenerse en un trabajo que no le satisfacía, y ese es uno de los puntos principales que intento enfatizar en toda esta filosofía: ascendemos a altos cargos o permanecemos en la base DEPENDIENDO DE LAS CONDICIONES QUE PODEMOS CONTROLAR, SI DESEAMOS CONTROLARLAS.

También intento enfatizar otro punto: tanto el éxito como el fracaso son, en gran medida, ¡el resultado del HÁBITO! No tengo la menor duda de que la estrecha relación de Dan Halpin con el mejor entrenador de futbol americano que los Estados Unidos haya conocido sembró en su mente el mismo tipo de DESEO de destacar que hizo mundialmente famoso al equipo de futbol de Notre Dame. Realmente, hay algo cierto en la idea de que la admiración por un héroe es beneficiosa, siempre y cuando se admire a un GANADOR. Halpin me ha contado que Rockne fue uno de los mayores líderes en toda la historia.

Mi creencia en la teoría de que las asociaciones en el mundo de los negocios son factores fundamentales, tanto en el fracaso como en el éxito, se confirmó recientemente cuando mi hijo Blair estuvo negociando con Dan Halpin un puesto de trabajo. El señor Halpin le ofreció a mi hijo un salario inicial de aproximadamente la mitad de lo que podría haber obtenido en una empresa rival. Ejercí presión como padre y lo convencí de aceptar el puesto con el señor Halpin porque CREO QUE LA RELACIÓN CERCANA CON ALGUIEN QUE SE NIEGA A COMPROMETERSE CON CIR-CUNSTANCIAS QUE NO LE AGRADAN ES UN ACTIVO QUE NUNCA SE PUEDE MEDIR EN TÉRMINOS MONETARIOS.

El nivel más bajo es un lugar monótono, desalentador y poco rentable para cualquier persona. Por eso me he tomado el tiempo de describir cómo se pueden evitar los comienzos difíciles mediante una planificación adecuada. También por eso se ha dedicado tanto espacio a describir esta nueva profesión, creada por una mujer que se sintió inspirada a realizar un excelente trabajo de PLANIFICACIÓN porque quería que su hijo tuviera una oportunidad favorable.

Con los cambios introducidos por el colapso económico mundial surgió también la necesidad de encontrar formas nuevas y mejores de comercializar los SERVICIOS PERSONALES. Es difícil comprender por qué nadie había descubierto antes esta inmensa necesidad, considerando que se intercambia más dinero por servicios personales que por cualquier otro propósito. La suma pagada mensualmente a personas que trabajan por sueldos y salarios es tan enorme que alcanza cientos de millones, y su distribución anual asciende a miles de millones.

Quizá algunos encuentren en la IDEA aquí descrita brevemente el núcleo de la riqueza que DESEAN. Ideas con mucho menos mérito han sido la semilla de grandes fortunas. La idea de las tiendas de cinco y diez centavos de Woolworth, por ejemplo, tenía mucho menos mérito, pero trajo una gran fortuna para su creador.

Quienes vean la OPORTUNIDAD en esta sugerencia encontrarán una ayuda valiosa en el capítulo sobre planificación organizada.

Por cierto, un experto en la comercialización de servicios personales encontraría una creciente demanda de sus servicios en cualquier lugar donde haya hombres y mujeres que busquen mejores mercados para sus habilidades. Aplicando el principio de la «Mente Maestra», unas pocas personas con el talento adecuado podrían formar una alianza y establecer un negocio rentable rápidamente. Se necesitaría a alguien con habilidades para la escritura, con talento para la publicidad y las ventas; alguien hábil en la mecanografía y el rotulado a mano, y alguien con gran capacidad para atraer clientes y dar a conocer el servicio al mundo. Si una sola persona poseyera todas estas habilidades, podría manejar el negocio por su cuenta hasta que creciera demasiado como para administrarlo solo.

La mujer que creó el Plan de Ventas de Servicios Personales para su hijo ahora recibe solicitudes de todo el país para ayudar a otras personas a comercializar sus servicios personales con mayor rentabilidad. Cuenta con un equipo de mecanógrafos, artistas y redactores expertos, capaces de dramatizar la historia de cada caso de manera tan efectiva que los servicios personales de una persona pueden venderse por un salario mucho más alto que el promedio del mercado para servicios similares. Tiene tanta confianza en su habilidad que acepta, como parte principal de sus honorarios, un porcentaje del *aumento* de sueldo que les ayuda a sus clientes a conseguir.

No se debe suponer que su plan consiste simplemente en una estrategia de ventas astuta con la que ayuda a hombres y mujeres a exigir y recibir más dinero por los mismos servicios que antes ofrecían por un salario menor. Ella vela tanto por los intereses del comprador como por los del vendedor de servicios personales y diseña sus planes de tal manera que el empleador recibe un valor completo por el dinero adicional que paga. El método con el que logra este asombroso resultado es un secreto profesional que solo les revela a sus propios clientes.

Si tiene IMAGINACIÓN y busca una forma más rentable de comercializar sus servicios personales, esta sugerencia podría ser el estímulo que ha estado buscando. Esta IDEA tiene el potencial de generar ingresos muy superiores a los de un médico, abogado o ingeniero «promedio», cuya educación ha requerido varios años de estudios universitarios. La idea es comercializable tanto para quienes buscan nuevas oportunidades laborales en prácticamente cualquier puesto gerencial o ejecutivo como para aquellos que desean reorganizar sus ingresos en sus puestos actuales.

¡No hay un precio fijo para las IDEAS sólidas!

Detrás de todas las IDEAS hay conocimiento especializado. Lamentablemente, para aquellos que no encuentran la riqueza en abundancia, el conocimiento especializado es mucho más común y fácil de adquirir que las IDEAS.

Precisamente por esta razón existe una demanda universal y una oportunidad cada vez mayor para las personas capaces de ayudar a hombres y mujeres a vender sus servicios personales de manera ventajosa.

Tener esta capacidad significa poseer IMAGINACIÓN, la única cualidad necesaria para combinar el conocimiento especializado con IDEAS, en forma de PLANES ORGANIZADOS diseñados para producir riqueza.

Si tiene IMAGINACIÓN, este capítulo puede ofrecerle una idea lo suficientemente valiosa como para que sea el punto de partida de la riqueza que desea. Recuerde, la IDEA es lo principal. El conocimiento especializado puede encontrarse a la vuelta de la esquina..., ¡en cualquier esquina!

6

Imaginación

El taller de la mente

EL QUINTO PASO HACIA LA RIQUEZA

La imaginación es, literalmente, el taller donde se forjan todos los planes creados por el hombre. El impulso, el DESEO, toma forma, estructura y ACCIÓN gracias a la facultad imaginativa de la mente.

Se ha dicho que el hombre puede crear cualquier cosa que pueda imaginar.

De todas las épocas de la civilización, esta es la más propicia para el desarrollo de la imaginación, porque es una era de cambios acelerados. En todo momento, uno puede encontrar estímulos que potencian la imaginación.

Gracias a su capacidad imaginativa, el ser humano ha descubierto y aprovechado más fuerzas de la naturaleza en los últimos cincuenta años que en toda la historia previa de la humanidad. Ha conquistado el aire hasta el punto de que las aves ya no pueden competir con él en el vuelo. Ha dominado el éter y lo ha convertido en un medio de comunicación instantánea con cualquier parte del mundo. Ha analizado y calculado el peso del sol, a millones de kilómetros, y ha determinado, mediante el uso de la IMAGINACIÓN, los elementos que lo componen. Ha descubierto que su propio cerebro es tanto un emisor como un receptor de las vibraciones del pensamiento, y está empezando a aprender cómo hacer un uso práctico de este descubrimiento. Ha incrementado la velocidad de locomoción hasta el punto de poder viajar a más de trescientas millas por hora. Pronto llegará el día en que un hombre podrá desayunar en Nueva York y almorzar en San Francisco.

LA ÚNICA LIMITACIÓN DEL HOMBRE, dentro de lo razonable, RADICA EN EL DESARROLLO Y USO DE SU IMAGINACIÓN. Aún no ha alcanzado el punto máximo de evolución en el uso de su facultad imaginativa. Apenas ha descubierto que posee imaginación y ha comenzado a utilizarla de una manera muy elemental.

Dos formas de imaginación

La facultad imaginativa funciona de dos maneras. Una se conoce como «imaginación sintética» y la otra como «imaginación creativa».

Imaginación sintética: a través de esta facultad se pueden reorganizar conceptos, ideas o planes antiguos en nuevas combinaciones. Esta facultad no crea nada. Simplemente trabaja con el material de la experiencia, la educación y la observación con el que se le alimenta. Es la facultad que más utilizan los inventores, con la excepción de aquellos que recurren a la imaginación creativa cuando no pueden resolver su problema mediante la imaginación sintética.

Imaginación creativa: a través de la facultad de la imaginación creativa, la mente finita del ser humano se comunica directamente con la Inteligencia Infinita. Es la facultad con la cual se reciben «corazonadas» e «inspiraciones». Es por medio de esta facultad que todas las ideas fundamentales o nuevas son transmitidas al ser humano. También es mediante esta facultad que se reciben las vibraciones del pensamiento de otras mentes. Por medio de ella, un individuo puede «sintonizarse» o comunicarse con las mentes subconscientes de otras personas.

La imaginación creativa funciona automáticamente, de la manera que se describe en las páginas siguientes. Esta facultad SOLO opera cuando la mente consciente vibra a un ritmo extremadamente rápido, como ocurre cuando está estimulada por la emoción de un *deseo intenso.*

La facultad creativa se vuelve más alerta y receptiva a las vibraciones mencionadas en proporción a su desarrollo mediante el USO. ¡Esta afirmación es significativa! Reflexiona sobre ella antes de continuar.

Ten en cuenta, al seguir estos principios, que la historia completa de cómo se puede convertir el DESEO en dinero no puede contarse en una sola declaración. La historia solo estará completa cuando hayas DOMINADO, ASIMILADO Y COMENZADO A UTILIZAR todos los principios.

Los grandes líderes de los negocios, la industria y las finanzas, así como los grandes artistas, músicos, poetas y escritores, alcanzaron la grandeza porque desarrollaron la facultad de la imaginación creativa.

Tanto la imaginación sintética como la imaginación creativa se vuelven más ágiles con el uso, al igual que cualquier músculo u órgano del cuerpo se desarrolla con la práctica.

El deseo es solo un pensamiento, un impulso. Es nebuloso y efímero. Es abstracto y carece de valor hasta que se transforma en su equivalente físico. Aunque la imaginación sintética será la más utilizada en el proceso de convertir el impulso del DESEO en dinero, debe recordar que podría enfrentar circunstancias y situaciones que exijan también el uso de la imaginación creativa.

Si su facultad imaginativa se ha debilitado por la inacción, puede revivirse y fortalecerse mediante el USO. La facultad no muere, aunque puede volverse inactiva por falta de uso.

Por ahora, concéntrese en el desarrollo de la imaginación sintética, ya que es la facultad que utilizará con mayor frecuencia en el proceso de convertir el deseo en dinero.

La transformación del impulso intangible del DESEO en la realidad tangible del DINERO requiere el uso de un plan, o de varios planes. Estos deben formarse con la ayuda de la imaginación, y principalmente con la facultad sintética.

Lea todo el libro de principio a fin y luego vuelva a este capítulo. Comience de inmediato a poner su imaginación a trabajar en la construcción de un plan, o de varios planes, para transformar su DESEO en dinero. Las instrucciones detalladas para la elaboración de planes se han presentado en casi todos los capítulos. Siga las indicaciones que mejor se adapten a sus necesidades y plasme su plan por escrito, si aún no lo ha hecho. En el momento en que complete este paso habrá dado una forma concreta y definitiva a su DESEO, que hasta ese momento era solo algo intangible. Lea la oración anterior una vez más. Léala en voz alta, muy despacio, y mientras lo hace recuerde que, en el momento en que convierte la declaración de su deseo y el plan para lograrlo en un escrito, habrá dado el PRIMER PASO de una serie que le permitirá convertir ese pensamiento en su equivalente físico.

La Tierra en la que vive, usted mismo y cada cosa material existente son el resultado de un cambio evolutivo en el que diminutas partículas de materia se han organizado y dispuesto en un orden específico.

Además —y esta afirmación es de enorme importancia—, la Tierra, cada una de las miles de millones de células del cuerpo y cada átomo de materia *comenzaron como una forma intangible de energía*.

¡El DESEO es un impulso del pensamiento! Los impulsos del pensamiento son formas de energía. Cuando se inicia con el impulso del pensamiento, es decir, el DESEO de acumular dinero, está aprovechando el mismo «material» que la Naturaleza utilizó para crear la Tierra y todas las formas materiales del universo, incluido el cuerpo y el cerebro en el que funcionan los pensamientos.

Hasta donde la ciencia ha podido determinar, el universo entero se compone de solo dos elementos: materia y energía.

De la combinación de ambos ha surgido todo lo que el ser humano puede percibir, desde la estrella más grande que flota en el firmamento hasta, e incluyendo, el propio ser humano.

Ahora está inmerso en la tarea de tratar de beneficiarse del método de la Naturaleza. Está (con sinceridad y compromiso, esperamos) intentando adaptarse a las leyes de la Naturaleza, esforzándose por convertir el DESEO en su equivalente físico o monetario. ¡USTED PUEDE LOGRARLO! ¡SE HA HECHO ANTES!

Puede construir una fortuna con la ayuda de leyes que son inmutables. Pero, primero, debe familiarizarse con estas leyes y aprender a UTILIZARLAS. Por medio de la repetición y abordando la descripción de estos principios desde todos los ángulos posibles, el autor espera estar revelándole el secreto mediante el cual se ha acumulado toda gran fortuna. Por extraño y paradójico que parezca, este «secreto» NO ES UN SECRETO. La propia Naturaleza lo anuncia en la Tierra en que vivimos, en las estrellas, en los planetas suspendidos ante nuestra vista, en los elementos que nos rodean, en cada brizna de hierba y en cada forma de vida a nuestro alcance.

La Naturaleza revela este «secreto» en términos biológicos, a partir de la conversión de una diminuta célula, tan pequeña que podría perderse en la punta de un alfiler, en el SER HUMANO que ahora está leyendo estas líneas. ¡La transformación del deseo en su equivalente físico no es, en absoluto, más milagrosa que esto!

No se desanime si no comprende completamente todo lo que se ha expuesto. A menos que haya sido un estudioso de la mente durante mucho tiempo, no es de esperarse que asimile todo lo que hay en este capítulo en una sola lectura.

Pero, con el tiempo, avanzará con éxito.

Los principios que siguen abrirán el camino para una mejor comprensión de la imaginación. Asimile aquello que comprenda con esta primera lectura de esta filosofía y, cuando la relea y estudie, descubrirá que algo ha cambiado: se habrá aclarado y le dará una visión más amplia del conjunto. Sobre todo, NO SE DETENGA ni dude en su estudio de estos principios hasta que haya leído el libro al menos TRES veces, porque, para entonces, ya no querrá detenerse.

Cómo usar la imaginación de manera práctica

Las ideas son el punto de partida de todas las fortunas. Las ideas son productos de la imaginación. Examinemos algunas ideas bien conocidas que han generado enormes fortunas, con la esperanza de que estos ejemplos brinden información concreta sobre el método por el cual la imaginación puede utilizarse para acumular riqueza.

La tetera encantada

Hace cincuenta años, un viejo médico rural llegó a la ciudad, ató su caballo, entró discretamente en una farmacia por la puerta trasera y comenzó a negociar con el joven farmacéutico.

Su misión estaba destinada a lograr una gran riqueza para muchas personas. También traería al sur de los Estados Unidos el beneficio más significativo desde la Guerra Civil.

Durante más de una hora, detrás del mostrador donde se surtían las recetas, el viejo médico y el farmacéutico conversaron en voz baja. Luego, el médico salió, fue hasta su carreta y regresó con una gran tetera antigua y una gran pala de madera (utilizada para revolver el contenido de la tetera), y las depositó en la parte trasera de la tienda.

El farmacéutico inspeccionó la tetera, metió la mano en el bolsillo interior de su chaqueta, sacó un fajo de billetes y se los entregó al médico. El fajo contenía exactamente quinientos dólares: ¡todos los ahorros del joven!

El médico, a cambio, le entregó un pequeño trozo de papel en el que estaba escrita una fórmula secreta. ¡Las palabras en ese pequeño papel valían el rescate de un rey! *¡Pero no para el médico!* Esas palabras mágicas eran necesarias para hacer hervir la tetera, pero ni el médico ni el joven farmacéutico sabían las increíbles fortunas que estaban destinadas a brotar de ella.

El viejo médico estaba feliz de vender el equipo por quinientos dólares. Ese dinero le permitiría saldar sus deudas y recuperar su tranquilidad. El joven farmacéutico, en cambio, estaba arriesgando todo su patrimonio en un simple trozo de papel y una vieja tetera. Jamás imaginó que su inversión haría que esa tetera rebosara de oro, superando incluso la milagrosa hazaña de la lámpara de Aladino.

Lo que *realmente compró* el farmacéutico fue una IDEA.

La vieja tetera, la pala de madera y el mensaje secreto en un trozo de papel eran solo elementos secundarios. La verdadera magia de esa tetera comenzó a manifestarse cuando su nuevo dueño añadió a las instrucciones secretas un ingrediente que el médico desconocía.

Lea esta historia con atención y ponga a prueba su imaginación. ¿Puede descubrir qué fue lo que el joven agregó al mensaje secreto que hizo que la tetera rebosara de oro? Recuerde, mientras lee, que esta no es una historia sacada de *Las mil y una noches*. Aquí tiene una historia basada en hechos reales, más extraños que la ficción, hechos que comenzaron con la forma de una IDEA.

Echemos un vistazo a las enormes fortunas de oro que ha producido esta idea. Ha generado, y lo sigue haciendo, riquezas inmensas para hombres y mujeres de todo el mundo que distribuyen el contenido de la tetera entre millones de personas.

La vieja tetera es ahora uno de los mayores consumidores de azúcar del mundo y proporciona empleo permanente a miles de personas dedicadas al cultivo de la caña de azúcar, así como a su refinamiento y comercialización.

Cada año, la vieja tetera consume millones de botellas de vidrio, dando empleo a una enorme cantidad de trabajadores del sector del vidrio.

También mantiene a un ejército de empleados, incluyendo dependientes, taquígrafos, redactores publicitarios y expertos en mercadotecnia en todo el país. Ha traído fama y fortuna a numerosos artistas que han creado magníficas ilustraciones para promocionar el producto.

La vieja tetera ha transformado una pequeña ciudad del sur en la capital empresarial de la región, beneficiando de manera directa o indirecta a prácticamente todos sus negocios y residentes.

La influencia de esta idea llega ahora a todos los países civilizados del mundo, distribuyendo una corriente inagotable de oro a todos los que la tocan.

La riqueza producida por la tetera ha permitido la construcción y el mantenimiento de una de las universidades más prestigiosas del sur, donde miles de jóvenes reciben la formación necesaria para alcanzar el éxito.

Pero la vieja tetera ha logrado aún más cosas asombrosas.

Durante la Gran Depresión, cuando fábricas, bancos y negocios cerraban sus puertas por miles, el propietario de esta Tetera Encantada siguió adelante, *proporcionando empleo continuo* a un ejército de hombres y mujeres en todo el mundo y repartiendo porciones adicionales de oro a aquellos que, desde el principio, *tuvieron fe en la idea.*

Si el producto de esa vieja tetera de bronce pudiera hablar, contaría historias fascinantes de romance en todos los idiomas. Romances de amor, romances de negocios, romances de hombres y mujeres profesionales que cada día encuentran inspiración en ella.

El autor está seguro de al menos una de esas historias de romance, porque él mismo fue parte de ella. Todo comenzó no muy lejos del lugar donde el joven farmacéutico compró la vieja tetera. Fue allí donde el autor conoció a su esposa, y fue ella quien primero le habló de la Tetera Encantada. Fue el producto de esa Tetera Encantada lo que estaban bebiendo cuando él le pidió que lo aceptara «en las buenas y en las malas».

Ahora que sabe que el contenido de la Tetera Encantada es una bebida famosa en todo el mundo, es apropiado que el autor confiese que la ciudad de origen de esta bebida no solo le proporcionó una esposa, sino que la propia bebida le brinda la *estimulación mental sin intoxicación* que necesita para hacer su mejor trabajo como escritor.

Quienquiera que sea, dondequiera que viva, cualquiera que sea su ocupación, recuerde que, cada vez que vea las palabras *Coca-Cola*, su vasto imperio de riqueza e influencia nació de una sola IDEA, y que el ingrediente misterioso que el joven farmacéutico, Asa Candler, agregó a la fórmula secreta fue... IMAGINACIÓN.

Deténgase un momento a reflexionar sobre esto.

Recuerde también que los 13 pasos hacia la riqueza, descritos en este libro, fueron el medio con el cual la influencia de Coca-Cola se ha extendido a cada ciudad, pueblo, aldea y encrucijada del mundo. Y que CUALQUIER IDEA que pueda concebir, que sea tan *sólida y meritoria* como la de Coca-Cola, tiene el potencial de replicar el increíble éxito de esta bebida que ha saciado la sed del mundo entero.

Verdaderamente, los pensamientos son cosas, y su campo de acción abarca todo el mundo.

¿Qué haría si tuviera un millón de dólares?

La siguiente historia demuestra la verdad del viejo dicho «donde hay voluntad, hay un camino». Me la contó un querido educador y clérigo, el fallecido Frank W. Gunsaulus, quien comenzó su carrera como predicador en la zona de los rastros ganaderos del sur de Chicago.

Mientras estudiaba en la universidad, el doctor Gunsaulus observó muchas deficiencias en nuestro sistema educativo, defectos que creía poder corregir si dirigía una institución académica. Su *mayor deseo* era convertirse en el líder de un colegio donde los jóvenes «aprendieran haciendo».

Se propuso organizar una nueva universidad en la que pudiera implementar sus ideas sin verse limitado por los métodos tradicionales de enseñanza.

¡Necesitaba un millón de dólares para hacer realidad su proyecto! ¿Cómo conseguiría una suma tan grande de dinero? Esa era la pregunta que ocupaba la mayor parte de los pensamientos del joven predicador.

Sin embargo, no lograba avanzar.

Cada noche se iba a la cama con esa idea en su mente. Cada mañana se despertaba con ella. La llevaba consigo a todas partes. Le daba vueltas una y otra vez hasta que se convirtió en una *obsesión* que lo consumía. Un millón de dólares es mucho dinero. Él reconocía ese hecho, pero también comprendía una gran verdad: *la única limitación es la que uno mismo se impone en su propia mente.*

Siendo tanto un filósofo como un predicador, el doctor Gunsaulus reconoció —como lo hacen todos aquellos que logran el éxito en la vida— que la CLARIDAD DE PROPÓSITO es el punto de partida de todo logro. También comprendió que esta claridad de propósito cobra vida, energía y poder cuando es impulsada por un DESEO VEHEMENTE de transformar esa meta en su equivalente material.

Conocía todas estas verdades fundamentales, pero aún no sabía dónde ni cómo conseguir un millón de dólares. Lo más lógico habría sido rendirse y decir: «Bueno, mi idea es buena, pero no puedo hacer nada con ella, porque nunca podré conseguir el millón de dólares necesario». Eso es exactamente lo que la mayoría de las personas habría dicho. Pero no fue lo que dijo el doctor Gunsaulus. Lo que dijo y lo que hizo son cosas tan importantes que ahora lo presentaré y dejaré que él mismo nos cuente su historia.

Una tarde de sábado me senté en mi habitación pensando en formas y medios para reunir el dinero necesario para realizar mis planes. Durante casi dos años había estado pensando, ¡pero *no había hecho nada más que pensar!*

«¡Había llegado el momento de ACTUAR!».

Tomé la decisión, en ese mismo instante, de que conseguiría el millón de dólares necesario en el plazo de una semana. ¿Cómo? No me preocupé por eso. Lo más importante era la *decisión* de obtener el dinero en un tiempo específico y quiero decirte que, en el momento en que tomé esa decisión definitiva, una extraña sensación de seguridad me invadió, una sensación que nunca antes había experimentado. Algo dentro de mí parecía decirme: «¿Por qué no tomaste esta decisión hace mucho tiempo? ¡El dinero ha estado esperándote todo este tiempo!».

Las cosas comenzaron a suceder rápidamente. Llamé a los periódicos y anuncié que, a la mañana siguiente, predicaría un sermón titulado «Lo que haría si tuviera un millón de dólares».

Me puse a trabajar en el sermón de inmediato, pero debo confesar que la tarea no fue difícil, porque llevaba casi dos años preparándolo. ¡El espíritu detrás de ese mensaje ya formaba parte de mí!

Mucho antes de la medianoche había terminado de escribirlo. Me fui a la cama y dormí con una gran confianza, *porque podía verme a mí mismo ya en posesión del millón de dólares.*

A la mañana siguiente me levanté temprano, fui al baño, leí mi sermón y luego me arrodillé para pedir que mi mensaje llegara a alguien que pudiera proporcionarme el dinero necesario.

Mientras oraba, volví a sentir aquella certeza de que el dinero llegaría. En mi emoción, salí sin llevar conmigo el sermón y no me di cuenta de mi descuido hasta que estuve en el púlpito, a punto de comenzar.

Era demasiado tarde para regresar por mis notas, ¡y qué bendición que no pudiera hacerlo! En su lugar, mi propia mente subconsciente me proporcionó el material que necesitaba. Cuando me puse de pie para comenzar mi sermón, cerré los ojos y hablé con todo mi corazón y mi alma sobre mis sueños. No solo hablé con mi audiencia, sino que también creo que hablé con Dios. Expliqué lo que haría con un millón de dólares si esa cantidad estuviera en mis manos. Describí el plan que tenía en mente para organizar una gran institución educativa donde los jóvenes aprendieran a hacer cosas prácticas mientras desarrollaban sus mentes.

Cuando terminé y me senté, un hombre se levantó lentamente de su asiento, a unas tres filas del fondo, y comenzó a caminar hacia el púlpito. Me pregunté qué iba a hacer. Subió al púlpito, extendió su mano y dijo:

—Reverendo, me gustó su sermón. Creo que puede hacer todo lo que dijo que haría si tuviera un millón de dólares. Para demostrarle que creo en usted y en su mensaje, si mañana por la mañana va a mi oficina, le entregaré el millón de dólares. Mi nombre es Phillip D. Armour.

El joven Gunsaulus acudió a la oficina del señor Armour al día siguiente y el millón de dólares le fue entregado. Con ese dinero fundó el Armour Institute of Technology.

Esa es una cantidad de dinero mayor de la que la mayoría de los predicadores llega a ver en toda su vida y, sin embargo, el impulso de pensamiento que provocó ese dinero se creó en la mente del joven predicador en una fracción de minuto. El millón de dólares necesario llegó como resultado de una idea. Detrás de esa idea había un DESEO que el joven Gunsaulus había estado alimentando en su mente durante casi dos años.

Observa este hecho importante: OBTUVO EL DINERO EN MENOS DE 36 HORAS DESPUÉS DE HABER TOMADO UNA DECISIÓN DEFINITIVA EN SU MENTE PARA CONSEGUIRLO Y HABER ESTABLECIDO UN PLAN CLARO PARA LOGRARLO.

No había nada novedoso o especial en el pensamiento vago de Gunsaulus sobre querer un millón de dólares, ni en su débil esperanza de obtenerlo. Otros antes que él, y muchos después, han tenido pensamientos similares. Pero hubo algo único y diferente en la decisión que tomó aquel memorable sábado, cuando dejó atrás la vaguedad y afirmó con certeza: «¡VOY a conseguir ese dinero en una semana!».

Parece que Dios se alinea con el hombre que sabe *exactamente* lo que quiere ¡*si está decidido* a conseguir JUSTO ESO!

Además, el principio mediante el cual el doctor Gunsaulus consiguió su millón de dólares sigue vigente hoy en día. ¡Está disponible para usted! Esta ley universal es tan aplicable hoy como lo fue cuando el joven predicador la usó con éxito. Este libro describe, paso a paso, los 13 principios de esta gran ley y sugiere cómo pueden aplicarse.

Observe cómo Asa Candler y el doctor Frank Gunsaulus tenían algo en común. Ambos conocían una verdad asombrosa: LAS IDEAS PUEDEN TRANSMUTARSE EN DINERO A TRAVÉS DEL PODER DE UN PROPÓSITO DEFINIDO, ADEMÁS DE PLANES DEFINIDOS.

Si eres de los que creen que el trabajo duro y la honestidad, por sí solos, traen riqueza, deshazte de esa idea de inmediato. ¡No es cierto! Las riquezas, cuando llegan en grandes cantidades, nunca son el resultado exclusivo del TRABAJO DURO. Las riquezas llegan, si lo hacen, en respuesta a demandas concretas, basadas en la aplicación de principios definidos, y no por casualidad o suerte.

En términos generales, una idea es un impulso de pensamiento que impulsa la acción, apelando a la imaginación. Todos los grandes vendedores saben que una idea puede venderse incluso cuando un producto no pueda venderse. Los vendedores comunes no saben esto. Por eso son y seguirán siendo vendedores «comunes».

Un editor de libros que se vendían por cinco centavos hizo un descubrimiento que debería ser de gran valor para los editores en general. Se dio cuenta de que muchas personas compran libros por el título y no por su contenido. Al cambiar el título de un libro que no se estaba vendiendo bien, logró que sus ventas aumentaran en más de un millón de copias. No cambió ni una sola palabra del interior del libro. Lo único que hizo fue arrancar la portada con el título que no se vendía y colocar una nueva cubierta con un título que tenía un valor más «taquillero».

Tan simple como parece, esa fue una IDEA. Fue IMAGINACIÓN.

No hay un precio estándar para las ideas. El creador de ideas pone su propio precio y, si es inteligente, lo obtiene.

La industria del cine creó toda una generación de millonarios. La mayoría de ellos no podía generar ideas, PERO tenía la imaginación para reconocerlas cuando las veía.

La siguiente ola de millonarios surgirá de la industria de la radio, que es nueva y aún no está saturada de personas con imaginación aguda. El dinero lo harán aquellos que descubran o creen nuevos y mejores programas de radio, y quienes tengan la visión para reconocer su mérito y su capacidad de ofrecer a los oyentes la oportunidad de beneficiarse de ellos.

¡El patrocinador! Esa desafortunada víctima que actualmente paga todos los costos del «entretenimiento» por radio pronto tomará conciencia de las ideas y exigirá obtener algo a cambio de su dinero. El hombre que se adelante al patrocinador y le proporcione programas que ofrezcan un verdadero servicio útil será quien se enriquezca en esta nueva industria.

Los cantantes melosos y charlatanes superficiales que ahora contaminan el aire con bromas sin sentido y risitas tontas desaparecerán, y en su lugar estarán verdaderos artistas que interpretarán programas cuidadosamente diseñados para alimentar la mente de las personas, además de entretenerlas.

Aquí hay un campo de oportunidades totalmente abierto, clamando por ser rescatado del desastre actual causado por la falta de imaginación y rogando por la innovación a cualquier precio. Por encima de todo, lo que la radio necesita son nuevas IDEAS.

Si este nuevo campo de oportunidades le interesa, quizá le beneficie la siguiente sugerencia: los programas de radio exitosos del futuro deberán enfocarse más en crear audiencias de «compradores» y menos en audiencias de «oyentes». Dicho de manera más clara: el creador de programas de radio que quiera triunfar en el futuro debe encontrar formas prácticas de convertir «oyentes» en «compradores». Además, en el futuro, el productor de programas de radio exitoso deberá estructurar sus contenidos de manera que pueda demostrar de forma concreta su alcance en la audiencia.

Los patrocinadores están empezando a cansarse de comprar discursos de venta ingeniosos, basados en afirmaciones sacadas de la nada. En el futuro exigirán pruebas irrefutables de que el programa *Whoosit* no solo hace reír a millones de personas con la risa más absurda del mundo, sino que también vende productos.

Otra cosa que deben entender aquellos que contemplan ingresar en este nuevo campo de oportunidades es que la publicidad en radio será manejada por un grupo totalmente nuevo de expertos en publicidad, separados y distintos de los antiguos profesionales de la publicidad en periódicos y revistas. Los veteranos del mundo publicitario *no pueden leer* los guiones de radio modernos porque han sido entrenados para VER las ideas. La nueva era de la radio exige personas capaces de interpretar ideas *escritas* en términos de SONIDO. Al autor le costó un año de trabajo intenso y miles de dólares aprender esta lección.

La radio, en este momento, está aproximadamente en el mismo punto en que se encontraba el cine cuando Mary Pickford y sus rizos dorados aparecieron por primera vez en la pantalla. Todavía hay mucho espacio en la radio para quienes puedan producir o *reconocer* IDEAS.

Si todo lo que se ha dicho sobre las oportunidades en la radio no ha activado su fábrica de ideas, será mejor que lo olvide. Su oportunidad está en otro campo. Pero si este comentario lo ha intrigado, aunque sea en el más mínimo grado, explórelo más a fondo, porque podría encontrar la IDEA que necesita para transformar su carrera.

La falta de experiencia no es una excusa. Nunca se desanime si no tiene experiencia en la radio. Andrew Carnegie sabía muy poco sobre la fabricación de acero (tengo su propia palabra sobre esto), pero hizo un uso práctico de dos de los principios descritos en este libro y convirtió la industria del acero en una fortuna.

La historia de prácticamente todas las grandes fortunas comienza cuando un creador de ideas y un vendedor de estas se unen y trabajan en armonía. Carnegie se rodeó de personas que podían hacer todo lo que él no podía hacer. Personas que creaban ideas, personas que ponían en práctica esas ideas, y, como resultado, él y los demás se volvieron increíblemente ricos.

Millones de personas pasan la vida esperando un «golpe de suerte». Tal vez una oportunidad inesperada pueda abrir una puerta, pero depender de la suerte no es la mejor estrategia. Un «golpe de suerte» me dio la mayor oportunidad de mi vida, pero me llevó 25 años de *esfuerzo constante* convertir esa oportunidad en un verdadero activo.

El «golpe de suerte» en mi vida fue haber tenido la fortuna de conocer y obtener la cooperación de Andrew Carnegie. En esa ocasión, Carnegie plantó en mi mente la *idea* de organizar los principios del logro en una filosofía del éxito. Miles de personas han obtenido beneficios gracias a los descubrimientos hechos en los 25 años de investigación y varias fortunas han sido acumuladas mediante la aplicación de esta filosofía. El comienzo fue simple. Era una IDEA que cualquiera podría haber desarrollado.

El golpe de suerte vino de Carnegie, pero ¿qué hay de la DETERMINACIÓN, la CLARIDAD DE PROPÓSITO, el DESEO DE ALCANZAR LA META y el ESFUERZO CONSTANTE DURANTE 25 AÑOS? No fue un DESEO ordinario el que sobrevivió a la decepción, el desánimo, la derrota temporal, la crítica y las constantes advertencias de que era «una pérdida de tiempo». Fue un DESEO VEHEMENTE. Una OBSESIÓN.

Cuando Carnegie sembró la idea en mi mente, tuve que persuadirla, nutrirla y atraerla para que *permaneciera viva*. Poco a poco, la idea creció hasta convertirse en un gigante por su propia cuenta, y entonces fue ella quien me persuadió, me impulsó y me empujó hacia adelante. Las ideas son así. Primero les das vida, acción y dirección, y luego ellas adquieren su propio poder y arrasan con toda oposición.

Las ideas son fuerzas intangibles, pero tienen más poder que los cerebros físicos que las crean. Tienen el poder de seguir viviendo incluso después de que el cerebro que las concibió haya regresado al polvo. Por ejemplo, tomemos el poder del cristianismo. Todo comenzó con una idea simple, nacida en la mente de Cristo: «Trata a los demás como quieres que te traten a ti». Cristo ha regresado al origen del que vino, pero su IDEA sigue avanzando. Tal vez algún día crezca por completo y alcance su verdadera magnitud. Cuando lo haga, habrá cumplido el DESEO más profundo de Cristo. Por ahora, la IDEA solo ha estado desarrollándose a lo largo de 2 000 años. ¡Démosle tiempo!

EL ÉXITO NO NECESITA EXPLICACIONES.

EL FRACASO NO ADMITE EXCUSAS.

7

Planificación organizada

La cristalización del deseo en acción

EL SEXTO PASO HACIA LA RIQUEZA

Usted ha aprendido que todo lo que el hombre crea o adquiere comienza en forma de un DESEO y que este emprende el primer tramo de su viaje, desde lo abstracto hasta lo concreto, en el taller de la IMAGINACIÓN, donde se crean y se organizan los PLANES para su realización.

En el capítulo dos se le indicó que siguiera seis pasos definidos y prácticos como su primer movimiento para transformar el deseo de dinero en su equivalente monetario. Uno de estos pasos es la formación de un plan DEFINIDO y práctico, o de varios planes, con los cuales se pueda lograr esta transformación.

Ahora recibirá instrucciones sobre cómo elaborar planes que sean prácticos, a saber:

a) Cree una alianza con un grupo de tantas personas como sea necesario para la concepción y ejecución de su plan o planes para acumular dinero, haciendo uso del principio de la «Mente Maestra», que se describe en un capítulo posterior. (Cumplir con esta instrucción es absolutamente esencial. No la descuide).

b) Antes de formar su alianza de «Mente Maestra», decida qué ventajas y beneficios puede ofrecer a los miembros individuales de su grupo a cambio de su cooperación. Nadie trabajará indefinidamente sin algún tipo de compensación. Ninguna persona inteligente solicitará ni esperará que otra trabaje sin una compensación adecuada, aunque esta no siempre sea en forma de dinero.

c) Organice reuniones con los miembros de su grupo «Mente Maestra» al menos dos veces por semana, y con mayor frecuencia si es posible, hasta que juntos hayan perfeccionado el plan o los planes necesarios para la acumulación de dinero.

d) Mantenga una ARMONÍA PERFECTA entre usted y cada miembro de su grupo «Mente Maestra». Si no cumple con esta instrucción al pie de la letra, puede esperar el fracaso. El principio de la «Mente Maestra» *no puede* operar donde no prevalezca la ARMONÍA PERFECTA.

Tenga en cuenta estos hechos:

Primero: está involucrado en una empresa de gran importancia para usted. Para asegurarle el éxito, debe contar con planes impecables.

Segundo: debe aprovechar la experiencia, la educación, las habilidades innatas y la imaginación de otras mentes. Esto está en armonía con los métodos seguidos por todas las personas que han acumulado grandes fortunas.

Ningún individuo posee por sí solo la experiencia, la educación, las habilidades innatas y el conocimiento suficientes para garantizar la acumulación de una gran fortuna sin la cooperación de otras personas. Cada plan que adopte en su esfuerzo por acumular riqueza debe ser una creación conjunta entre usted y cada miembro de su grupo «Mente Maestra». Puede crear sus propios planes, ya sea en su totalidad o en parte, pero ASEGÚRESE DE QUE ESOS PLANES SEAN REVISADOS Y APROBADOS POR LOS MIEMBROS DE SU ALIANZA DE «MENTE MAESTRA».

Si el primer plan que adopta no funciona con éxito, reemplácelo por uno nuevo. Si este nuevo plan también fracasa, cámbielo nuevamente por otro y así sucesivamente, hasta encontrar un plan que FUNCIONE. Aquí es donde la mayoría de las personas fracasa: carecen de la PERSISTENCIA necesaria para crear nuevos planes que sustituyan aquellos que fallan.

El hombre más inteligente del mundo no puede tener éxito en la acumulación de dinero, ni en cualquier otro emprendimiento, sin planes que sean prácticos y viables. Tenga esto presente y recuerde que, cuando un plan falla, una derrota temporal no es un fracaso permanente. Puede significar únicamente que su plan no era sólido. Elabore otros planes. Comience de nuevo.

Thomas A. Edison «fracasó» 10000 veces antes de perfeccionar la bombilla eléctrica incandescente. Es decir, sufrió *10000 derrotas temporales* antes de que su esfuerzo fuera coronado con el éxito.

Una derrota temporal solo debe significar una cosa: el conocimiento certero de que hay algo incorrecto en su plan. Millones de personas pasan la vida en la miseria y pobreza porque carecen de un plan sólido para acumular una fortuna.

Henry Ford acumuló una gran fortuna no por tener una mente superior, sino porque adoptó y siguió un PLAN que resultó ser sólido. Se podría señalar a mil hombres con mejor educación que Ford, pero que viven en la pobreza porque no poseen el plan adecuado para la acumulación de dinero.

Su éxito no será mayor que la solidez de sus PLANES. Puede parecer una afirmación obvia, pero es una verdad absoluta. Samuel Insull perdió su fortuna de más de cien millones de dólares. La fortuna de Insull se construyó sobre planes sólidos. Sin embargo, la depresión económica obligó al señor Insull a CAMBIAR SUS PLANES y ese CAMBIO trajo consigo una «derrota temporal» porque sus nuevos planes NO ERAN SÓLIDOS. El señor Insull es ahora un hombre mayor y, por lo tanto, puede aceptar el «fracaso» en lugar de una «derrota temporal», pero si su experiencia termina en FRACASO, será porque le faltó el fuego de la PERSISTENCIA para reconstruir sus planes.

Ningún hombre está vencido hasta que RENUNCIA, *en su propia mente*.

Este hecho se repetirá muchas veces porque es demasiado fácil «tirar la toalla» ante el primer signo de derrota.

James J. Hill sufrió una derrota temporal cuando intentó por primera vez reunir el capital necesario para construir un ferrocarril de este a oeste, pero él también convirtió la derrota en victoria *con nuevos planes*.

Henry Ford sufrió derrotas temporales no solo al comienzo de su carrera en la industria automotriz, sino incluso después de haber alcanzado un gran éxito. Sin embargo, elaboró nuevos planes y siguió adelante hacia la victoria financiera.

Vemos a hombres que han acumulado grandes fortunas, pero a menudo solo reconocemos su triunfo y nos olvidamos de las derrotas temporales que tuvieron que superar antes de «llegar» a la cima.

NINGÚN SEGUIDOR DE ESTA FILOSOFÍA PUEDE ESPERAR RAZONABLEMENTE ACUMULAR UNA FORTUNA SIN EXPERIMENTAR «DERROTAS TEMPORALES». Cuando la derrota llegue, acéptela como una señal de que sus planes no son sólidos, reconstrúyalos y vuelva a zarpar hacia su objetivo deseado. Si se rinde antes de alcanzar su meta, se convierte en un «perdedor». UN PERDEDOR NUNCA GANA, Y UN GANADOR NUNCA SE RINDE. Tome esta frase, escríbala en una hoja de papel con letras de una pulgada de alto y colóquela en un lugar donde pueda verla cada noche antes de dormir y cada mañana antes de ir a trabajar.

Cuando comience a seleccionar a miembros para su grupo «Mente Maestra», intente elegir a aquellos que no se tomen la derrota demasiado en serio.

Algunas personas creen, erróneamente, que solo el DINERO puede generar más dinero. ¡Esto no es cierto! El DESEO, transmutado en su equivalente monetario por medio de los principios descritos aquí, es el verdadero mecanismo mediante el cual se «hace» dinero. El dinero, por sí mismo, no es más que materia inerte. No puede moverse ni pensar ni hablar, ¡pero sí puede «escuchar» cuando un hombre que lo DESEA lo llama para que vaya con él!

Planificación de la venta de servicios

El resto de este capítulo se ha dedicado a describir formas y métodos para comercializar servicios personales. La información aquí proporcionada será de ayuda práctica para cualquier persona que tenga algún tipo de servicio personal que ofrecer, pero será de un valor incalculable para aquellos que aspiran a convertirse en líderes en su campo profesional.

La planificación inteligente es esencial para el éxito en cualquier iniciativa destinada a la acumulación de riqueza. Aquí encontrará instrucciones detalladas dirigidas a quienes deben comenzar a acumular riqueza vendiendo sus servicios personales.

Debería ser alentador saber que prácticamente todas las grandes fortunas comenzaron como compensación por servicios personales o a partir de la venta de IDEAS. ¿Qué otra cosa, aparte de ideas y servicios personales, podría ofrecer a cambio de riqueza una persona que no posea bienes materiales?

En términos generales, hay dos tipos de personas en el mundo. Un tipo es conocido como LÍDERES y el otro tipo como SEGUIDORES. Decida desde el principio si desea convertirse en un líder en su profesión o si prefiere seguir como un seguidor. La diferencia en la compensación que le corresponde a ambos es enorme. Un seguidor no puede esperar recibir la misma retribución que un líder, aunque muchos cometen el error de esperarlo.

No es vergonzoso ser un seguidor. Sin embargo, no es un mérito permanecer así toda la vida. La mayoría de los grandes líderes comenzó como seguidores. Se convirtieron en grandes líderes porque fueron SEGUIDORES INTELIGENTES. Con pocas excepciones, quien no sabe seguir a un líder de manera inteligente difícilmente podrá convertirse en un líder eficiente. Por otro lado, aquellos que siguen a un líder de la manera más eficiente suelen ser los que se desarrollan más rápido en el liderazgo. Un seguidor inteligente tiene muchas ventajas, entre ellas la OPORTUNIDAD DE ADQUIRIR CONOCIMIENTOS DE SU LÍDER.

Los principales atributos del liderazgo

A continuación se presentan los factores más importantes del liderazgo:

1. CORAJE INQUEBRANTABLE, basado en el autoconocimiento y en el dominio de la propia ocupación. Ningún seguidor quiere ser dirigido por un líder que carezca de confianza en sí mismo y de valentía. Ningún seguidor inteligente seguirá a un líder así por mucho tiempo.

2. AUTOCONTROL. Quien no puede controlarse a sí mismo, nunca podrá controlar a los demás. El autocontrol es un poderoso ejemplo para los seguidores, especialmente para aquellos más inteligentes, quienes tenderán a emularlo.

3. UN AGUDO SENTIDO DE JUSTICIA. Sin un sentido de equidad y justicia, ningún líder puede ganarse y conservar el respeto de sus seguidores.

4. DEFINICIÓN EN LA TOMA DE DECISIONES. El hombre que duda de sus decisiones demuestra que no confía en sí mismo. No puede liderar con éxito a otros.

5. DEFINICIÓN EN LA PLANIFICACIÓN. El líder exitoso debe planificar su trabajo y trabajar en su plan. Un líder que actúa al azar, sin planes prácticos y definidos, es comparable a un barco sin timón. Tarde o temprano encallará contra las rocas.

6. EL HÁBITO DE HACER MÁS DE LO QUE LE PAGAN. Uno de los costos del liderazgo es la necesidad de estar dispuesto a hacer más de lo que exige a sus seguidores.

7. UNA PERSONALIDAD AGRADABLE. Nadie desaliñado o descuidado puede convertirse en un líder exitoso. El liderazgo exige respeto. Los seguidores no respetarán a un líder que no destaque en los aspectos esenciales de una personalidad agradable.

8. SIMPATÍA Y COMPRENSIÓN. El líder exitoso debe empatizar con sus seguidores. Además debe comprenderlos y entender sus problemas.

9. DOMINIO DEL DETALLE. El liderazgo exitoso requiere dominio de los detalles propios de la posición del líder.

10. DISPOSICIÓN PARA ASUMIR LA RESPONSABILIDAD TOTAL. El líder exitoso debe estar dispuesto a asumir la responsabilidad por los errores y las deficiencias de sus seguidores. Si intenta evadir esta responsabilidad, no seguirá como líder por mucho tiempo. Si uno de sus seguidores comete un error y demuestra incompetencia, el líder debe asumir que es él quien ha fallado.

11. COOPERACIÓN. El líder exitoso debe comprender y aplicar el principio del esfuerzo cooperativo y ser capaz de inducir a sus seguidores a hacer lo mismo. El liderazgo requiere PODER, y este requiere COOPERACIÓN. Hay dos formas de liderazgo. La primera es el LIDERAZGO POR CONSENTIMIENTO, el cual cuenta con el apoyo y la simpatía de los seguidores. La segunda forma es el LIDERAZGO POR IMPOSICIÓN, la cual no cuenta ni con el consentimiento ni con la simpatía de los seguidores.

La historia está llena de pruebas de que el liderazgo por imposición no puede perdurar. El colapso y la desaparición de dictadores y reyes es un hecho significativo. Muestra que las personas no seguirán un liderazgo forzado indefinidamente.

El mundo ha entrado en una nueva era en la relación entre líderes y seguidores, lo que exige nuevos líderes y un nuevo estilo de liderazgo en los negocios y la industria. Quienes pertenecen a la vieja escuela del liderazgo basado en la fuerza y la imposición deben adaptarse y comprender el nuevo tipo liderazgo basado en la cooperación o de lo contrario serán relegados al rango de seguidores. No hay otra opción para ellos.

La relación entre empleador y empleado, o entre líder y seguidor, en el futuro será de cooperación mutua, basada en una división equitativa de las ganancias del negocio. En el futuro, la relación entre empleador y empleado se parecerá más a una sociedad que a lo que ha sido en el pasado.

Napoleón, el káiser Guillermo de Alemania, el zar de Rusia y el rey de España fueron ejemplos de liderazgo por imposición. Su liderazgo desapareció. Sin mucha dificultad, podríamos señalar los prototipos de estos exlíderes entre los líderes empresariales, financieros y sindicales de los Estados Unidos que han sido destituidos o están próximos a serlo. ¡El *liderazgo por consentimiento* de los seguidores es la única forma de liderazgo que puede perdurar!

Los hombres pueden seguir temporalmente un liderazgo por imposición, pero no lo harán de buena gana.

El nuevo modelo de LIDERAZGO incorporará los 11 factores descritos en este capítulo, así como otros elementos adicionales. Quien haga de estos principios la base de su liderazgo encontrará abundantes oportunidades para liderar en cualquier ámbito de la vida. La depresión económica se prolongó en gran parte porque al mundo le faltó liderazgos del nuevo tipo. Tras la crisis, la demanda de líderes competentes capaces de aplicar los nuevos métodos de liderazgo ha superado con creces la oferta. Algunos líderes del viejo modelo se reformarán y se adaptarán al nuevo liderazgo, pero, en términos generales, el mundo tendrá que buscar la madera para formar nuevos liderazgos

¡Esta necesidad puede ser su OPORTUNIDAD!

Las diez principales causas del fracaso en el liderazgo

Ahora analizaremos los principales errores de los líderes que fracasan, porque es tan importante saber QUÉ NO HACER como saber QUÉ SÍ HACER.

1. INCAPACIDAD PARA ORGANIZAR LOS DETALLES. El liderazgo eficiente requiere habilidad para organizar y dominar los detalles. Ningún auténtico líder está jamás «demasiado ocupado» para hacer cualquier cosa que su cargo de líder requiera. Cuando una persona, ya sea líder o seguidor, admite que está «demasiado ocupada» para ajustar sus planes o para atender una emergencia, está admitiendo su propia ineficiencia. El líder exitoso debe ser dueño de todos los detalles relacionados con su posición. Por supuesto, esto significa que debe desarrollar el hábito de delegar detalles en subordinados capaces.

2. FALTA DE VOLUNTAD PARA REALIZAR TAREAS HUMILDES. Los grandes líderes están dispuestos, cuando la ocasión lo requiere, a realizar cualquier trabajo que ellos mismos exigirían a otros. «El más grande entre vosotros será el servidor de todos». Esta es una verdad que todos los líderes competentes entienden y respetan.

3. EXPECTATIVA DE PAGO POR LO QUE «SABEN» EN LUGAR DE POR LO QUE HACEN CON ESE CONOCIMIENTO. El mundo no les paga a las personas por lo que «saben». Les paga por lo que hacen o por lo que inducen a otros a hacer.

4. MIEDO A LA COMPETENCIA POR PARTE DE SUS SEGUIDORES. El líder que teme que uno de sus seguidores pueda quitarle su puesto tarde o temprano verá su miedo hecho realidad. El líder capaz entrena a sustitutos a quienes puede delegar, en cualquier momento, las responsabilidades de su cargo. Solo de esta manera puede un líder multiplicarse y prepararse para estar en muchos lugares y atender muchas cosas al mismo tiempo. Es una verdad universal que las personas reciben más pago por su CAPACIDAD DE LOGRAR QUE OTROS TRABAJEN que por lo que podrían ganar con su propio

esfuerzo individual. Un líder eficiente, por su conocimiento del trabajo y el magnetismo de su personalidad, puede aumentar enormemente la eficiencia de los demás e inspirarlos a brindar más y mejores servicios de lo que harían sin su apoyo.

5. FALTA DE IMAGINACIÓN. Sin imaginación, un líder es incapaz de enfrentar emergencias o de crear planes eficaces para guiar a sus seguidores.

6. EGOÍSMO. El líder que se apropia de todos los honores por el trabajo de sus seguidores terminará provocando resentimiento. El verdadero líder NO RECLAMA HONORES. Prefiere que los honores, cuando los haya, sean otorgados a sus seguidores porque sabe que la mayoría de las personas trabaja más duro por reconocimiento y elogios que solo por dinero.

7. INTEMPERANCIA. Los seguidores no respetan a un líder intemperante. Además, la intemperancia en cualquiera de sus formas destruye la resistencia y vitalidad de quienes la practican.

8. DESLEALTAD. Tal vez este punto debería estar al principio de la lista. El líder que no es leal a su equipo, a sus superiores ni a sus subordinados no podrá mantener su liderazgo por mucho tiempo. La deslealtad marca a una persona como inferior a la nada misma y la hace merecedora del desprecio de los demás. La falta de lealtad es una de las principales causas del fracaso en cualquier ámbito de la vida.

9. ÉNFASIS EN LA «AUTORIDAD» DEL LIDERAZGO. El líder eficiente dirige inspirando y motivando, no infundiendo miedo en sus seguidores. El líder que intenta impresionar a sus seguidores con su «autoridad» cae en la categoría de liderazgo por imposición y fuerza. Si un líder es un VERDADERO LÍDER, no necesitará publicitarse como tal. Su conducta, su empatía, su comprensión, su justicia y su capacidad de demostrar que domina su trabajo serán suficientes para ganarse el respeto de los demás.

10. ÉNFASIS EN EL TÍTULO. El líder competente no necesita un «título» para ganarse el respeto de sus seguidores. El hombre que da demasiada importancia a su título suele tener poco más que ofrecer. Las puertas de la oficina de un verdadero líder están abiertas para todos los que deseen entrar y su espacio de trabajo está libre de formalismos y ostentación.

Estos son algunos de los errores más comunes que llevan al fracaso en el liderazgo. Cualquiera de estos fallos es suficiente para provocar el fracaso. Si aspira a ser un líder, estudie cuidadosamente esta lista y asegúrese de que está libre de estos defectos.

Campos fértiles en los que se requerirá el «nuevo liderazgo»

Antes de terminar este capítulo es importante señalar algunos de los campos donde ha habido un declive del liderazgo y en los que los nuevos líderes pueden encontrar abundantes OPORTUNIDADES.

Primero, en el campo de la política hay una demanda urgente de nuevos líderes; una demanda que indica nada más y nada menos que una emergencia. La mayoría de los políticos parece haberse convertido en delincuentes de alto nivel y legalizados. Han aumentado los impuestos y corrompido la maquinaria de la industria y los negocios hasta el punto de que la gente ya no puede soportar la carga.

Segundo, el sistema bancario está atravesando un proceso de reforma. Los líderes de este sector han perdido casi por completo la confianza del público. Los banqueros ya han percibido la necesidad de un cambio y han comenzado a implementarlo.

Tercero, la industria necesita nuevos líderes. ¡El antiguo tipo de líderes pensaba en términos de dividendos, en lugar de considerar la ecuación humana! El líder industrial del futuro, para perdurar, debe verse a sí mismo como un funcionario cuasi público, cuyo deber es gestionar su responsabilidad sin perjudicar a ningún individuo o grupo. La explotación de los trabajadores es cosa del pasado. Quien aspire a liderar en los negocios, la industria o el trabajo debe tener esto siempre presente.

Cuarto, el líder religioso del futuro deberá enfocarse más en las necesidades materiales de sus seguidores, ayudándolos a resolver sus problemas económicos y personales en el presente, y prestando menos atención al pasado y al futuro que aún no ha llegado.

Quinto, en profesiones como derecho, medicina y educación será necesario un nuevo tipo de liderazgo y, en algunos casos, nuevos líderes. Esto es especialmente cierto en el campo de la educación. El líder educativo del futuro deberá encontrar formas de enseñar CÓMO APLICAR el conocimiento adquirido en la escuela, poniendo más énfasis en la PRÁCTICA y menos en la TEORÍA.

Sexto, se necesitarán nuevos líderes en el campo del periodismo. Los periódicos del futuro, para ser exitosos, tendrán que dejar de estar vinculados a «privilegios especiales» y de depender del subsidio de la publicidad para subsistir. Deben dejar de ser herramientas de propaganda para los intereses que pagan por sus anuncios. Los periódicos que publican escándalos y contenido vulgar con el tiempo desaparecerán, como todas las fuerzas que corrompen la mente humana.

Estos son solo algunos de los sectores donde hay oportunidades para nuevos líderes y para un nuevo estilo de liderazgo. El mundo está experimentando un cambio rápido. Esto significa que los medios con los cuales cambian los hábitos humanos deben adaptarse a estos cambios. Los sectores aquí mencionados son los que más influyen en el curso de la civilización.

Cuándo y cómo postularse para un empleo

La información descrita aquí es el resultado de muchos años de experiencia, durante los cuales miles de hombres y mujeres fueron ayudados a vender sus servicios de manera efectiva. Por lo tanto, esta información puede considerarse sólida y práctica.

Medios con los cuales se pueden ofrecer servicios

La experiencia ha demostrado que los siguientes medios ofrecen los métodos más directos y efectivos para poner en contacto al comprador y al vendedor de servicios personales.

1. AGENCIAS DE EMPLEO. Es importante seleccionar únicamente agencias de buena reputación, cuya dirección pueda demostrar registros adecuados de logros y resultados satisfactorios. Hay relativamente pocas agencias de este tipo.

2. PUBLICIDAD en periódicos, revistas especializadas, revistas generales y radio. Los anuncios clasificados suelen ser eficaces para puestos administrativos o empleos con salarios comunes. Los anuncios en un formato destacado son más deseables para quienes buscan puestos ejecutivos. Este tipo de anuncios debe publicarse en la sección del periódico que más llame la atención del tipo de empleador que se está buscando. El texto debe ser preparado por un especialista que sepa cómo incluir cualidades de venta suficientes para atraer respuestas.

3. CARTAS PERSONALES DE SOLICITUD dirigidas a empresas o individuos que probablemente necesiten los servicios que se ofrecen. Las cartas deben estar impecablemente mecanografiadas y siempre firmadas a mano. Con la carta se debe enviar un currículo o resumen de las aptitudes del solicitante. Tanto la carta de solicitud como el currículo con la experiencia y aptitudes deben ser preparados por un experto. (Véanse las instrucciones sobre la información que debe incluirse).

4. SOLICITUD POR MEDIO DE CONOCIDOS PERSONALES. Siempre que sea posible, el solicitante debería intentar contactar a los empleadores potenciales mediante algún conocido mutuo. Este método de acercamiento es particularmente ventajoso para quienes buscan puestos ejecutivos y no desean dar la impresión de estar «vendiendo» sus servicios.

5. SOLICITUD EN PERSONA. En algunos casos puede ser más efectivo que el solicitante ofrezca sus servicios personalmente a los empleadores potenciales. En esta situación se debe presentar por escrito un resumen completo que incluya las aptitudes para el puesto, ya que los empleadores a menudo desean discutir los antecedentes del candidato con otros colaboradores.

Información que debe incluirse en un currículo escrito

Este currículo debe prepararse con el mismo cuidado con el que un abogado prepara el reporte de un caso para ser juzgado en un tribunal. A menos que el solicitante tenga experiencia en la preparación de este tipo de documentos, se recomienda consultar a un experto y contar con sus servicios para este propósito. Los comerciantes exitosos contratan a profesionales en publicidad que dominan el arte y la psicología de la venta para presentar las cualidades de sus productos. Quien ofrece servicios personales debería hacer lo mismo. El currículo debe incluir la siguiente información:

1. **Educación.** Explique de manera breve pero clara la formación académica que ha recibido. Mencione en qué áreas se especializó y las razones detrás de esa especialización.

2. **Experiencia.** Si ha trabajado en puestos similares al que está solicitando, descríbalos con detalle e incluya nombres y direcciones de sus antiguos empleadores. Asegúrese de destacar cualquier experiencia especial que lo haga particularmente apto para el puesto que desea.

3. **Referencias.** Casi todas las empresas desean conocer los antecedentes y el historial profesional de los candidatos para puestos de responsabilidad. Adjunte copias fotostáticas de cartas de recomendación de

a) Exempleadores

b) Profesores bajo cuya enseñanza estuvo

c) Personas destacadas cuya opinión sea fiable

4. **Fotografía personal.** Adjunte al currículo una fotografía reciente, sin marco.

5. **Postúlese para un puesto específico**. Evite postularse sin describir EXACTAMENTE cuál es el puesto que está buscando. Nunca se postule para «cualquier trabajo», pues eso indica falta de especialización y de objetivos claros.

6. **Enliste sus aptitudes para el puesto solicitado.** Describa con detalle las razones por las cuales cree que usted es el candidato ideal para el puesto que está solicitando. Este es EL ELEMENTO CLAVE DE SU SOLICITUD. Más que cualquier otra información, este apartado determinará cuánta atención recibirá.

7. **Ofrézcase a trabajar durante un período de prueba.** En la mayoría de los casos, si realmente desea obtener el puesto para el que se postula, será muy efectivo ofrecerse a trabajar SIN PAGO por un período de prueba de una semana, un mes o el tiempo suficiente para demostrar su valor. Esta puede parecer una propuesta radical, pero la experiencia ha demostrado que esta estrategia rara vez falla para obtener una oportunidad. Si está SEGURO DE SUS APTITUDES, una prueba es todo lo que necesita. Además, esta oferta demuestra que tiene confianza en su capacidad para desempeñar el trabajo, lo que resulta muy convincente. Si el empleador acepta su propuesta y usted demuestra su valía, es muy probable que acaben pagándole por el período de prueba. Aclare que su oferta se basa en:

a) Su confianza en su capacidad para desempeñar el puesto.

b) Su confianza en la decisión de su futuro empleador de contratarlo después del período de prueba.

c) Su determinación para obtener el puesto que busca.

8. **Conocimiento del negocio de su futuro empleador.** Antes de postularse a un puesto, investigue lo suficiente sobre la empresa para familiarizarse a fondo con su actividad y mencione en su currículo el conocimiento que ha adquirido sobre este tema. Esto causará una impresión positiva, ya que demostrará que posee imaginación y un interés genuino en el puesto que busca.

Recuerde que no gana el abogado que más leyes conoce, sino el que mejor prepara su caso. Si su «caso» está bien preparado y presentado, su éxito estará más que asegurado desde el inicio.

No tenga miedo de hacer su currículo demasiado extenso. Los empleadores están tan interesados en contratar candidatos bien calificados como usted lo está en obtener un empleo. De hecho, el éxito de la mayoría de los empresarios exitosos se debe en gran parte a su capacidad de seleccionar empleados altamente calificados. Ellos quieren obtener toda la información posible sobre sus candidatos.

Recuerde también lo siguiente: la presentación ordenada y pulcra de su currículo reflejará que usted es una persona meticulosa y detallista. He ayudado a clientes a preparar currículums tan llamativos y fuera de lo común que lograron que los postulantes fueran contratados sin necesidad de una entrevista personal.

Cuando su currículo esté terminado, haga que un encuadernador profesional lo presente de manera impecable y que un artista o impresor rotule la portada de la siguiente manera:

RESUMEN DE LAS CUALIFICACIONES DE:

Robert K. Smith

QUE SE POSTULA AL PUESTO DE

secretario privado del presidente de

THE BLANK COMPANY, INC.

Cambie los nombres cada vez que presente el resumen.

Este toque personal seguramente atraerá la atención. Haga que su currículo esté impecablemente mecanografiado o mimeografiado en el mejor papel que pueda obtener y encuadérnelo con una portada de papel grueso, similar a la de un libro. Si va a presentar el resumen a más de una empresa, cambie la portada e inserte el nombre correcto de la empresa correspondiente. Su fotografía debe ir pegada en una de las páginas de su currículo. Siga estas instrucciones al pie de la letra y mejórelas en la medida en que su imaginación se lo sugiera.

Los vendedores exitosos cuidan meticulosamente su apariencia porque entienden que la primera impresión es duradera. Su currículo es su vendedor. Vístalo con un traje impecable, de modo que destaque al crear un fuerte contraste frente a cualquier otra solicitud de empleo que su posible empleador haya visto antes. Si el puesto que busca vale la pena, también lo vale esforzarse con esmero en conseguirlo. Además, si se «vende» a sí mismo de una manera que impresione a su empleador con su personalidad y originalidad, probablemente reciba una mejor oferta salarial desde el principio, comparado con lo que obtendría al solicitar empleo de la forma convencional.

Si busca empleo por conducto de una agencia de publicidad o una agencia de empleo, haga que el agente utilice copias de su currículo al presentar sus servicios. Esto le ayudará a ganar preferencia, tanto con el agente como con los posibles empleadores.

Cómo conseguir exactamente el puesto que desea

Todo el mundo disfruta hacer el tipo de trabajo para el que tiene mayor aptitud y vocación. Un artista ama trabajar con pinturas, un artesano con sus manos, un escritor disfruta escribir. Incluso quienes no cuentan con talentos definidos tienen sus preferencias en ciertos campos de negocios y de la industria. Si hay algo que los Estados Unidos hace bien, es ofrecer una amplia variedad de ocupaciones: desde la agricultura hasta la manufactura, el comercio y las profesiones.

Primero, decida EXACTAMENTE qué tipo de trabajo desea. Si el puesto aún no existe, tal vez pueda crearlo.

Segundo, elija la empresa o el individuo para quien desea trabajar.

Tercero, estudie a su posible empleador en cuanto a sus políticas, su personal y sus oportunidades de crecimiento.

Cuarto, a partir de un análisis de sus talentos y capacidades, determine QUÉ PUEDE OFRECER y planifique formas y medios de ofrecer ventajas, servicios, desarrollos e ideas que *usted crea* que puede ofrecer con éxito.

Quinto, olvídese de la idea de simplemente «conseguir un empleo». Olvide si hay o no una vacante disponible. Olvide la típica pregunta: «¿Tiene un puesto para mí?». Concéntrese en lo que *usted puede aportar*.

Sexto, una vez que tenga su plan en mente, pida a un redactor experimentado que lo plasme en papel de manera ordenada y detallada.

Séptimo, preséntelo a *la persona adecuada con autoridad* y ella se encargará del resto. Toda empresa busca personas que puedan aportar valor, ya sea en ideas, servicios o «contactos». Toda empresa tiene espacio para quien presente un plan de acción claro que beneficie a la compañía.

Este proceso puede tomar algunos días o semanas adicionales, pero la diferencia en salario, oportunidades de crecimiento y reconocimiento le ahorrará años de arduo trabajo con un sueldo bajo. Tiene muchas ventajas, pero la principal es que a menudo permite ahorrar entre uno y cinco años para alcanzar una meta profesional.

Toda persona que comienza o logra ingresar en un puesto medio o alto lo hace mediante una planificación cuidadosa y deliberada (a excepción, por supuesto, del hijo del jefe).

La nueva forma de comercializar los servicios

Los «empleos» ahora son «sociedades»

Los hombres y las mujeres que deseen vender sus servicios de la mejor manera en el futuro deben reconocer el cambio monumental que ha ocurrido en la relación entre empleador y empleado.

En el futuro, la «Regla de Oro» reemplazará a la «Regla del Oro» como factor dominante en la comercialización de bienes y servicios personales. La relación entre empleadores y empleados en el futuro será más parecida a una sociedad, compuesta por:

a) El empleador
b) El empleado
c) El público a quien sirven

Esta nueva manera de comercializar servicios personales se considera novedosa por muchas razones. En primer lugar, tanto el empleador como el empleado serán vistos como compañeros de trabajo, cuyo objetivo principal será SERVIR EFICIENTEMENTE AL PÚBLICO. En el pasado, empleadores y empleados negociaban entre ellos, tratando de obtener las mejores condiciones posibles sin considerar que, en última instancia, NEGOCIABAN A COSTA DE UN TERCER ACTOR: EL PÚBLICO AL QUE SERVÍAN.

La Gran Depresión sirvió como una poderosa protesta de un público afectado, cuyos derechos fueron pisoteados por quienes solo buscaban beneficios individuales y mayores ganancias. Cuando los estragos de la crisis sean superados y la economía vuelva a un equilibrio, tanto empleadores como empleados comprenderán que YA NO PUEDEN PERMITIRSE NEGOCIAR A EXPENSAS DE QUIENES SIRVEN. El verdadero empleador del futuro será el público. Esto debe tenerlo siempre presente toda persona que desee comercializar sus servicios personales de manera efectiva.

Casi todos los ferrocarriles de los Estados Unidos enfrentan dificultades financieras. ¿Quién no recuerda aquella época en la que, si un ciudadano preguntaba en la taquilla la hora de salida de un tren, se le remitía de manera brusca al tablero de anuncios en lugar de proporcionarle la información de manera cortés?

Las compañías de tranvías también han experimentado un cambio de época. No hace mucho tiempo, los conductores de tranvías se enorgullecían de discutir con los pasajeros. Hoy día, muchas de las vías de tranvía han sido retiradas y los pasajeros viajan en autobuses, cuyos conductores son el «epítome de la cortesía».

Por todo el país, las vías de tranvía se están oxidando por el abandono o han sido removidas. Donde aún funcionan los tranvías, los pasajeros pueden viajar sin discusiones e incluso detener un tranvía en medio de la cuadra y el conductor AMABLEMENTE se detendrá para recogerlos.

¡CÓMO HAN CAMBIADO LOS TIEMPOS! Ese es justamente el punto que quiero enfatizar: ¡LOS TIEMPOS HAN CAMBIADO! Y este cambio no solo se refleja en las oficinas de los ferrocarriles y los tranvías, sino en muchos otros ámbitos de la vida. La antigua política de «el público importa un comino» ha sido reemplazada por la política de «estamos a su servicio, sí, con mucho gusto, señor».

Los banqueros también han aprendido algunas lecciones durante estos años de rápidos cambios. Hoy día es raro ver la falta de cortesía en un funcionario o empleado bancario, mientras que hace una década era algo habitual. En el pasado, algunos banqueros (aunque no todos, por supuesto) se rodeaban de un ambiente de austeridad, lo que hacía que cualquier persona que necesitara un préstamo sintiera un escalofrío solo de pensar en acercarse a su banco.

Los miles de quiebras bancarias ocurridas durante la Gran Depresión tuvieron el efecto de eliminar las puertas de caoba detrás de las cuales los banqueros solían atrincherarse. Ahora, los banqueros se sientan en escritorios abiertos, donde pueden ser vistos y abordados libremente por cualquier depositante o persona que desee hablar con ellos. Hoy, la atmósfera bancaria es de cortesía y comprensión.

Antes, los clientes tenían que esperar de pie en la tienda de abarrotes hasta que los dependientes terminaran de conversar con sus amigos o hasta que el propietario finalizara su depósito bancario, para luego ser atendidos. Las cadenas de tiendas, administradas por hombres corteses, que hacen todo lo posible por brindar un excelente servicio (¡casi hasta el punto de lustrar los zapatos de los clientes!), HAN EMPUJADO A LOS ANTIGUOS COMERCIANTES AL OLVIDO. ¡EL TIEMPO SIGUE AVANZANDO!

«Cortesía» y «servicio» son las palabras clave del comercio en la actualidad. Y estos valores se aplican aún más a quien comercializa sus servicios personales que al empleador para quien trabaja porque, en última instancia, tanto el empleador como el empleado trabajan para el PÚBLICO AL QUE SIRVEN. Si no brindan un buen servicio, pagarán con la pérdida de su derecho a seguir sirviendo.

Todos recordamos aquella época en la que el lector del medidor de gas golpeaba la puerta con tanta fuerza que casi rompía los paneles. Cuando se le abría la puerta, entraba a la fuerza, sin ser invitado, con un ceño fruncido que claramente decía: «¿Por qué diablos me hizo esperar?». Todo eso ha cambiado. Hoy día, el empleado de la compañía de gas se comporta como un caballero, siempre con una actitud de «es-un-placer-estar-a-su-servicio-señor». Antes de que las compañías de gas comprendieran que sus empleados malhumorados estaban acumulando una deuda de reputación imposible de saldar, llegaron los corteses vendedores de calentadores de aceite y lograron un negocio extraordinario.

Durante la Gran Depresión pasé varios meses en la región del carbón antracita de Pensilvania, estudiando las condiciones que casi destruyeron la industria del carbón. Entre los varios hallazgos significativos que hice, descubrí que la avaricia de los operadores y sus empleados fue la principal causa de la pérdida de negocios para los operadores y de la pérdida de empleos para los mineros.

Bajo la presión de un grupo de líderes sindicales demasiado ambiciosos, que representaban a los empleados, y la codicia por las ganancias por parte de los operadores, la industria del carbón se desplomó de repente. Los operadores de carbón y sus empleados negociaron ferozmente entre sí, sumando el costo de esas negociaciones al precio del carbón, hasta que finalmente descubrieron que habían CONSTRUIDO UN NEGOCIO MARAVILLOSO PARA LOS FABRICANTES DE CALENTADORES DE ACEITE Y LOS PRODUCTORES DE PETRÓLEO CRUDO.

«¡El salario del pecado es la muerte!». Muchos han leído esta frase en la Biblia, pero pocos han comprendido su significado. Ahora, y desde hace varios años, el mundo entero ha estado escuchando FORZOSAMENTE un sermón que bien podría llamarse «LO QUE EL HOMBRE SIEMBRE, ES TAMBIÉN LO QUE COSECHARÁ».

Nada tan extendido y devastador como la Gran Depresión podría ser simplemente «una coincidencia». Detrás de la depresión económica hubo una CAUSA. Nada sucede sin una CAUSA. En gran medida, la causa de la depresión puede rastrearse directamente hasta el hábito mundial de tratar de COSECHAR SIN SEMBRAR.

Esto no debe interpretarse como que la Gran Depresión sea una cosecha que el mundo esté siendo forzado a recoger sin haber sembrado antes. El problema es que el mundo *sembró las semillas equivocadas*. Cualquier agricultor sabe que no puede sembrar cardos y esperar cosechar trigo. Desde el estallido de la Primera Guerra Mundial, las personas en todo el mundo comenzaron a sembrar semillas de servicio deficiente, tanto en calidad como en cantidad. Casi todos estaban ocupados en el pasatiempo de tratar de RECIBIR SIN DAR.

Estos ejemplos se presentan a quienes tienen servicios personales que ofrecer, para demostrar que estamos donde estamos y somos lo que somos debido a nuestra propia conducta. Si hay un principio de causa y efecto que rige los negocios, las finanzas y el transporte, ese mismo principio rige a los individuos y determina su situación económica.

¿Cuál es su calificación CCE?

Las causas del éxito en la comercialización efectiva y permanente de servicios han sido claramente descritas. A menos que esas causas sean estudiadas, analizadas, comprendidas y APLICADAS, nadie podrá comercializar sus servicios de manera efectiva y permanente. Cada persona debe ser su propio vendedor de servicios personales. La CALIDAD y la CANTIDAD del servicio prestado, así como el ESPÍRITU con el que se presta, determinan en gran medida el precio y la duración del empleo. Para comercializar servicios personales de manera efectiva (lo que significa un mercado permanente, a un precio satisfactorio y en condiciones agradables) es necesario adoptar y seguir la fórmula CCE (en inglés QQS), que significa CALIDAD más CANTIDAD, más el adecuado ESPÍRITU de cooperación (en inglés, *quality, quantity, spirit*). Esta fórmula equivale a una venta perfecta de servicios. Recuerde la fórmula CCE, pero haga algo más: ¡APLÍQUELA COMO UN HÁBITO!

Analicemos la fórmula para asegurarnos de comprender exactamente lo que significa.

1. CALIDAD del servicio se entenderá como el desempeño de cada detalle relacionado con su puesto de la manera más eficiente posible, con el objetivo de mejorar continuamente la eficiencia.

2. CANTIDAD del servicio se entenderá como el HÁBITO de prestar todo el servicio que sea capaz de brindar en todo momento, con el propósito de aumentar la cantidad de servicio prestado a

medida que desarrolle una mayor habilidad mediante la práctica y la experiencia. Se vuelve a hacer énfasis en la palabra HÁBITO.

3. ESPÍRITU de servicio se entenderá como el HÁBITO de una conducta agradable y armoniosa que fomente la cooperación con sus compañeros y colegas.

Una adecuada CALIDAD y CANTIDAD de servicio no son suficientes para mantener un mercado permanente para sus servicios. La conducta o el ESPÍRITU con el que presta el servicio es un factor determinante tanto en el precio que recibe como en la duración del empleo.

Andrew Carnegie enfatizó este punto más que cualquier otro en su descripción de los factores que conducen al éxito en la comercialización de servicios personales. Reiteró una y otra vez la necesidad de una CONDUCTA ARMONIOSA. Destacó su decisión de no mantener en su empresa a ningún hombre, sin importar la cantidad o la eficiencia de su trabajo, si no trabajaba con un espíritu de ARMONÍA. El señor Carnegie insistía en que sus empleados debían ser AGRADABLES.

Para demostrar que valoraba altamente esta cualidad, permitió que muchos hombres *que se ajustaban a sus estándares* se volvieran muy ricos. Aquellos que no se ajustaban tuvieron que dejar el espacio para otros.

Se ha enfatizado la importancia de una personalidad agradable, ya que es un factor que permite prestar servicios con el adecuado ESPÍRITU. Si una persona tiene una personalidad que AGRADA y presta su servicio en un espíritu de ARMONÍA, estas cualidades a menudo compensan las deficiencias tanto en la CALIDAD como en la CANTIDAD del servicio que presta. Sin embargo, nada puede SER EXITOSAMENTE SUSTITUIDO POR UNA CONDUCTA AGRADABLE.

El valor capital de sus servicios

La persona cuyo ingreso proviene exclusivamente de la venta de servicios personales no es menos comerciante que aquel que vende mercancías, y bien podría añadirse que está sujeta EXACTA-MENTE A LAS MISMAS REGLAS de conducta que el comerciante que vende productos.

Se ha enfatizado este punto porque la mayoría de las personas que viven de la venta de servicios personales comete el error de considerarse exenta de las reglas de conducta y de las responsabilidades que recaen sobre aquellos que comercializan bienes.

La nueva forma de comercializar servicios ha llevado prácticamente a empleadores y empleados a establecer alianzas de asociación, en las cuales ambos toman en cuenta los derechos de la tercera parte: EL PÚBLICO AL QUE SIRVEN.

El día del «buscador de oportunidades» ha quedado atrás. Ha sido reemplazado por el «dador de oportunidades». Los métodos de alta presión en los negocios finalmente hicieron estallar la caldera. Ya no habrá necesidad de volver a taparla porque en el futuro los negocios se manejarán con métodos que no requerirán presión.

El valor real de su capital intelectual puede determinarse por la cantidad de ingresos que sea capaz de generar mediante la comercialización de sus servicios. Una estimación justa del valor de su capital en servicios puede calcularse multiplicando su ingreso anual por 16 y dos tercios, ya que es razonable estimar que su ingreso anual representa 6% de su valor de capital. El dinero se alquila a 6% anual. El dinero no vale más que la inteligencia. A menudo vale mucho menos.

Unas «buenas mentes», si se comercializan eficazmente, representan una forma de capital mucho más valiosa que aquella requerida para operar un negocio basado en la venta de productos, porque la inteligencia es una forma de capital que no puede depreciarse de manera permanente debido a las depresiones económicas ni puede ser robada o gastada.

Además, el dinero esencial para la gestión de un negocio es tan inútil como una duna de arena hasta que se combina con una «mente» eficiente.

Las treinta causas principales del fracaso

¿Cuántos de estos factores le están impidiendo avanzar?
La mayor tragedia de la vida consiste en hombres y mujeres que intentan con sinceridad tener éxito y fracasan. La tragedia radica en la abrumadora mayoría de personas que fracasan en comparación con las pocas que logran el éxito.

He tenido el privilegio de analizar a varios miles de hombres y mujeres, de los cuales 98% fueron clasificados como «fracasos». Algo está radicalmente mal en una civilización y en un sistema educativo que permite que 98% de las personas pase por la vida como fracasos. Pero no escribí este libro con la intención de moralizar sobre lo que está bien y lo que está mal en el mundo; para ello sería necesario un libro cien veces más extenso que este.

Mi trabajo de análisis demostró que hay treinta causas principales del fracaso y 13 principios fundamentales con los cuales las personas acumulan fortunas. En este capítulo se describirán las treinta causas principales del fracaso. A medida que revise la lista, compárese con ella, punto por punto, con el propósito de descubrir cuántas de estas causas del fracaso se interponen entre usted y el éxito.

1. ANTECEDENTES HEREDITARIOS DESFAVORABLES. Hay poco o nada que se pueda hacer por las personas que nacen con una deficiencia en su capacidad mental. Esta filosofía ofrece un único método para superar esta debilidad: por medio del apoyo de la «Mente Maestra». Sin embargo, observe con atención que esta es la ÚNICA de las treinta causas del fracaso que no puede ser *fácilmente corregida* por un individuo.

2. FALTA DE UN PROPÓSITO BIEN DEFINIDO EN LA VIDA. No hay esperanza de éxito para la persona que no tiene un propósito central o una *meta clara* hacia la cual dirigirse. Noventa y ocho de cada

cien personas que he analizado carecían de tal objetivo. Tal vez esta sea la causa fundamental del fracaso.

3. FALTA DE AMBICIÓN PARA APUNTAR MÁS ALLÁ DE LA MEDIOCRIDAD. No ofrecemos esperanza para la persona que es tan indiferente como para no querer avanzar en la vida y que no está dispuesta a pagar el precio.

4. EDUCACIÓN INSUFICIENTE. Este es un obstáculo que puede superarse con relativa facilidad. La experiencia ha demostrado que las personas mejor educadas suelen ser aquellas que se consideran «autodidactas» o que se han formado por sí mismas. Se necesita mucho más que un título universitario para ser una persona verdaderamente educada. Una persona educada es aquella que ha aprendido a obtener lo que desea en la vida sin violar los derechos de los demás. La educación no consiste tanto en la cantidad de conocimiento adquirido como en el conocimiento que se APLICA de manera efectiva y constante. A las personas no se les paga simplemente por lo que saben, sino, más aún, por LO QUE HACEN CON LO QUE SABEN.

5. FALTA DE AUTODISCIPLINA. La disciplina proviene del autocontrol. Esto significa que uno debe controlar todas sus cualidades negativas. Antes de poder controlar las circunstancias, primero debe aprender a controlarse a sí mismo. El dominio de usted mismo es el desafío más difícil que jamás enfrentará. Si no conquista su propia voluntad, será conquistado por ella. Puede ver, al mismo tiempo, a su mejor amigo y a su peor enemigo simplemente colocándose frente a un espejo.

6. MALA SALUD. Ninguna persona puede alcanzar un éxito excepcional sin gozar de buena salud. Muchas de las causas de la mala salud pueden ser dominadas y controladas. Estas, en su mayoría, son:

a) Exceso en la alimentación con alimentos no beneficiosos para la salud.

b) Hábitos de pensamiento incorrectos; dar expresión a ideas negativas.

c) Uso inadecuado y exceso en la indulgencia del sexo.

d) Falta de ejercicio físico adecuado.

e) Suministro insuficiente de aire fresco debido a una respiración inadecuada.

7. INFLUENCIAS AMBIENTALES DESFAVORABLES DURANTE LA INFANCIA. «Como se dobla la rama, así crecerá el árbol». La mayoría de las personas con tendencias criminales las adquieren como resultado de un ambiente desfavorable y de malas compañías durante la infancia.

8. PROCRASTINACIÓN. Esta es una de las causas más comunes del fracaso. «El Viejo Procrastinador» acecha en la sombra de cada ser humano, esperando su oportunidad para arruinar sus posibilidades de éxito. La mayoría de las personas pasa por la vida fracasando porque está esperando el «momento adecuado» para comenzar algo valioso. No espere. El momento nunca será «perfecto». Comience desde donde está y trabaje con las herramientas que tenga a su disposición; herramientas mejores aparecerán a medida que avance.

9. FALTA DE PERSISTENCIA. La mayoría de las personas son buenos «iniciadores», pero malos «finalizadores» de todo lo que comienzan. Además, las personas suelen rendirse ante los primeros signos de derrota. No hay un sustituto para la PERSISTENCIA. La persona que hace de la PERSISTENCIA su lema descubrirá que «El Viejo Fracaso» finalmente se cansa y se retira. El fracaso no puede competir con la PERSISTENCIA.

10. PERSONALIDAD NEGATIVA. No hay esperanza de éxito para la persona que repele a los demás con una personalidad negativa.

El éxito se logra mediante la aplicación del PODER, y el poder se obtiene a partir del esfuerzo cooperativo con otras personas. Una personalidad negativa no fomenta la cooperación.

11. FALTA DE CONTROL SOBRE EL IMPULSO SEXUAL. La energía sexual es el estímulo más poderoso que mueve a las personas a la ACCIÓN. Dado que es la más intensa de las emociones, debe ser controlada mediante la transmutación y canalizada hacia otros propósitos.

12. DESEO INCONTROLADO DE «ALGO POR NADA». El instinto de juego lleva a millones de personas al fracaso. Un claro ejemplo de esto se encuentra en el colapso de Wall Street del 29, cuando millones de personas intentaron ganar dinero apostando para obtener márgenes atractivos en el mercado de valores.

13. FALTA DE UN PODER DE DECISIÓN BIEN DEFINIDO. Las personas que tienen éxito toman decisiones con rapidez y, si las cambian, lo hacen muy lentamente. Las personas que fracasan tardan mucho en tomar decisiones, si llegan a hacerlo, y las cambian con frecuencia y rapidez. La indecisión y la procrastinación son hermanos gemelos. Donde se encuentra uno, generalmente también se encuentra el otro. Elimine esta pareja antes de que lo aten por completo a la rueda del FRACASO.

14. UNO O MÁS DE LOS SEIS MIEDOS FUNDAMENTALES. Estos miedos se analizan en un capítulo posterior. Deben ser dominados antes de que pueda comercializar sus servicios de manera efectiva.

15. MALA ELECCIÓN DE PAREJA EN EL MATRIMONIO. Esta es una de las causas más comunes del fracaso. El matrimonio lleva a las personas a un contacto íntimo y constante. A menos que esta relación sea armoniosa, el fracaso es casi seguro. Además, será un tipo de fracaso caracterizado por la miseria y la infelicidad, lo que destruye toda señal de AMBICIÓN.

16. EXCESIVA PRECAUCIÓN. La persona que no toma riesgos generalmente tiene que conformarse con lo que queda después de que los demás han elegido. La precaución excesiva es tan perjudicial

como la falta de precaución. Ambos son extremos que deben evitarse. La vida misma está llena de incertidumbre.

17. SELECCIÓN INCORRECTA DE SOCIOS EN LOS NEGOCIOS. Esta es una de las causas más comunes del fracaso empresarial. Al comercializar sus servicios personales, debe tener mucho cuidado al elegir un empleador que lo inspire y que, además, sea inteligente y exitoso. Inevitablemente, tendemos a imitar a quienes nos rodean más de cerca. Elija un empleador que valga la pena emular.

18. SUPERSTICIÓN Y PREJUICIO. La superstición es una forma de miedo. También es una señal de ignorancia. Las personas que triunfan mantienen la mente abierta y no le temen a nada.

19. ELECCIÓN EQUIVOCADA DE UNA VOCACIÓN. Nadie puede tener éxito en un campo que no le guste. El paso más esencial en la comercialización de servicios personales es seleccionar una ocupación en la que pueda involucrarse plenamente con entusiasmo.

20. FALTA DE CONCENTRACIÓN EN EL ESFUERZO. El «aprendiz de todo, maestro de nada» rara vez destaca en algo. Concentre todos sus esfuerzos en un OBJETIVO PRINCIPAL DEFINIDO.

21. EL HÁBITO DE GASTAR INDISCRIMINADAMENTE. La persona derrochadora no puede tener éxito, principalmente porque vive en un miedo constante a la POBREZA. Adquiera el hábito del ahorro sistemático, reservando un porcentaje fijo de sus ingresos. Tener dinero en el banco proporciona una base segura de CONFIANZA al negociar la venta de sus servicios personales. Sin dinero, debe aceptar lo que le ofrezcan y conformarse con ello.

22. FALTA DE ENTUSIASMO. Sin entusiasmo, una persona no puede ser convincente. Además, el entusiasmo es contagioso y quien lo posee y lo controla suele ser bien recibido en cualquier grupo de personas.

23. INTOLERANCIA. La persona con una mente «cerrada» en cualquier tema rara vez progresa. La intolerancia significa que alguien ha dejado de adquirir conocimiento. Las formas más dañinas

de intolerancia están relacionadas con diferencias de opinión en temas religiosos, raciales y políticos.

24. INTEMPERANCIA. Las formas más perjudiciales de intemperancia están relacionadas con la comida, el alcohol y las actividades sexuales. El exceso en cualquiera de estas áreas es fatal para el éxito.

25. INCAPACIDAD PARA COOPERAR CON OTROS. Más personas pierden sus empleos y sus grandes oportunidades en la vida por esta razón que por todas las demás combinadas. Es un defecto que ningún empresario bien informado o líder tolerará.

26. POSESIÓN DE PODER QUE NO FUE ADQUIRIDO POR ESFUERZO PROPIO. (Hijos e hijas de hombres ricos, y otros que heredan dinero que no ganaron). El poder en manos de quien no lo adquirió gradualmente suele ser fatal para el éxito. LAS RIQUEZAS RÁPIDAS son más peligrosas que la pobreza.

27. DESHONESTIDAD INTENCIONAL. No hay sustituto para la honestidad. Una persona puede verse obligada a ser deshonesta temporalmente por circunstancias fuera de su control, sin un daño permanente. Pero NO HAY ESPERANZA para quien elige ser deshonesto por decisión propia. Tarde o temprano, sus acciones lo alcanzarán y pagará con la pérdida de su reputación, e incluso, posiblemente, con la pérdida de su libertad.

28. EGOÍSMO Y VANIDAD. Estas cualidades sirven como señales de advertencia que alejan a los demás. SON FATALES PARA EL ÉXITO.

29. SUPONER EN LUGAR DE PENSAR. La mayoría de las personas son demasiado indiferentes o perezosas para adquirir HECHOS con los cuales PENSAR CON PRECISIÓN. Prefieren actuar basándose en «opiniones» formadas por conjeturas o juicios apresurados.

30. FALTA DE CAPITAL. Esta es una causa común de fracaso entre quienes inician un negocio por primera vez y sin contar con una reserva de capital suficiente para absorber la consecuencia de sus errores y sostenerse hasta que hayan establecido una REPUTACIÓN.

31. En este punto mencione cualquier otra causa específica de fracaso que haya experimentado y que no haya sido incluida en la lista anterior.

En estas treinta causas principales del fracaso se encuentra la descripción de la tragedia de la vida que afecta a prácticamente todas las personas que intentan y fracasan. Será útil si consigue que alguien que lo conozca revise bien esta lista con usted y lo ayude a analizarse en función de estas causas del fracaso. También puede resultar beneficioso que lo intente solo. La mayoría de las personas no pueden verse a sí mismas como las ven los demás. Es posible que usted sea una de ellas.

La más antigua de las advertencias es «Conócete a ti mismo». Si desea comercializar mercancías con éxito, debe conocer bien su producto. Lo mismo ocurre con la comercialización de servicios personales. Debe conocer todas sus debilidades para poder superarlas o eliminarlas por completo. Debe conocer sus fortalezas para poder destacarlas al vender sus servicios. Solo puede conocerse a sí mismo mediante un análisis *preciso*.

La insensatez de la ignorancia acerca de uno mismo quedó en evidencia en el caso de un joven que solicitó un puesto ante el gerente de una reconocida empresa. Causó una muy buena impresión hasta que el gerente le preguntó qué salario esperaba. El joven respondió que no tenía una cantidad fija en mente (*falta de un propósito definido*). Entonces el gerente le dijo:

—Le pagaremos todo lo que vale después de probarlo por una semana.

—No aceptaré porque ESTOY GANANDO MÁS QUE ESO EN MI EMPLEO ACTUAL —respondió el solicitante.

Antes de siquiera comenzar a negociar un aumento de salario en su puesto actual o de buscar empleo en otra parte, ASEGÚRESE DE QUE VALE MÁS DE LO QUE ACTUALMENTE RECIBE.

Querer dinero es una cosa —todos quieren más—, pero ser DIGNO DE MÁS es algo completamente distinto. Muchas personas confunden sus DESEOS con lo que REALMENTE MERECEN. Sus necesidades financieras o deseos no tienen absolutamente nada que ver con su VALOR. Su valor se determina únicamente por su capacidad para prestar un servicio útil o para inducir a otros a prestar dicho servicio.

Haga un inventario de usted mismo

28 preguntas que debe responder

El autoanálisis anual es una herramienta esencial para la comercialización efectiva de los servicios personales, al igual que el inventario anual lo es para la comercialización de productos. Además, este análisis debe revelar una DISMINUCIÓN EN LOS DEFECTOS y un aumento en las VIRTUDES. En la vida, uno avanza, se estanca o retrocede. Por supuesto, el objetivo debe ser avanzar. Un autoanálisis anual permitirá identificar si ha habido progreso y, en caso afirmativo, cuánto. También mostrará cualquier retroceso que haya ocurrido. La comercialización efectiva de los servicios personales requiere que se avance constantemente, aunque sea de forma lenta.

Su autoanálisis anual debe realizarlo al final de cada año, para que pueda incluir en sus propósitos de Año Nuevo las mejoras que el análisis indique como necesarias. Realice este inventario formulándose las siguientes preguntas y contrastando sus respuestas con la ayuda de alguien que no le permita engañarse a sí mismo respecto a su exactitud.

Cuestionario de autoanálisis para inventario personal

1. ¿He alcanzado el objetivo que establecí como meta para este año? (Debe trabajar con un objetivo anual definido como parte de su objetivo principal en la vida).

2. ¿He prestado un servicio de la mejor CALIDAD posible dentro de mis capacidades o podría haber mejorado en algún aspecto?

3. ¿He prestado la mayor CANTIDAD de servicio posible dentro de mis capacidades?

4. ¿El espíritu de mi conducta ha sido siempre armonioso y cooperativo?

5. ¿He permitido que el hábito de la PROCRASTINACIÓN reduzca mi eficiencia y, de ser así, en qué medida?

6. ¿He mejorado mi PERSONALIDAD y, de ser así, en qué aspectos?

7. ¿He sido PERSISTENTE en cuanto a seguir mis planes hasta completarlos?

8. ¿He tomado DECISIONES RÁPIDAS Y DEFINITIVAS en todas las ocasiones?

9. ¿He permitido que uno o más de los seis miedos fundamentales reduzcan mi eficiencia?

10. ¿He sido demasiado «precavido» o, por el contrario, demasiado «imprudente»?

11. ¿Mi relación con mis compañeros de trabajo ha sido agradable o desagradable? Si ha sido desagradable, ¿ha sido en parte o totalmente mi culpa?

12. ¿He desperdiciado parte de mi energía por falta de CONCENTRACIÓN en mis esfuerzos?

13. ¿He sido de mente abierta y tolerante en relación con todos los temas?

14. ¿De qué manera he mejorado mi capacidad para prestar servicio?

15. ¿He sido intemperante en alguno de mis hábitos?

16. ¿He expresado, ya sea abiertamente o en secreto, alguna forma de EGOÍSMO?

17. ¿Ha sido mi conducta con mis compañeros tal que he logrado que me RESPETEN?

18. ¿Mis opiniones y DECISIONES se han basado en suposiciones o en un análisis preciso y en el PENSAMIENTO lógico?

19. ¿He seguido el hábito de presupuestar mi tiempo, mis gastos y mis ingresos? ¿He sido conservador en estos presupuestos?

20. ¿Cuánto tiempo he dedicado a esfuerzos IMPRODUCTIVOS que podría haber aprovechado mejor?

21. ¿Cómo puedo REESTRUCTURAR mi tiempo y cambiar mis hábitos para ser más eficiente el próximo año?

22. ¿He sido culpable de alguna conducta que mi conciencia no aprueba?

23. ¿De qué maneras he prestado MÁS SERVICIO Y UN MEJOR SERVICIO del que me han pagado por brindar?

24. ¿He sido injusto con alguien y, de ser así, de qué manera?

25. Si yo hubiera sido el comprador de mis propios servicios durante el año, ¿estaría satisfecho con mi compra?

26. ¿Estoy en la vocación correcta? Si no, ¿por qué no?

27. ¿El comprador de mis servicios ha estado satisfecho con el servicio que le he prestado? Si no, ¿por qué?

28. ¿Cuál es mi calificación actual en relación con los principios fundamentales del éxito? (Haga esta evaluación de manera justa y honesta, y pida a alguien con suficiente valentía que la revise con precisión).

Tras haber leído y asimilado la información presentada en este capítulo, ahora está listo para crear un plan práctico para comercializar sus servicios personales. En este capítulo se encuentra una descripción detallada de cada principio esencial en la planificación de la venta de servicios personales, incluyendo los principales atributos del liderazgo, las causas más comunes del fracaso en el liderazgo, una descripción de los campos de oportunidad para líderes, las principales causas del fracaso en todas las áreas de la vida y las preguntas clave para el autoanálisis.

Esta presentación extensa y detallada de información precisa ha sido incluida porque será necesaria para todos aquellos que deben comenzar la acumulación de riquezas mediante la comercialización de sus servicios personales. Tanto quienes han perdido sus fortunas como aquellos que están comenzando a ganar dinero no tienen nada más que ofrecer a cambio de la riqueza que sus propios servicios personales. Por lo tanto, es esencial que dispongan de la información práctica necesaria para comercializar sus servicios de la mejor manera posible.

La información contenida en este capítulo será de gran valor para todos aquellos que aspiran a alcanzar el liderazgo en cualquier ámbito. Será particularmente útil para quienes desean comercializar sus servicios como ejecutivos en el mundo empresarial o industrial.

La asimilación y comprensión completa de la información aquí presentada no solo será útil para vender sus propios servicios, sino que le ayudará a desarrollar una mayor capacidad de análisis y juicio sobre otras personas. Esta información será invaluable para directores de personal, gerentes de contratación y otros ejecutivos encargados de la selección de empleados y del mantenimiento de organizaciones eficientes. Si tiene dudas sobre esta afirmación, ponga a prueba su validez respondiendo por escrito las 28 preguntas de autoanálisis. Esto podría resultar tanto interesante como provechoso, incluso si no duda de la solidez de la afirmación.

Dónde y cómo se pueden encontrar oportunidades para acumular riquezas

Ahora que hemos analizado los principios mediante los cuales se pueden acumular riquezas, surge naturalmente la pregunta: «¿Dónde se pueden encontrar oportunidades favorables para aplicar estos principios?». Muy bien, hagamos un inventario y veamos qué ofrece los Estados Unidos a la persona que busca riquezas, ya sean grandes o pequeñas.

Para comenzar, recordemos *todos* que vivimos en un país donde *cada ciudadano que cumple la ley disfruta de una libertad de pensamiento y de acción sin igual en ninguna otra parte del mundo.* La mayoría de nosotros nunca ha hecho un inventario de las ventajas que ofrece esta libertad. Nunca hemos comparado nuestra libertad ilimitada con las restricciones que existen en otros países.

Nuestra libertad ilimitada, en comparación con la libertad restringida en otros países, nos otorga una serie de derechos únicos. Aquí tenemos libertad de pensamiento, libertad de elección y disfrute de la educación, libertad religiosa, libertad política, libertad para elegir un negocio, profesión u ocupación, libertad para acumular y poseer, sin interferencias, TODAS LAS PROPIEDADES QUE PODAMOS ACUMULAR, libertad para elegir nuestro lugar de residencia, libertad en el matrimonio, libertad con igualdad de oportunidades para todas las razas, libertad para viajar de un estado a otro, libertad en la elección de nuestros alimentos y libertad para ASPIRAR A CUALQUIER POSICIÓN EN LA VIDA PARA LA CUAL NOS HAYAMOS PREPARADO, incluso a la presidencia de los Estados Unidos.

Hay otras formas de libertad, pero esta lista ofrece una visión general de las más importantes, que constituyen una OPORTUNIDAD de primer nivel. Este privilegio de libertad es aún más notable porque los Estados Unidos es el único país que garantiza a cada ciudadano, ya sea nacido en el país o naturalizado, una lista tan amplia y variada de libertades.

A continuación consideremos algunas de las bendiciones que nuestra libertad nos ha puesto en las manos. Tomemos como ejemplo a la familia estadounidense promedio (es decir, una familia con ingresos medios) y sumemos los beneficios disponibles para cada uno de sus miembros en esta tierra de OPORTUNIDAD y abundancia.

a) **ALIMENTOS.** Junto con la libertad de pensamiento y acción, los ALIMENTOS, la ROPA y la VIVIENDA constituyen las tres necesidades básicas de la vida.

Gracias a nuestra libertad universal, la familia estadounidense promedio tiene acceso, prácticamente en la puerta de su hogar, a la más amplia selección de alimentos disponibles en el mundo y a precios acordes con sus posibilidades económicas.

Alimentos / Costo de un desayuno:

Jugo de toronja (de Florida)	$0.02
Panecillos de desayuno Rippled Wheat	$0.02
Té (de China)	$0.02
Plátanos (de Sudamérica)	$0.02
Pan tostado (de Kansas)	$0.01
Huevos frescos de granja (de Utah)	$0.07
Azúcar (de Cuba o Utah)	$0.005
Mantequilla y crema (de Nueva Inglaterra)	$0.03
Gran total	**$0.195**

Una pareja que vive en pleno distrito de Times Square, en la ciudad de Nueva York, lejos de las zonas de producción de alimentos, realizó un inventario detallado del costo de un desayuno simple, con el siguiente resultado sorprendente:

No es muy difícil obtener ALIMENTOS en un país donde dos personas pueden desayunar todo lo que desean o necesitan por solo diez centavos cada una. Observe que este desayuno sencillo fue reunido, por alguna extraña forma de magia (¿?) desde China, Sudamérica, Utah, Kansas y los estados de Nueva Inglaterra, y entregado en la mesa del desayuno, listo para su consumo, en el corazón de la ciudad más concurrida de América, a un costo que está al alcance incluso del trabajador más humilde.

El costo incluía todos los impuestos federales, estatales y municipales. (Este es un hecho que los políticos no mencionaban cuando les pedían a los votantes que expulsaran a sus oponentes del cargo con el argumento de que la gente estaba siendo «asfixiada» por los impuestos).

b) **VIVIENDA.** Esta familia vive en un departamento cómodo, calentado con vapor, iluminado con electricidad y con gas para cocinar, todo por 65.00 dólares al mes. En una ciudad más pequeña, o en una zona menos poblada de Nueva York, el mismo departamento podría alquilarse por tan solo 20.00 dólares al mes.

El pan tostado que comieron en el desayuno se hizo en una tostadora eléctrica que costó solo unos pocos dólares. El departamento se limpia con una aspiradora que funciona con electricidad. El agua caliente y fría está disponible en todo momento en la cocina y el baño. Los alimentos se mantienen frescos en un refrigerador eléctrico. La esposa se riza el cabello, lava y plancha la ropa con electrodomésticos fáciles de operar, simplemente conectándolos a la pared. El esposo se afeita con una máquina eléctrica y, si lo desean, pueden recibir entretenimiento de todo el mundo, las 24 horas del día, sin costo alguno, simplemente al girar el dial de su radio.

Hay muchas otras comodidades en este departamento, pero la lista anterior da una idea bastante clara de algunas de las evidencias concretas de la libertad que disfrutamos en los Estados Unidos. (*Y esto no es propaganda política ni económica*).

c) **VESTIMENTA**. En cualquier parte de los Estados Unidos, una mujer con necesidades de vestimenta promedio puede vestirse cómodamente y con elegancia por menos de 200 dólares al año, mientras que un hombre promedio puede vestirse por la misma cantidad o incluso menos.

Solo se han mencionado las tres necesidades básicas: alimentos, ropa y vivienda. Sin embargo, el ciudadano estadounidense promedio tiene muchas otras ventajas y privilegios a su alcance a cambio de un esfuerzo modesto, que no supera las ocho horas diarias de trabajo. Entre estos privilegios se encuentra el transporte en automóvil, que permite desplazarse libremente a un costo muy bajo.

El estadounidense promedio tiene una seguridad en sus derechos de propiedad que no se encuentra en ningún otro país del mundo. Puede depositar su dinero en un banco con la certeza de que su gobierno lo protegerá y lo reembolsará en caso de que el banco falle. Si un ciudadano estadounidense desea viajar de un estado a otro, no necesita pasaporte ni permiso de nadie. Puede viajar cuando quiera y regresar a voluntad. Además, puede hacerlo en tren, automóvil privado, autobús, avión o barco, según lo permita su bolsillo. En Alemania, Rusia, Italia y en la mayoría de los países europeos y orientales, las personas no pueden viajar con tanta libertad y a un costo tan bajo.

El «milagro» que nos ha proporcionado estas bendiciones

A menudo escuchamos a los políticos proclamar la libertad de los Estados Unidos cuando solicitan votos, pero rara vez se toman el tiempo o dedican el esfuerzo suficiente para analizar la fuente o la naturaleza de esta «libertad». Sin tener ningún interés oculto, sin rencor que expresar, sin motivos ulteriores que cumplir, tengo el privilegio de emprender un análisis sincero de ese misterioso, abstracto y enormemente malinterpretado «ALGO» que otorga a cada ciudadano de los Estados Unidos más bendiciones, más oportunidades de acumular riquezas, más libertad en todos los aspectos de lo que podría encontrarse en cualquier otro país.

Tengo el derecho de analizar la fuente y la naturaleza de este PODER INVISIBLE porque conozco, y he conocido durante más de un cuarto de siglo, a muchos de los hombres que organizaron ese poder, y a muchos que ahora son responsables de su mantenimiento.

¡El nombre de este misterioso benefactor de la humanidad es el CAPITAL!

El CAPITAL no consiste únicamente en dinero, sino que, de manera más particular, se compone de grupos de hombres altamente organizados e inteligentes que planifican métodos y medios para utilizar el dinero de manera eficiente para el bien del público y de forma rentable para ellos mismos.

Estos grupos están formados por científicos, educadores, químicos, inventores, analistas empresariales, publicistas, expertos en transporte, contadores, abogados, médicos y tanto hombres como mujeres que poseen conocimientos altamente especializados en todos los campos de la industria y los negocios. Ellos son pioneros, experimentan y abren caminos en nuevos campos de actividad. Apoyan universidades, hospitales, escuelas públicas, construyen buenas carreteras, publican periódicos, asumen la mayor parte del costo del gobierno y se ocupan de la multitud de detalles esenciales para el progreso humano. En resumen, los capitalistas son el cerebro de la civilización porque proporcionan todo el entramado del que consiste toda educación, iluminación y progreso humano.

El dinero, sin cerebro, siempre es peligroso. Empleado adecuadamente, es el elemento esencial más importante de la civilización. El sencillo desayuno aquí descrito no podría haberse entregado a la familia de Nueva York a diez centavos cada uno, *ni a ningún otro precio*, si el capital organizado no hubiera provisto la maquinaria, los barcos, los ferrocarriles y los enormes ejércitos de hombres capacitados para operarlos.

Una idea vaga de la importancia del CAPITAL ORGANIZADO se puede tener si se imagina a usted cargado con la responsabilidad de recoger, sin la ayuda del capital, y entregar a la familia de la ciudad de Nueva York el sencillo desayuno descrito.

Para proveer el té, tendría que hacer un viaje a China o a India, ambos muy lejanos de los Estados Unidos. A menos que sea un excelente nadador, se cansaría antes de completar el viaje de ida y vuelta. Además, se le presentaría otro problema. ¿Qué utilizaría como dinero, incluso si tuviera la resistencia física para cruzar a nado el océano?

Para proveer el azúcar, tendría que emprender otro largo nado hasta Cuba o dar un largo paseo hasta la zona de la remolacha azucarera en Utah. Pero, aun así, podría regresar sin el azúcar, ya que se requiere un esfuerzo organizado y dinero para producirla, sin mencionar lo necesario para refinarla, transportarla y entregarla en la mesa del desayuno en cualquier parte de los Estados Unidos.

Los huevos podría entregarlos fácilmente desde los establos cercanos a la ciudad de Nueva York, pero tendría que dar un largo paseo hasta Florida y de regreso antes de poder servir los dos vasos de jugo de toronja.

Tendría otro largo paseo, hasta Kansas o uno de los otros estados productores de trigo, cuando se dirigiera por las cuatro rebanadas de pan de trigo.

Los panecillos Ripple Wheat tendrían que ser omitidos del menú, ya que no estarían disponibles excepto mediante el trabajo de una organización de trabajadores entrenados que contaran con la maquinaria adecuada, TODO LO CUAL REQUIERE CAPITAL.

Mientras descansa, podría emprender otro pequeño nado hasta Sudamérica, donde recogería un par de plátanos y, a su regreso, podría dar un breve paseo hasta la granja más cercana que disponga de una lechería para recoger algo de mantequilla y crema. Entonces, la familia de la ciudad de Nueva York estaría lista para sentarse y disfrutar el desayuno, *¡y usted podría cobrar dos centavos por su labor!*

Parece absurdo, ¿verdad? Pues bien, el procedimiento descrito sería la única forma posible en que estos simples alimentos pudieran ser entregados en el corazón de la ciudad de Nueva York si no tuviéramos un sistema capitalista.

La suma de dinero requerida para la construcción y el mantenimiento de los ferrocarriles y barcos de vapor utilizados en la entrega de ese sencillo desayuno es tan enorme que desafía la imaginación. Se eleva a cientos de millones de dólares, sin mencionar los ejércitos de empleados capacitados necesarios para tripular los barcos y trenes. Pero el transporte es solo una parte de los requerimientos de la civilización moderna en la América capitalista. Antes de que haya algo que transportar, algo debe ser cultivado en la tierra o fabricado y preparado para el mercado. Esto requiere aún más millones de dólares para equipo, maquinaria, empaque, mercadeo y los salarios de millones de mujeres y hombres.

Los barcos de vapor y los ferrocarriles no surgen de la tierra ni funcionan automáticamente. Surgen en respuesta al llamado de la civilización, gracias al trabajo, el ingenio y la capacidad de organización de hombres que poseen ¡IMAGINACIÓN, FE, ENTUSIASMO, DECISIÓN, PERSISTENCIA! Estos hombres son conocidos como capitalistas. Se sienten motivados por el deseo de construir, erigir, lograr, prestar un servicio útil, obtener beneficios y acumular riquezas. Y dado que PRESTAN UN SERVICIO SIN EL CUAL NO EXISTIRÍA LA CIVILIZACIÓN, se ponen en el camino hacia grandes riquezas.

Para mantener el registro simple y comprensible, agregaré que estos capitalistas son los mismos hombres de los que la mayoría de nosotros hemos oído hablar por parte de los oradores callejeros. Son los mismos a quienes los radicales, los políticos que buscan su propio beneficio, los estafadores y los líderes sindicales corruptos se refieren como «los intereses depredadores» o «de Wall Street».

No estoy intentando presentar un informe a favor o en contra de ningún grupo de hombres ni de ningún sistema económico. No pretendo condenar la negociación colectiva cuando me refiero a «líderes sindicales corruptos» ni tampoco aspiro a dar carta blanca a todos los individuos conocidos como capitalistas.

El propósito de este libro *—un propósito al que he dedicado fielmente más de un cuarto de siglo—* es presentar a todos aquellos que lo desean el conocimiento, la filosofía más confiable por medio de la cual los individuos pueden acumular riquezas en las cantidades que deseen.

He analizado aquí las ventajas económicas del sistema capitalista con el doble propósito de

1. demostrar que todos aquellos que buscan riquezas deben reconocer y adaptarse al sistema que controla todos los métodos para alcanzar fortunas, grandes o pequeñas, y
2. presentar la cara opuesta a la imagen que muestran los políticos y demagogos quienes deliberadamente nublan los temas que abordan al referirse al capital organizado como si fuese algo venenoso.

Este es un país capitalista, se desarrolló mediante el uso del capital, y nosotros, quienes reclamamos el derecho a participar de las bendiciones de la libertad y la oportunidad, nosotros, quienes buscamos acumular riquezas aquí, debemos saber que ni las riquezas ni la oportunidad estarían disponibles para nosotros si el CAPITAL ORGANIZADO no hubiera proporcionado estos beneficios.

Durante más de veinte años ha sido una afición algo popular y en crecimiento entre los radicales, los políticos que buscan su propio beneficio, los estafadores, los líderes sindicales corruptos y, en ocasiones, los líderes religiosos lanzar dardos contra WALL STREET, LOS MERCADOS CAMBIARIOS y los GRANDES NEGOCIOS.

La práctica se volvió tan generalizada que, durante la depresión económica, fuimos testigos de la increíble escena de altos funcionarios del gobierno aliándose con políticos mezquinos y líderes sindicales, con el propósito abiertamente declarado de asfixiar el sistema que hizo de los Estados Unidos el país más industrializado y rico de la tierra. Esta alianza fue tan general y tan bien organizada que prolongó la peor crisis que los Estados Unidos haya conocido. Les costó el empleo a millones de hombres, porque esos trabajos eran inseparables de la parte fundamental del sistema industrial y capitalista que constituye el eje principal de la nación.

Durante esta inusual alianza de funcionarios del gobierno e individuos que buscan su propio beneficio, que trataban de sacar provecho declarando una «temporada abierta» sobre el sistema estadounidense de industria, un cierto tipo de líder sindical se unió a los políticos y ofreció entregar a votantes a cambio de una legislación diseñada para permitir que los hombres ARREBATARAN LAS RIQUEZAS DE LA INDUSTRIA POR LA FUERZA ORGANIZADA DE UN GRAN NÚMERO DE TRABAJADORES, EN LUGAR DEL MEJOR MÉTODO DE OFRECER UN DÍA DE TRABAJO JUSTO A CAMBIO DE UN DÍA DE PAGO JUSTO.

Millones de hombres y mujeres de todo el país siguen participando en esta popular afición de intentar OBTENER SIN DAR. Algunos de ellos están alineados con sindicatos, que exigen MÁS TIEMPO LIBRE Y MÁS PAGO. Otros ni siquiera se toman la molestia de trabajar. EXIGEN UN SUBSIDIO GUBERNAMENTAL Y LO ESTÁN RECIBIENDO. Su idea sobre sus derechos de libertad se demostró en la ciudad de Nueva York, donde un grupo de «beneficiarios de subsidio» presentó una fuerte queja ante el jefe de correos porque los carteros los despertaban a las 7:30 a. m. para entregar los cheques de ayuda gubernamental. EXIGIERON que el horario de entrega se fijara a las 10:00 en punto.

Si usted es de aquellos que creen que se pueden acumular riquezas mediante el simple acto de que los hombres se organicen en grupos y exijan MÁS PAGO por MENOS SERVICIO, si usted es de aquellos que EXIGEN ayuda gubernamental sin disturbios matutinos cuando se le entrega el dinero, si usted es de aquellos que creen en dar sus votos a cambio de la aprobación de leyes que permitan el saqueo del erario público, puede estar seguro de su creencia, con la certeza de que nadie lo perturbará, porque ESTE ES UN PAÍS LIBRE DONDE CADA HOMBRE PUEDE PENSAR

COMO LE PLAZCA, donde casi todos pueden vivir con muy poco esfuerzo, donde muchos pueden vivir bien sin trabajar en absoluto.

Sin embargo, usted debe conocer la verdad completa acerca de esta LIBERTAD de la que tanta gente se jacta y tan pocos comprenden. Por grande que sea, por lejos que llegue, por los privilegios que ofrezca, NO TRAERÁ NI NO PUEDE TRAER RIQUEZAS SIN ESFUERZO.

Solo hay un método confiable para acumular y poseer legalmente riquezas, y es prestando un servicio útil. Ningún sistema ha sido creado por el cual los hombres puedan adquirir riquezas legalmente mediante la mera fuerza de los números o sin dar a cambio un valor equivalente de alguna forma u otra.

¡Existe un principio conocido como la LEY DE LA ECONOMÍA! Esto es más que una teoría. Es una ley que ningún hombre puede contradecir.

Marque bien el nombre de este principio y recuérdelo, porque es mucho más poderoso que todos los políticos y las maquinarias políticas. Está por encima y más allá del control de todos los sindicatos. No puede ser influenciado, ni manipulado ni sobornado por mafiosos ni por líderes autoproclamados de ninguna profesión. Además, TIENE UN OJO VIGILANTE Y UN SISTEMA PERFECTO DE CONTABILIDAD, en el que lleva un registro preciso de las transacciones de cada ser humano involucrado en el negocio de tratar de obtener sin dar. Más temprano que tarde, sus auditores se presentan, revisan los registros de individuos grandes y pequeños, y exigen una rendición de cuentas.

«Wall Street, Grandes Negocios, Intereses Depredadores del Capital» o el nombre que elija dar al sistema que nos ha otorgado la LIBERTAD ESTADOUNIDENSE representa a un grupo de hombres que ¡entienden, respetan y se adaptan a esta poderosa LEY DE LA ECONOMÍA! Su continuidad financiera depende de respetar la ley.

A la mayoría de las personas que viven en los Estados Unidos le gusta este país, su sistema capitalista y todo lo demás. Debo confesar que no conozco un mejor país, donde uno pueda encontrar mayores oportunidades para acumular riquezas. A juzgar por sus actos y hechos, algunos en este país no lo prefieren. Esa, por supuesto, es su elección; si no les gusta este país, su sistema capitalista, sus infinitas oportunidades, ¡TIENEN EL PRIVILEGIO DE MARCHARSE! Siempre hay otros países, como Alemania, Rusia e Italia, donde uno puede probar suerte y tratar de disfrutar la libertad y acumular riquezas, siempre que no sea demasiado exigente.

Los Estados Unidos brindan toda la libertad y toda la oportunidad para acumular riquezas que cualquier persona honesta pueda necesitar. Cuando uno sale a cazar, selecciona terrenos de caza donde el juego es abundante. Al buscar riquezas, naturalmente, se aplica la misma regla.

Si lo que busca son riquezas, no pase por alto las posibilidades de un país cuyos ciudadanos son tan ricos que solo las mujeres gastan más de doscientos millones de dólares anuales en lápiz labial, rubor y cosméticos. Piense dos veces, usted que está buscando riquezas, antes de tratar de destruir el sistema capitalista de un país cuyos ciudadanos gastan más de cincuenta millones de dólares al año en TARJETAS DE FELICITACIÓN, ¡con las que expresan su aprecio por la LIBERTAD!

Si lo que usted busca es dinero, considere cuidadosamente un país que gasta cientos de millones de dólares anualmente en cigarrillos, cuyos ingresos, en su mayor parte, van únicamente a cuatro grandes compañías dedicadas a proveer este producto, constructor nacional de «despreocupación» y «tranquilizador de nervios».

Por todos los medios, considere atentamente un país en el que su gente gasta cada año más de 15 millones de dólares por el privilegio de ver películas, y añada unos cuantos millones adicionales para licor, narcóticos y otras bebidas menos potentes, así como cocteles o *giggle waters*.

No tenga demasiada prisa por alejarse de un país en el que su gente, de buena gana e incluso con entusiasmo, entrega anualmente millones de dólares para el futbol, el beisbol y las peleas profesionales.

Y, por todos los medios, MANTÉNGASE FIEL a un país cuyos habitantes gastan más de un millón de dólares al año en goma de mascar y otro millón en hojas de afeitar.

Recuerde, además, que esto es solo el comienzo de las fuentes disponibles para la acumulación de riqueza. Solo se han mencionado algunos de los lujos y de los artículos no esenciales. Pero recuerde que el negocio de producir, transportar y comercializar estos pocos artículos de mercancía proporciona empleo regular a MUCHOS MILLONES DE HOMBRES Y MUJERES, quienes reciben por sus servicios MUCHOS MILLONES DE DÓLARES MENSUALMENTE, que gastan libremente tanto en lujos como en necesidades.

Recuerde especialmente que, tras todo este intercambio de mercancías y servicios personales, se encuentra una abundancia de OPORTUNIDAD para acumular riquezas. Aquí nuestra LIBERTAD ESTADOUNIDENSE viene en ayuda de uno. No hay nada que le impida a usted, ni a nadie, dedicarse a cualquier parte del esfuerzo necesario para llevar a cabo estos negocios. Si uno posee talento superior, capacitación y experiencia, puede acumular grandes riquezas. Aquellos que no sean tan afortunados podrán acumular cantidades menores. Cualquiera puede ganarse la vida a cambio de una cantidad de labor muy nominal.

¡Ahí lo tiene!

La OPORTUNIDAD ha desplegado sus mercancías ante usted. Acérquese al frente, seleccione lo que desee, elabore su plan, póngalo en acción y llévelo a cabo con PERSEVERANCIA. Estados Unidos capitalista hará el resto. Puede contar con esto: ESTADOS UNIDOS TAN CAPITALISTA ES CAPAZ DE ASEGURAR A CADA PERSONA LA OPORTUNIDAD DE PRESTAR UN SERVICIO ÚTIL Y DE ACUMULAR RIQUEZAS EN PROPORCIÓN AL VALOR DEL SERVICIO.

El «sistema» no le niega a nadie este derecho, pero no puede, y no promete, ALGO POR NADA, porque el sistema, en sí mismo, está irrevocablemente controlado por la LEY DE LA ECONOMÍA, que no reconoce ni tolera por mucho tiempo el OBTENER SIN DAR.

¡La LEY DE LA ECONOMÍA fue aprobada por la Naturaleza! No existe una Corte Suprema ante la cual los infractores de esta ley puedan apelar. La ley impone tanto castigos por su violación como recompensas apropiadas por su cumplimiento, *sin interferencia ni la posibilidad de esta por parte de ningún ser humano.* La ley no puede ser derogada. Es tan fija como las estrellas en los cielos y forma parte del mismo sistema que las controla.

¿Puede uno negarse a adaptarse a la LEY DE LA ECONOMÍA?

¡Ciertamente! Este es un país libre, donde todos los hombres nacen con derechos iguales, incluyendo el privilegio de ignorar la LEY DE LA ECONOMÍA.

¿Qué sucede en ese caso?

Bueno, nada sucede hasta que un gran número de hombres se une con el propósito declarado de ignorar la ley y tomar lo que desee por la fuerza. ¡ENTONCES VIENE EL DICTADOR, CON ESCUADRAS DE FUSILAMIENTO BIEN ORGANIZADAS Y AMETRALLADORAS!

Aún no hemos llegado a esa etapa en los Estados Unidos, pero hemos oído todo lo que queremos saber acerca de cómo funciona el sistema. Quizá tengamos la fortuna de no tener que experimentar personalmente una realidad tan espantosa. Sin duda, preferiremos continuar con nuestra LIBERTAD DE EXPRESIÓN, LIBERTAD DE ACCIÓN y LIBERTAD PARA PRESTAR UN SERVICIO ÚTIL A CAMBIO DE RIQUEZAS.

La práctica, por parte de los funcionarios del Gobierno, de conceder a hombres y mujeres el privilegio de saquear el erario público a cambio de votos a veces resulta en elecciones, pero, como la noche sigue al día, llega el pago final: cada centavo mal empleado debe ser reembolsado con interés compuesto sobre interés compuesto. Si aquellos que se benefician de estos saqueos no se ven obligados a reembolsar, la carga recae sobre sus hijos, y sobre los hijos de sus hijos, «incluso hasta la tercera y cuarta generación». No hay forma de evitar la deuda.

Los hombres pueden, y a veces lo hacen, organizarse en grupos con el propósito de elevar los salarios y reducir las horas de trabajo. Hay un límite al que no pueden llegar. Es en ese punto cuando interviene la LEY DE LA ECONOMÍA y el alguacil se encarga tanto del empleador como de los empleados.

Durante seis años, desde 1929 hasta 1935, la gente de los Estados Unidos, tanto rica como pobre, estuvo a punto de ver al VIEJO DE LA ECONOMÍA entregar al alguacil todos los negocios, industrias y bancos. ¡No fue una vista agradable! No aumentó nuestro respeto por la psicología de la masa, a partir de la cual los hombres desechan la razón y comienzan a tratar de OBTENER SIN DAR.

Aquellos que vivieron esos seis años desalentadores, cuando el MIEDO ESTABA EN LA SILLA DE MONTAR y la FE ESTABA EN EL SUELO, no pueden olvidar cuán implacablemente la LEY DE LA ECONOMÍA impuso su peaje a ricos y pobres, débiles y fuertes, jóvenes y ancianos. No desearemos pasar por otra experiencia semejante.

Estas observaciones no se fundamentan en una experiencia a corto plazo. Son el resultado de 25 años de análisis cuidadoso de los métodos tanto de los hombres más exitosos como de los menos exitosos que los Estados Unidos ha conocido.

8

DECISIÓN

EL DOMINIO DE LA PROCRASTINACIÓN

EL SÉPTIMO PASO HACIA LA RIQUEZA

El análisis exacto de más de 25 000 hombres y mujeres que habían experimentado el fracaso reveló que la FALTA DE DECISIÓN se encontraba cerca de la cima de la lista de las treinta causas principales del FRACASO. Esto no es una mera afirmación teórica: *es un hecho*.

La PROCRASTINACIÓN, opuesta a la DECISIÓN, es un enemigo común que prácticamente todo hombre debe conquistar.

Usted tendrá la oportunidad de poner a prueba su capacidad para tomar DECISIONES *rápidas* y *definidas* cuando termine de leer este libro y esté listo para empezar a poner en ACCIÓN los principios que describe.

El análisis de varios cientos de personas que habían acumulado fortunas muy superiores al millón de dólares reveló que cada una de ellas tenía el hábito de TOMAR DECISIONES DE MANERA PRONTA y de cambiar dichas decisiones LENTAMENTE, si es que se modificaban. Las personas que no logran acumular dinero, *sin excepción*, tienen el hábito de tomar decisiones —SI ES QUE LO HACEN— *muy lentamente* y de *cambiarlas de forma rápida y frecuente.*

Una de las cualidades más destacadas de Henry Ford es su *hábito* de tomar decisiones de forma rápida y definitiva, y de cambiarlas lentamente. Esta cualidad es tan pronunciada en el señor Ford que le ha valido la reputación de ser obstinado. Fue esta característica la que impulsó al señor Ford a continuar fabricando su famoso Modelo T (el coche más feo del mundo), cuando todos sus asesores y muchos de los compradores del vehículo lo instaban a cambiarlo.

Quizá el señor Ford se demoró demasiado en realizar el cambio, pero la otra cara de la historia es que su firmeza al tomar decisiones le trajo una enorme fortuna antes de que el cambio de modelo se hiciera *necesario.* No cabe mucha duda de que el hábito del señor Ford de ser definitivo en la toma de decisiones roza la obstinación, pero esta cualidad es preferible a la lentitud en tomar decisiones y a la rapidez en cambiarlas.

La mayoría de las personas que no logran acumular el dinero suficiente para sus necesidades, por lo general, se deja influenciar fácilmente por las «opiniones» de los demás. Permiten que los periódicos y los vecinos «chismosos» «piensen» por ellas. «Las opiniones son las mercancías más baratas de la Tierra. Todo el mundo tiene un montón de opiniones listas para ser impuestas a cualquiera que las acepte». Si se deja influenciar por las «opiniones» al tomar DECISIONES, no tendrá éxito en ningún emprendimiento y mucho menos en el de transmutar SU PROPIO DESEO en dinero.

Si usted se deja influenciar por las opiniones de los demás, no tendrá ningún DESEO propio.

Guarde su propio criterio al comenzar a poner en práctica los principios aquí descritos, *tomando sus propias decisiones* y siguiéndolas. No confíe en nadie, EXCEPTO en los miembros de su grupo «Mente Maestra», y asegúrese, al seleccionar dicho grupo, de elegir ÚNICAMENTE a aquellos que estén en COMPLETA CONCORDANCIA Y ARMONÍA CON SU PROPÓSITO.

Los amigos cercanos y familiares, aunque no lo hagan intencionadamente, a menudo obstaculizan a la persona mediante «opiniones» y, en ocasiones, mediante el ridículo, que se pretende que sea humorístico. Miles de hombres y mujeres llevan consigo complejos de inferioridad a lo largo de toda la vida porque alguna persona bien intencionada, pero ignorante, destruyó su confianza por medio de «opiniones» o del ridículo.

Usted posee un cerebro y una mente propios. Úselos y tome sus propias decisiones. Si necesita datos o información de otras personas para poder tomar decisiones, como probablemente sucederá en muchas ocasiones, obtenga dichos datos o asegure la información que precisa de manera discreta, sin revelar su propósito.

Es característico de las personas que tienen apenas un atisbo o un barniz de conocimiento tratar de dar la impresión de que poseen un gran saber. Tales personas, en general, hablan DEMASIADO y escuchan MUY POCO. Mantenga sus ojos y oídos bien abiertos, y su boca CERRADA, si desea adquirir el hábito de tomar decisiones de manera rápida. Quienes hablan demasiado hacen muy poco más. Si usted habla más de lo que escucha, no solo se priva de muchas oportunidades para acumular conocimientos útiles, sino que divulga sus PLANES y PROPÓSITOS a personas que se deleitarán en derrotarlo, porque lo envidian.

Recuerde, además, que cada vez que usted abre la boca en presencia de una persona que posee abundancia de conocimiento le revela a dicha persona su exacto nivel de saber, ¡o la FALTA del mismo! La verdadera sabiduría suele manifestarse con *la modestia y el silencio*.

Tenga presente que cada persona con la que se asocia, al igual que usted, busca la oportunidad de acumular dinero. Si habla demasiado libremente acerca de sus planes, se sorprenderá al descubrir que otra persona lo ha adelantado en el logro de su meta al PONER EN ACCIÓN, ANTES QUE USTED, los planes de los cuales habló de forma imprudente.

Que una de sus primeras decisiones sea MANTENER LA BOCA CERRADA Y LOS OÍDOS Y OJOS ABIERTOS.

Como recordatorio para que siga este consejo, le será útil copiar el siguiente epigrama en letras grandes y colocarlo en un lugar donde lo vea a diario:

«DÍGALE AL MUNDO LO QUE USTED PIENSA HACER, PERO PRIMERO DEMUÉSTRELO».

Esto equivale a decir que «las acciones, y no las palabras, son lo que más importa».

Libertad o muerte debido a una decisión

El valor de las decisiones depende del coraje necesario para tomarlas. Las grandes decisiones, que sirvieron como cimiento de la civilización, se alcanzaron asumiendo enormes riesgos, lo que a menudo implicaba la posibilidad de la muerte.

La decisión de Lincoln de emitir su famosa Proclamación de Emancipación, que otorgó la libertad a las personas de color en los Estados Unidos, se tomó con la plena comprensión de que su acto convertiría a miles de amigos y partidarios políticos en enemigos. Asimismo, él sabía que la ejecución de dicha proclamación supondría la muerte de miles de hombres en el campo de batalla. Al final, esto le costó la vida a Lincoln. Eso requirió valentía.

La decisión de Sócrates de beber la copa de veneno, en lugar de comprometer sus creencias personales, fue una decisión de coraje. Impulsó el tiempo mil años y otorgó a las personas aún no nacidas el derecho a la libertad de pensamiento y de expresión.

La decisión del general Robert E. Lee, al separarse de la Unión y sumarse a la causa del Sur, fue una decisión de valentía, ya que él sabía muy bien que podría costarle la vida y, sin duda, la de otros.

Pero la mayor decisión de todos los tiempos, en lo que respecta a cualquier ciudadano estadounidense, se tomó en Filadelfia, el 4 de julio de 1776, cuando 56 hombres firmaron un documento sabiendo muy bien que este traería libertad a todos los estadounidenses o *dejaría a cada uno de los 56 colgando de una horca.*

Usted ha oído hablar de este famoso documento, pero puede que no haya extraído de él la gran lección de logro personal que tan claramente enseña.

Todos recordamos la fecha de esa trascendental decisión, pero pocos comprendemos el coraje que requirió. Recordamos nuestra historia tal como se nos enseñó; recordamos fechas y los nombres de los hombres que lucharon; recordamos Valley Forge y Yorktown; recordamos a George Washington y a lord Cornwallis. Pero sabemos poco acerca de las verdaderas fuerzas que hay detrás de esos nombres, fechas y lugares. Sabemos aún menos acerca de ese INTANGIBLE PODER que nos aseguró la libertad *mucho antes de que los ejércitos de Washington alcanzaran Yorktown.*

Leemos la historia de la Revolución e imaginamos erróneamente que George Washington fue el padre de nuestra patria, que fue él quien ganó nuestra libertad, cuando la verdad es que Washington fue solo un accesorio en los hechos, ya que la victoria de sus ejércitos estaba asegurada mucho antes de que lord Cornwallis se rindiera. Esto no pretende privar a Washington de la gloria que tan merecidamente obtuvo. Su propósito, más bien, es dar mayor atención al asombroso PODER que fue la verdadera causa de su victoria.

Es, sin lugar a dudas, una tragedia que los cronistas de la historia hayan omitido, por completo, incluso la más mínima referencia a ese irresistible PODER, que dio nacimiento y libertad a la nación destinada a establecer nuevos estándares de independencia para todos los pueblos de la Tierra. Digo que es una tragedia porque es el mismo PODER que debe ser empleado por cada individuo que supere las dificultades de la Vida y que obliga a la Vida a pagar el precio exigido.

Permítame repasar brevemente los acontecimientos que dieron origen a este PODER. La historia comienza con un incidente en Boston, el 5 de marzo de 1770. Soldados británicos patrullaban las calles y, con su sola presencia, amenazaban abiertamente a los ciudadanos. Los colonos resentían a los hombres armados que marchaban entre ellos. Empezaron a expresar abiertamente su descontento, lanzando piedras y epítetos a los soldados en formación, hasta que el oficial comandante dio órdenes: «¡Preparen bayonetas… ¡A la carga!».

La batalla dio inicio y resultó en la muerte y heridas de muchos. El incidente suscitó tal resentimiento que la Asamblea Provincial, compuesta por destacados colonos, convocó una reunión con el propósito de tomar medidas definitivas. Dos de los miembros de esa asamblea fueron John Hancock y Samuel Adams: ¡QUE VIVAN SUS NOMBRES! Hablaron con valentía y declararon que era necesario emprender acciones para expulsar a todos los soldados británicos de Boston.

Recuerde esto: una DECISIÓN, en la mente de dos hombres, podría considerarse propiamente el comienzo de la libertad que ahora disfrutamos en los Estados Unidos. Recuerde, además, que la DECISIÓN de estos dos hombres exigía FE y VALOR porque era peligrosa.

Antes de que la asamblea se levantara, Samuel Adams fue designado para acudir con el gobernador de la provincia, Hutchinson, y exigir la retirada de las tropas británicas.

La petición fue concedida, las tropas fueron retiradas de Boston, pero el incidente no se dio por concluido. Había provocado una situación destinada a cambiar el curso de la civilización. Es curioso, ¿no le parece?, cómo los grandes cambios, tales como la guerra de Independencia estadounidense y la Guerra Mundial, a menudo tienen sus inicios en circunstancias que parecen insignificantes. Es interesante, además, observar que estos cambios importantes suelen comenzar en forma de una DECISIÓN DEFINITIVA en la mente de un número relativamente pequeño de personas. Pocos de nosotros conocemos la historia de nuestro país lo bastante bien como para darnos cuenta de que John Hancock, Samuel Adams y Richard Henry Lee (de la provincia de Virginia) fueron los verdaderos padres de nuestra patria.

Richard Henry Lee se convirtió en un factor importante en esta historia debido a que él y Samuel Adams se comunicaban frecuentemente (por correspondencia), compartiendo libremente sus temores y esperanzas en relación con el bienestar de la gente de sus provincias. A partir de esta práctica, Adams concibió la idea de que un intercambio mutuo de cartas entre las 13 colonias podría ayudar a lograr la tan necesaria coordinación del esfuerzo para la solución de sus problemas. Dos años después del enfrentamiento con los soldados en Boston (marzo de 1972), Adams presentó esta idea a la asamblea en forma de moción para establecer un comité de correspondencia entre las colonias, con corresponsales designados de manera definitiva en cada una, «con el propósito de una cooperación amistosa para el mejoramiento de las Colonias de la América Británica».

¡Tenga bien presente este incidente! Fue el comienzo de la organización del extenso PODER destinado a otorgar libertad a usted y a mí. La «Mente Maestra» ya se había constituido. Estaba compuesta por Adams, Lee y Hancock. «Le digo, además, que si dos de ustedes se ponen de acuerdo en la tierra respecto a cualquier cosa por la cual pidan, les será concedido por mi Padre, que está en los cielos».

Se organizó el Comité de Correspondencia. Observe que este movimiento abrió el camino para aumentar el poder de la MENTE MAESTRA al incorporarle hombres de todas las colonias. Tenga en cuenta que este procedimiento constituyó la primera PLANIFICACIÓN ORGANIZADA de los colonos descontentos.

¡En la unión está la fuerza! Los ciudadanos de las colonias habían librado una guerra desorganizada contra los soldados británicos, a partir de incidentes similares al motín de Boston, pero no se había logrado nada provechoso. Sus agravios individuales no se habían consolidado bajo una sola MENTE MAESTRA. Ningún grupo de individuos había unido sus corazones, mentes, almas y cuerpos en una DECISIÓN definitiva para resolver su conflicto con los británicos de una vez por todas, hasta que Adams, Hancock y Lee se reunieron.

Mientras tanto, los británicos no se quedaban de brazos cruzados. Ellos también estaban llevando a cabo cierta PLANIFICACIÓN y MENTE

MAESTRA por cuenta propia, con la ventaja de contar con recursos económicos y una fuerza militar organizada.

La Corona nombró a Gage para sustituir a Hutchinson como gobernador de Massachusetts. Uno de los primeros actos del nuevo gobernador fue enviar un mensajero para llamar a Samuel Adams, con el propósito de tratar de detener su oposición mediante el MIEDO.

Podemos comprender mejor el espíritu de lo sucedido citando la conversación entre el coronel Fenton (el mensajero enviado por Gage) y Adams:

Coronel Fenton:

He sido autorizado por el gobernador Gage para asegurarle, señor Adams, que el gobernador ha recibido facultades para otorgarle aquellos beneficios que resulten satisfactorios [intentando ganarle mediante la promesa de sobornos], bajo la condición de que se comprometa a cesar en su oposición a las medidas del gobierno. El gobernador le aconseja, señor, que no incurra en el ulterior desagrado de Su Majestad. Su conducta ha sido tal que lo hace merecedor de las sanciones de una ley de Enrique VIII, según la cual las personas pueden ser enviadas a Inglaterra para ser juzgadas por traición o por encubrimiento de traición, a discreción de cualquier gobernador de una provincia. Pero, SI USTED CAMBIA SU CURSO POLÍTICO, no solo recibirá grandes ventajas personales, sino que hará las paces con el Rey.

Samuel Adams podía optar entre dos DECISIONES. Podía cesar su oposición y recibir sobornos personales o podía CONTINUAR Y ASUMIR EL RIESGO DE SER AHORCADO.

Claramente había llegado el momento en que Adams se vio *forzado* a tomar *inmediatamente* una DECISIÓN que pudo haberle costado la vida. La mayoría de los hombres habría encontrado difícil alcanzar tal decisión. La mayoría habría ofrecido una respuesta evasiva, ¡pero no Adams! Insistió, basándose en la palabra de honor del coronel Fenton, en que este entregara al gobernador la respuesta exactamente tal como él se la dio.

La respuesta de Adams fue: «Entonces, puede decirle al gobernador Gage que confío en haber hecho ya las paces con el rey de reyes. Ninguna consideración personal me inducirá a abandonar la causa justa de mi Patria. Y DIGA AL GOBERNADOR GAGE QUE ESTE ES EL CONSEJO DE SAMUEL ADAMS PARA ÉL: no vuelva a insultar jamás los sentimientos de un pueblo exasperado».

Cualquier comentario sobre el carácter de este hombre resulta innecesario. Debe ser obvio para todos los que lean este asombroso mensaje que su autor poseía una lealtad de la más alta categoría. *Esto es importante.* (Los extorsionadores y políticos deshonestos han prostituido el honor por el cual murieron hombres como Adams).

Cuando el gobernador Gage recibió la respuesta cáustica de Adams, se enfureció y emitió una proclamación que decía: «Por la presente, en nombre de Su Majestad, ofrezco y prometo su más grácil perdón a todas aquellas personas que de inmediato depongan sus armas y regresen a las obligaciones propias de sujetos pacíficos, exceptuándose únicamente de dicho perdón SAMUEL ADAMS Y JOHN HANCOCK, cuyos delitos son de una naturaleza tan atroz que no admiten otra consideración que la de un castigo condigno».

Como se dice en el argot moderno, ¡Adams y Hancock estaban «en apuros»! La amenaza del iracundo gobernador obligó a ambos hombres a tomar otra DECISIÓN, igualmente peligrosa. Con premura convocaron una reunión secreta de sus más acérrimos seguidores. (Aquí la MENTE MAESTRA comenzó a ganar impulso). Una vez iniciada la sesión, Adams cerró la puerta, guardó la llave en su bolsillo e informó a todos los presentes que era imperativo organizar un congreso de colonos, y que NINGÚN HOMBRE DEBERÍA SALIR DE LA HABITACIÓN HASTA QUE SE HUBIERA ALCANZADO LA DECISIÓN PARA DICHO CONGRESO.

Una gran emoción se desató. Algunos sopesaron las posibles consecuencias de tan radical actitud (el Viejo Miedo). Otros expresaron serias dudas acerca de la sensatez de adoptar una *decisión tan tajante* que desafiaba a la Corona. En esa sala se encontraban ENCERRADOS DOS HOMBRES inmunes al miedo, ciegos ante la posibilidad del fracaso: Hancock y Adams. Bajo la influencia de sus convicciones, los demás fueron inducidos a acordar que, mediante el Comité de Correspondencia, se organizaran los preparativos para la celebración del primer Congreso Continental, a realizarse en Filadelfia, el 5 de septiembre de 1774.

Recuerde esta fecha, pues es más importante que el 4 de julio de 1776. Si no se hubiera tomado la DECISIÓN de celebrar el Congreso Continental, no habría sido posible la firma de la Declaración de Independencia.

Antes de la primera reunión del nuevo Congreso, otro líder, en una parte distinta del país, se hallaba absorto en la publicación de un «Resumen de los derechos de la América Británica». Se trataba de Thomas Jefferson, de la provincia de Virginia, cuya relación con lord Dunmore (representante de la Corona en Virginia) era tan tensa como la de Hancock y Adams con su gobernador.

Poco después de publicarse su célebre «Resumen de derechos», a Jefferson se le informó que estaba sujeto a enjuiciamiento por alta traición contra el gobierno de Su Majestad. Inspirado por tal amenaza, uno de los colegas de Jefferson, Patrick Henry, expresó audazmente su parecer y concluyó sus declaraciones con una frase que quedará para siempre como un clásico: «*Si esto es traición, ¡aprovechémoslo al máximo!*».

Fueron hombres como estos quienes, sin poder, sin autoridad, sin fuerza militar y sin recursos económicos, se sentaron a meditar solemnemente sobre el destino de las colonias, comenzando con la apertura del primer Congreso Continental y continuando en intervalos durante dos años hasta que, el 7 de junio de 1776, Richard Henry Lee se levantó, se dirigió al presidente de la sesión y, ante la asombrada asamblea, propuso la siguiente moción:

«Señores, propongo que estas Colonias Unidas sean, y por derecho deben ser, estados libres e independientes, que queden absueltas de toda lealtad a la Corona británica, y que toda conexión política entre ellas y el Estado de Gran Bretaña esté, y deba estar, totalmente disuelta».

La asombrosa moción de Lee fue debatida con fervor y durante tanto tiempo que este comenzó a perder la paciencia. Finalmente, tras días de discusión, volvió a tomar la palabra y declaró, con voz clara y firme:

Señor presidente:

Hemos debatido este asunto durante días. Es el único camino por seguir. Entonces, ¿por qué, señor, seguimos demorándonos? ¿Por qué continuamos deliberando? Que este día feliz dé origen a una República Americana. Que surja no para devastar y conquistar, sino para restablecer el dominio de la paz y de la ley. Los ojos de Europa están puestos sobre nosotros. Ella nos exige un ejemplo viviente de libertad que contraste, en la felicidad del ciudadano, con la tiranía cada vez mayor.

Antes de que su moción se sometiera finalmente a votación, a Lee lo llamaron de regreso a Virginia, debido a una grave enfermedad familiar; pero antes de partir confió su causa en manos de su amigo Thomas Jefferson, quien prometió luchar hasta que se adoptara una acción favorable. Poco después, el presidente del Congreso (Hancock) nombró a Jefferson como presidente de un comité encargado de redactar una declaración de Independencia.

El comité trabajó larga y arduamente en un documento que, una vez aceptado por el Congreso, significaría que CADA HOMBRE QUE LO FIRMARA ESTARÍA FIRMANDO SU PROPIA SENTENCIA DE MUERTE, en caso de que las colonias perdieran en la lucha con Gran Bretaña, lo cual era seguro que sucedería.

El documento fue redactado y el 28 de junio se leyó el borrador original ante el Congreso. Durante varios días fue debatido, modificado y preparado. El 4 de julio de 1776, Thomas Jefferson se presentó ante la asamblea y, sin temor, leyó la DECISIÓN más trascendental jamás plasmada en papel:

«Cuando en el transcurso de los acontecimientos humanos se hace necesario que un pueblo disuelva los lazos políticos que lo han unido a otro y asuma, entre las potencias de la Tierra, la posición separada e igual a la que le confieren las leyes de la Naturaleza y del Dios de la Naturaleza, un debido respeto a las opiniones de la humanidad requiere que declare las causas que le impulsan a la separación...».

Cuando Jefferson terminó, el documento fue sometido a votación, aceptado y firmado por los 56 hombres, cada uno apostando su propia vida con su DECISIÓN de escribir su nombre. Con ella nació una nación destinada a otorgar a la humanidad, para siempre, el privilegio de tomar DECISIONES.

Mediante decisiones tomadas en un espíritu similar de fe, y solo mediante tales decisiones, los hombres pueden resolver sus problemas personales y ganarse elevados patrimonios de riqueza material y espiritual. ¡No lo olvidemos!

Analice usted los acontecimientos que condujeron a la Declaración de Independencia y convéngase que esta nación, que ahora ostenta una posición de respetable autoridad y poder entre todas las naciones del mundo, nació de una DECISIÓN creada por una MENTE MAESTRA, compuesta por 56 hombres. Tenga bien presente el hecho de que fue su DECISIÓN la que aseguró el éxito de los ejércitos de Washington, ya que el *espíritu* de esa decisión estaba en el corazón de cada soldado que luchó a su lado y actuó como una fuerza espiritual que no reconoce el concepto de FRACASO.

Tenga también en cuenta (con gran beneficio personal) que el PODER que otorgó a esta nación su libertad es el mismo que debe ser empleado por cada individuo que se vuelve autodeterminado. Este PODER se compone de los principios descritos en este libro. No será difícil detectar, en la historia de la Declaración de Independencia, al menos seis de estos principios: DESEO, DECISIÓN, FE, PERSISTENCIA, LA MENTE MAESTRA y LA PLANIFICACIÓN ORGANIZADA.

A lo largo de esta filosofía se encuentra la sugerencia de que el pensamiento, respaldado por un fuerte DESEO, tiende a transmutarse en su equivalente físico. Antes de continuar, deseo dejarle la sugerencia de que puede hallar en esta historia, y en la de la organización de la United States Steel Corporation, una descripción perfecta del método mediante el cual el pensamiento realiza esta asombrosa transformación.

En su búsqueda del secreto del método, no busque un milagro, porque no lo encontrará. Encontrará solamente las leyes eternas de la Naturaleza. Estas leyes están disponibles para toda persona que tenga la FE y el CORAJE para utilizarlas. Pueden emplearse para otorgar libertad a una nación o para acumular riquezas. No hay ningún costo, salvo el tiempo necesario para comprenderlas y apropiarse de ellas.

Aquellos que toman DECISIONES de manera pronta y definitiva saben lo que quieren y, por lo general, lo obtienen. Los líderes en todos los ámbitos DECIDEN rápidamente y con firmeza. Esa es la principal razón por la que son líderes. El mundo tiene la costumbre de hacerle un espacio al hombre cuyas palabras y acciones demuestran que sabe hacia dónde se dirige.

La INDECISIÓN es un hábito que suele comenzar en la juventud. Dicho hábito se torna permanente a medida que el joven transita por la educación primaria, la secundaria e incluso la universidad sin un PROPÓSITO DEFINIDO. La principal debilidad de todos los sistemas educativos es que ni enseñan ni fomentan el hábito de la DECISIÓN DEFINITIVA.

Sería beneficioso que ninguna universidad permitiera la inscripción de ningún estudiante, a menos y hasta que este declarase su propósito principal al matricularse. Sería de aún mayor beneficio que a cada estudiante que ingrese a las escuelas se le obligase a recibir formación en el HÁBITO DE LA DECISIÓN y se le exigiera aprobar un examen satisfactorio sobre este tema antes de permitirle avanzar de grado.

El hábito de la INDECISIÓN, adquirido debido a las deficiencias de nuestros sistemas escolares, acompaña al estudiante en la ocupación que elija… SI, en efecto, decide elegir su ocupación.

Generalmente, el joven recién salido de la escuela busca cualquier empleo que pueda encontrar. Toma el primer puesto que halle porque ha caído en el hábito de la INDECISIÓN.

Noventa y ocho de cada cien personas que trabajan por un salario hoy se encuentran en los puestos que ocupan porque carecieron de la DECISIÓN DEFINITIVA para PLANEAR UN EMPLEO DEFINIDO y del conocimiento de cómo elegir a un empleador.

La DECISIÓN DEFINITIVA siempre requiere coraje, a veces uno muy grande. Los 56 hombres que firmaron la Declaración de Independencia apostaron sus vidas a la DECISIÓN de poner sus firmas en ese documento.

La persona que toma una DECISIÓN DEFINITIVA de conseguir un empleo en particular y de hacer que la vida pague el precio que solicita no apuesta su vida a esa decisión; apuesta su LIBERTAD ECONÓMICA.

La independencia financiera, las riquezas y los puestos empresariales y profesionales deseables no están al alcance de la persona que descuida o se niega a ESPERAR, PLANEAR y EXIGIR estas cosas.

La persona que desea riquezas con el mismo espíritu con el que Samuel Adams anhelaba la libertad para las colonias seguramente acumulará riqueza.

En el capítulo sobre la planificación organizada encontrará instrucciones completas para comercializar todo tipo de servicios personales. También hallará información detallada sobre cómo elegir el empleador que prefiera y el empleo particular que desee. Estas instrucciones no tendrán ningún valor para usted A MENOS QUE DECIDA DEFINITIVAMENTE organizarlas en un plan de acción.

9

PERSISTENCIA

EL ESFUERZO SOSTENIDO NECESARIO PARA INDUCIR LA FE

EL OCTAVO PASO HACIA LA RIQUEZA

La persistencia es un factor esencial en el proceso de transmutar el DESEO en su equivalente monetario. La base de la persistencia es el PODER DE LA VOLUNTAD.

La fuerza de voluntad y el deseo, cuando se combinan adecuadamente, forman un par irresistible. Los hombres que acumulan grandes fortunas son generalmente conocidos por ser de sangre fría y, a veces, despiadados. A menudo son malinterpretados. Lo que poseen es fuerza de voluntad, que combinan con la persistencia, y respaldan sus deseos para asegurar el cumplimiento de sus objetivos.

Henry Ford ha sido generalmente malinterpretado como despiadado y de sangre fría. Este concepto erróneo surgió del hábito de Ford de ejecutar todos sus planes con PERSISTENCIA.

La mayoría de las personas está dispuesta a abandonar sus metas y propósitos, y a rendirse a la primera señal de oposición o adversidad. Solo unos pocos persisten A PESAR de toda oposición hasta alcanzar su meta. Estos pocos son los Ford, Carnegie, Rockefeller y Edison.

Puede que la palabra *persistencia* no tenga una connotación heroica, pero esa cualidad es para el carácter del hombre lo que el carbono es para el acero.

La construcción de una fortuna, en general, implica la aplicación de los 13 factores de esta filosofía. Estos principios deben ser comprendidos y aplicados con PERSISTENCIA por todos aquellos que deseen acumular dinero.

Si usted sigue este libro con la intención de aplicar el conocimiento que transmite, su primera prueba de PERSISTENCIA llegará cuando comience a seguir los seis pasos descritos en el segundo capítulo. A menos que usted sea uno de los dos de cada cien que ya tienen una META DEFINIDA a la cual aspiran y un PLAN DEFINIDO para su consecución, puede leer las instrucciones y luego continuar con su rutina diaria sin jamás cumplir dichas instrucciones.

El autor lo está poniendo a prueba en este punto, porque la falta de persistencia es una de las principales causas del fracaso. Además, la experiencia con miles de personas ha demostrado que la falta de persistencia es una debilidad común para la mayoría de los hombres. Es una debilidad que puede superarse con esfuerzo. La facilidad con la que se puede vencer la falta de persistencia dependerá *enteramente* de la INTENSIDAD DEL DESEO DE CADA UNO.

El punto de partida de todo logro es el DESEO. Tenga esto siempre presente. Los deseos débiles traen resultados débiles, así como una pequeña cantidad de fuego produce una pequeña cantidad de calor. Si descubre que carece de persistencia, puede remediar esa debilidad encendiendo un fuego más intenso en sus deseos.

Siga leyendo hasta el final, luego regrese al capítulo dos y comience de inmediato a poner en práctica las instrucciones relacionadas con los seis pasos. El entusiasmo con el que usted siga estas instrucciones indicará de forma clara cuánto o cuán poco realmente DESEA acumular dinero. Si llega a notar que se muestra indiferente, puede estar seguro de que aún no ha adquirido la «conciencia del dinero» que debe poseer antes de estar en condiciones de acumular una fortuna.

Las fortunas gravitan hacia los hombres cuyas mentes han sido preparadas para «atraerlas», tan ciertamente como el agua gravita hacia el océano. En este libro se encuentran todos los estímulos necesarios para «sintonizar» cualquier mente normal con las vibraciones que atraerán el objeto de sus deseos.

Si descubre que le falta PERSISTENCIA, centre su atención en las instrucciones contenidas en el capítulo sobre poder; rodéese de un grupo «MENTE MAESTRA» y, mediante los esfuerzos cooperativos de los miembros de dicho grupo, podrá desarrollar la persistencia. Encontrará instrucciones adicionales para el desarrollo de la persistencia en los capítulos sobre autosugestión y la mente subconsciente. Siga las instrucciones expuestas en estos capítulos hasta que su hábito logre instalar en su mente subconsciente una imagen clara del objeto de su DESEO. A partir de ese momento no se verá obstaculizado por la falta de persistencia.

Su mente subconsciente trabaja de manera continua, tanto cuando está despierto como cuando duerme.

Un esfuerzo espasmódico u ocasional por aplicar las reglas no le resultará de ningún valor. Para obtener RESULTADOS, debe aplicar todas las reglas hasta que su aplicación se convierta en un hábito fijo en usted. De ninguna otra manera podrá desarrollar la necesaria «conciencia del dinero».

La POBREZA se siente atraída por aquel cuya mente es favorable a ella, así como el dinero es atraído por quien ha preparado deliberadamente su mente para atraerlo, mediante las mismas leyes. LA CONCIENCIA DE LA POBREZA SE APODERARÁ VOLUNTARIAMENTE DE LA MENTE QUE NO ESTÉ OCUPADA CON LA CONCIENCIA DEL DINERO. Una conciencia de pobreza se desarrolla sin la aplicación *consciente* de hábitos que la favorezcan. La conciencia del dinero debe crearse de manera deliberada, a menos que uno nazca con ella.

Comprenda plenamente el significado de las afirmaciones en el párrafo precedente y entenderá la importancia de la PERSISTENCIA en la acumulación de una fortuna. Sin PERSISTENCIA será derrotado incluso antes de comenzar; con PERSISTENCIA ganará.

Si alguna vez ha experimentado una pesadilla, se dará cuenta del valor de la PERSISTENCIA. Usted está acostado en la cama, medio despierto, con la sensación de que va a asfixiarse. No puede darse la vuelta ni mover un músculo. Se da cuenta de que DEBE COMENZAR a recuperar el control de sus músculos. Mediante un esfuerzo persistente de la fuerza de voluntad, finalmente logra mover los dedos de una mano. Al continuar moviendo sus dedos, extiende el control a los músculos de un brazo, hasta que puede levantarlo. Luego obtiene el control del otro brazo de la misma manera. Finalmente obtiene control sobre los músculos de una pierna y, a continuación, extiende ese control a la otra pierna. ENTONCES, CON UN SUPREMO ESFUERZO DE LA VOLUNTAD, recupera el control completo de su sistema muscular y «despierta» de su pesadilla. El truco se ha conseguido paso a paso.

Puede que le resulte necesario «romper» su inercia mental mediante un procedimiento similar: moviéndose lentamente al principio y luego aumentando su velocidad hasta que adquiera un control total sobre su voluntad. Sea PERSISTENTE, sin importar cuán despacio tenga que avanzar al principio. CON LA PERSISTENCIA LLEGARÁ EL ÉXITO.

Si selecciona su grupo «Mente Maestra» con cuidado, tendrá en él, al menos, a una persona que le ayudará en el desarrollo de la PERSISTENCIA. Algunos hombres que han acumulado grandes fortunas lo hicieron por NECESIDAD. Desarrollaron el hábito de la PERSISTENCIA porque las circunstancias los impulsaron tan fuertemente que *tuvieron que volverse persistentes*.

¡NO HAY UN SUSTITUTO PARA LA PERSISTENCIA! ¡No puede ser reemplazada por ninguna otra cualidad! Recuerde esto y lo animará en los comienzos, cuando el camino parezca difícil y lento.

Quienes han cultivado el HÁBITO de la persistencia parecen contar con una garantía contra el fracaso. No importa cuántas veces sean derrotados, finalmente alcanzan la cima de la escalera. A veces parece que existe un Guía oculto cuyo deber es poner a prueba a los hombres por medio de todo tipo de experiencias desalentadoras. Aquellos que se levantan después de la derrota y continúan intentándolo llegan, y el mundo exclama: «¡Bravo! ¡Sabía que podía lograrlo!». El Guía oculto no permite que nadie disfrute de grandes logros sin pasar la PRUEBA DE LA PERSISTENCIA. Aquellos que no pueden soportarla simplemente no están a la altura.

Quienes son capaces de sobrellevar las adversidades reciben generosas recompensas por su PERSISTENCIA. Reciben, como compensación, cualquier meta que estén persiguiendo. ¡Y eso no es todo! Reciben algo infinitamente más importante que una compensación material: el conocimiento de que «CADA FRACASO TRAE CONSIGO LA SEMILLA DE UNA VENTAJA EQUIVALENTE».

Hay excepciones a esta regla; unas pocas personas han comprobado por experiencia la solidez de la persistencia. Son aquellos que no han aceptado la derrota como algo más que algo temporal. Son aquellos cuyos DESEOS se aplican con tanta PERSISTENCIA que la derrota se transforma finalmente en victoria. Nosotros, que observamos la vida desde un extremo, vemos el número abrumador de quienes caen en la derrota, sin volver a levantarse jamás. Vemos a unos pocos que toman el castigo de la derrota como un impulso para redoblar esfuerzos. Estos, por fortuna, nunca aprenden a aceptar la marcha atrás de la vida. Pero lo que NO VEMOS —lo que la mayoría de nosotros nunca sospecha que existe— es el silente pero irresistible PODER que acude al rescate de quienes continúan luchando frente al desaliento. Si hablamos de este poder, lo llamamos PERSISTENCIA, y así lo dejamos. Una cosa sabemos todos: si uno no posee PERSISTENCIA, no logra un éxito notable en ninguna vocación.

Mientras se escriben estas líneas, levanto la vista de mi trabajo y veo ante mí, a menos de una cuadra, la gran y misteriosa Broadway,

198 PIENSE Y HÁGASE RICO

el «Cementerio de las Esperanzas Muertas» y el «Porche de la Oportunidad». De todo el mundo han venido personas a Broadway, buscando fama, fortuna, poder, amor o lo que los seres humanos llaman éxito. De vez en cuando, alguien se destaca de la larga procesión de buscadores y el mundo se entera de que otra persona ha conquis-tado Broadway. Pero Broadway no se conquista de manera fácil ni rápida. Broadway reconoce el talento, valora el genio y lo recompensa con dinero, pero solo *después* de que uno se niega a RENDIRSE.

Entonces sabemos que esa persona ha descubierto el secreto para conquistar Broadway. El secreto está siempre inseparablemente ligado a una palabra: ¡PERSISTENCIA!

El secreto se refleja en la lucha de Fannie Hurst, cuya PERSISTENCIA conquistó la Gran Vía Blanca. Ella llegó a Nueva York en 1915 para convertir su escritura en riquezas. La transformación no se produjo rápidamente, ¡PERO SE PRODUJO! Durante cuatro años, la señorita Hurst aprendió por experiencia directa lo que significaban «las aceras de Nueva York». Pasaba sus días trabajando y sus noches ESPERANDO. Cuando la esperanza se debilitó, ella no dijo: «Muy bien, Broadway, ¡tú ganas!». Por el contrario, ella afirmó: «Muy bien, Broadway, puedes darles palizas a algunas personas, pero no a mí. Yo voy a forzarte a rendirte».

Una editorial (The Saturday Evening Post) le envió a Fannie Hurst 36 cartas de rechazo antes de que ella «rompiera el hielo y consiguiera que publicaran una historia». El escritor promedio, como el «promedio» en otros ámbitos de la vida, habría abandonado el trabajo al recibir la primera carta de rechazo. Ella recorrió las calles durante cuatro años al compás del «NO» del editor, porque estaba determinada a triunfar.

Luego llegó la «recompensa». El hechizo se había roto, el Guía invisible la había puesto a prueba y ella demostró que podía con ello. A partir de ese momento, los editores no dejaron de recorrer el camino hasta su puerta. El dinero llegaba tan rápido que apenas tenía tiempo de contarlo. Luego, los hombres del cine la descubrieron y el dinero dejó de llegar en pequeñas cantidades para empezar a llegar en torrentes. Los derechos cinematográficos de su última novela, *Great Laughter*, le valieron 100 000 dólares, cifra que se dice es el precio más alto jamás pagado por una historia antes de su publicación. Probablemente, sus regalías por la venta del libro serán mucho mayores.

En resumen, usted tiene aquí una descripción de lo que la PERSISTENCIA es capaz de lograr. Fannie Hurst no es la excepción. Dondequiera que hombres y mujeres acumulen grandes riquezas, puede estar seguro de que primero adquirieron la PERSISTENCIA. Broadway le dará a cualquier mendigo una taza de café y un sándwich, pero exige PERSISTENCIA de quienes se lanzan tras las grandes ligas.

Kate Smith dirá «amén» al leer esto. Durante años, ella cantó sin recibir dinero ni obtener remuneración, antes de alcanzar siquiera un micrófono. Broadway le dijo: «Ven y tómalo, si puedes con ello». Y ella lo tomó, hasta que un feliz día Broadway se cansó y declaró: «Vaya, ¿de qué sirve? Usted no sabe cuándo ha sido vencida, así que fije su precio y póngase a trabajar en serio». La señorita Smith fijó su precio, ¡y fue bastante! Llegó a cifras tan elevadas que el salario de una semana supera con creces lo que la mayoría de la gente gana en un año entero.

En verdad vale la pena ser PERSISTENTE.

Y aquí tiene una declaración alentadora que lleva consigo una sugerencia de gran importancia: MILES DE CANTANTES QUE CANTAN MUCHO MEJOR QUE KATE SMITH CAMINAN DE ESQUINA A ESQUINA POR BROADWAY BUSCANDO UNA OPORTUNIDAD, SIN ÉXITO. Incontables cantantes han ido y venido; muchos de ellos cantaban lo suficientemente bien, pero no lograron dar el salto porque carecían del coraje para perseverar, hasta que Broadway se cansó de rechazarlos.

La persistencia es un estado mental y, por lo tanto, puede cultivarse. Como todos los estados de la mente, la persistencia se basa en causas definidas, entre las cuales se encuentran las siguientes:

a) PROPÓSITO DEFINIDO. Saber lo que uno desea es el primer y, quizá, más importante paso para desarrollar la persistencia. Un motivo fuerte obliga a superar muchas dificultades.

b) DESEO. Es relativamente fácil adquirir y mantener la persistencia al perseguir el objeto de un deseo intenso.

c) SEGURIDAD EN UNO MISMO. La creencia en la propia capacidad para realizar un plan anima a seguir ese plan con persistencia. (La seguridad en uno mismo puede desarrollarse mediante el principio descrito en el capítulo sobre autosugestión).

d) PLANES DEFINIDOS. Los planes organizados, aunque puedan ser débiles e incluso imprácticos, fomentan la persistencia.

e) CONOCIMIENTO PRECISO. Saber que los planes son sólidos, basados en la experiencia o la observación, incentiva la persistencia; «adivinar» en lugar de «saber» la destruye.

f) COOPERACIÓN. La simpatía, el entendimiento y la cooperación armoniosa con los demás tienden a desarrollar la persistencia.

g) FUERZA DE VOLUNTAD. El hábito de concentrar los pensamientos en la elaboración de planes para alcanzar un propósito definido conduce a la persistencia.

h) HÁBITO. La persistencia es el resultado directo del hábito. La mente absorbe y se integra a las experiencias diarias de las cuales se alimenta. El miedo, el peor de todos los enemigos, puede ser efectivamente vencido mediante la *repetición forzada de la valentía*. Todo aquel que haya hecho el servicio activo en una guerra lo sabe.

Antes de concluir el tema de la PERSISTENCIA, tómese un momento para evaluarse a sí mismo y determine en qué aspecto, si hay alguno, le falta esta cualidad esencial. Evalúese con valentía, punto por punto, y vea cuántos de los ocho factores de la persistencia le faltan. El análisis puede llevarle a descubrimientos que le otorguen un nuevo dominio sobre sí mismo.

Síntomas de falta de persistencia

Aquí encontrará los verdaderos enemigos que se interponen entre usted y logros notables. Aquí no solo hallará los «síntomas» que indican debilidad de la PERSISTENCIA, sino también las causas subconscientes profundamente arraigadas de esa debilidad. Estudie la lista con cuidado y enfréntese a sí mismo SI REALMENTE DESEA SABER QUIÉN ES USTED Y QUÉ ES CAPAZ DE HACER. Estas son las debilidades que deben dominarse por todos aquellos que deseen acumular riquezas:

1. La incapacidad de reconocer y definir claramente lo que uno desea.
2. La procrastinación, con o sin causa. (Generalmente respaldada por una formidable serie de excusas y coartadas).
3. La falta de interés en adquirir conocimientos especializados.
4. La indecisión, el hábito de eludir responsabilidades en todas las ocasiones en lugar de enfrentar los problemas de manera directa. (También respaldada por excusas).
5. El hábito de apoyarse en coartadas en lugar de crear planes definitivos para la solución de problemas.
6. La autosatisfacción. Hay muy poco remedio para esta debilidad, y ninguna esperanza para quienes la padecen.
7. La indiferencia, que se refleja por lo general en la disposición a ceder en todas las ocasiones en lugar de enfrentar la oposición y combatirla.
8. El hábito de culpar a otros por los propios errores y de aceptar circunstancias desfavorables como inevitables.
9. LA DEBILIDAD DEL DESEO, debida al descuido en la elección de los MOTIVOS que impulsan la acción.
10. La disposición, e incluso el celo, de rendirse al primer signo de derrota. (Basado en uno o más de los seis miedos fundamentales).
11. La falta de PLANES ORGANIZADOS, plasmados por escrito para su análisis.

12. El hábito de descuidar la ejecución de ideas o de aprovechar la oportunidad cuando se presenta.

13. DESEAR en lugar de ESTAR DISPUESTO.

14. El hábito de conformarse con la POBREZA en lugar de aspirar a la riqueza. La ausencia general de ambición para ser, hacer y poseer.

15. La búsqueda de atajos hacia la riqueza, intentando OBTENER sin DAR un equivalente justo, lo cual se refleja habitualmente en el hábito de apostar para tratar de obtener ganancias rápidas.

16. EL MIEDO A LA CRÍTICA, la incapacidad de crear planes y ponerlos en acción por temor a lo que otros puedan pensar, hacer o decir. Este enemigo ocupa el primer lugar en la lista, ya que generalmente reside en el subconsciente, donde su presencia no es reconocida. (Consulte «Los seis miedos fundamentales» en un capítulo posterior).

Examinemos algunos de los síntomas del MIEDO A LA CRÍTICA. La mayoría de las personas permite que familiares, amigos y el público en general influyan tanto en ellas que no pueden vivir sus propias vidas por miedo a ser criticadas.

Numerosas personas cometen errores en el matrimonio, se aferran a ellos y pasan la vida miserables e infelices, por temor a la crítica que podría seguir si corrigieran sus errores. (Cualquiera que haya sucumbido a esta forma de miedo conoce el daño irreparable que causa, al destruir la ambición, la autosuficiencia y el deseo de alcanzar metas).

Millones de personas descuidan continuar su educación, incluso después de haber dejado la escuela, porque le temen a la crítica.

Incontables hombres y mujeres, tanto jóvenes como mayores, permiten que sus familiares arruinen sus vidas en nombre del DEBER, porque le temen a la crítica. (El deber no exige que ninguna persona se someta a la destrucción de sus ambiciones personales ni al derecho de vivir su propia vida a su manera).

La gente se niega a arriesgarse en los negocios porque le teme a la crítica que podría seguir si fracasa. *En tales casos, el miedo a la crítica es más fuerte que el DESEO de tener éxito.*

Demasiadas personas se niegan a fijarse metas altas o incluso descuidan elegir una carrera por temor a la crítica de familiares y «amigos» que puedan decir: «No se proponga tanto, la gente pensará que está loco».

Cuando Andrew Carnegie me sugirió que dedicara veinte años a la organización de una filosofía del logro individual, mi primer impulso fue temer a lo que la gente pudiera decir. La sugerencia estableció una meta para mí, muy desproporcionada en relación con cualquier otra que hubiera concebido. Tan pronto como se presentó la idea, mi mente comenzó a crear coartadas y excusas, todas atribuibles al inherente MIEDO A LA CRÍTICA. Algo en mi interior decía: «No puedes hacerlo, el trabajo es demasiado grande y requiere demasiado tiempo; ¿qué dirán tus familiares?; ¿cómo te ganarás la vida?; nadie ha organizado jamás una filosofía del éxito, ¿qué derecho tienes para creer que puedes hacerlo?; ¿quién eres, después de todo, para aspirar tan alto? Recuerda tu origen humilde. ¿Qué sabes de filosofía? La gente va a pensar que estás loco (y eso fue lo que pensaron). ¿Por qué nadie lo ha intentado antes?».

Estas y muchas otras preguntas surgieron de repente en mi mente y exigieron atención. Parecía como si el mundo entero hubiera volcado de pronto su atención sobre mí con el propósito de ridiculizarme y hacerme renunciar a todo deseo de llevar a cabo la sugerencia del señor Carnegie.

En ese preciso momento tuve una excelente oportunidad para eliminar la ambición antes de que esta se apoderara de mí. Más tarde, en mi vida, tras haber analizado a miles de personas, descubrí que LA MAYORÍA DE LAS IDEAS NACE INÉDITA Y NECESITA RECIBIR EL ALIENTO DE VIDA MEDIANTE PLANES DEFINIDOS DE ACCIÓN INMEDIATA. El momento para alimentar una idea es justamente en el instante de su nacimiento. Cada minuto que permanece le brinda una mejor oportunidad de sobrevivir. El MIEDO

A LA CRÍTICA es la causa fundamental de la destrucción de la mayoría de las ideas que jamás alcanzan la etapa de PLANIFICACIÓN y ACCIÓN.

Muchas personas creen que el éxito material es el resultado de «oportunidades» favorables. Hay cierto fundamento en esa creencia, pero quienes dependen enteramente de la suerte casi siempre se sienten decepcionados, pues pasan por alto otro factor importante que debe estar presente antes de poder asegurar el éxito: es el conocimiento mediante el cual se pueden generar «oportunidades» favorables a la medida.

Durante la Gran Depresión, W. C. Fields, el comediante, perdió todo su dinero y se encontró sin ingresos, sin empleo, y su medio de ganarse la vida (el vodevil) dejó de existir. Además, ya había superado los 60 años, cuando muchos se consideran «viejos». Estaba tan ansioso por resurgir que se ofreció a trabajar sin remuneración en un nuevo campo (el cine). Sumado a sus demás problemas, sufrió una caída que le lesionó el cuello. Para muchos, ese habría sido el momento de rendirse y abandonar, pero Fields fue PERSISTENTE. Sabía que, si continuaba, tarde o temprano conseguiría las «oportunidades» favorables, y las consiguió, pero no por casualidad.

Marie Dressler se encontró en la ruina, sin dinero y sin empleo, cuando tenía alrededor de 60 años. Ella también persiguió las «oportunidades» y las obtuvo. Su PERSISTENCIA le trajo un triunfo asombroso en la etapa tardía de su vida, muy por encima del momento en que la mayoría de los hombres y las mujeres han perdido la ambición de lograr algo.

Eddie Cantor perdió su dinero en el desplome bursátil de 1929, pero aún conservaba su PERSISTENCIA y su coraje. Con estos, además de sus ojos prominentes, se labró de nuevo un ingreso de 10 000 dólares a la semana. En verdad, si uno posee PERSISTENCIA, puede salir adelante muy bien sin muchas otras cualidades.

La única «oportunidad» en la que alguien puede permitirse confiar es aquella forjada por uno mismo. Estas se consiguen con la aplicación de la PERSISTENCIA. El punto de partida es un PROPÓSITO DEFINIDO.

Examine a las primeras cien personas que conozca; pregúnteles qué es lo que más desean en la vida y 98 de ellas no podrán decírselo. Si insiste para obtener una respuesta, algunas dirán «SEGURIDAD», muchas dirán «DINERO», unas pocas dirán «FELICIDAD», otras dirán «FAMA Y PODER», y aun otras dirán «RECONOCIMIENTO SOCIAL, FACILIDAD DE VIDA, CAPACIDAD PARA CANTAR, BAILAR O ESCRIBIR», pero ninguna de ellas podrá definir estos términos ni dar la más mínima indicación de un PLAN mediante el cual esperan alcanzar esos deseos vagamente expresados. Las riquezas no responden a los deseos; responden únicamente a planes definidos, respaldados por deseos definidos, por medio de la PERSISTENCIA constante.

Cómo desarrollar la persistencia

Hay cuatro pasos simples que conducen al hábito de la PERSISTENCIA. No requieren una gran cantidad de inteligencia ni un nivel particular de educación, y exigen muy poco tiempo o esfuerzo. Los pasos necesarios son:

1. un propósito definido respaldado por un deseo vehemente por completarlo.
2. UN PLAN DEFINIDO, EXPRESADO EN UNA ACCIÓN CONTINUA.
3. UNA MENTE CERRADA FIRME Y TERMINANTEMENTE ANTE TODAS LAS INFLUENCIAS NEGATIVAS Y DESALENTADORAS, incluidas las sugerencias negativas de familiares, amigos y conocidos.
4. UNA ALIANZA AMISTOSA CON UNA O MÁS PERSONAS QUE LO ANIMARÁN A CUMPLIR TANTO EL PLAN COMO EL PROPÓSITO.

Estos cuatro pasos son esenciales para alcanzar el éxito en todos los ámbitos de la vida. El propósito de los 13 principios de esta filosofía es justamente capacitar a las personas para que conviertan estos cuatro pasos en un *hábito*.

Son los pasos mediante los cuales se puede controlar el propio destino económico.

Son los pasos que conducen a la libertad y la independencia de pensamiento.

Son los pasos que llevan a la riqueza, ya sea en pequeñas o grandes cantidades.

Son los pasos que abren el camino hacia el poder, la fama y el reconocimiento mundano. Son los cuatro pasos que garantizan «oportunidades» favorables y los que convierten los sueños en realidades tangibles.

También conducen al dominio del MIEDO, el DESÁNIMO y la INDIFERENCIA.

Hay una magnífica recompensa para quienes aprenden a seguir estos cuatro pasos: el privilegio de forjar su propio destino y de lograr que la Vida rinda el precio que se le exije.

No tengo manera de conocer todos los hechos, pero me atrevo a conjeturar que el gran amor que la señora Wallis Simpson profesó por un hombre no fue accidental ni resultado únicamente de «oportunidades» favorables. Hubo un deseo vehemente y una búsqueda cuidadosa en cada paso del camino. Su primer deber era amar. ¿Cuál es la cosa más grandiosa en la Tierra? El Maestro la llamó amor, no las reglas hechas por el hombre, la crítica, la amargura, la calumnia o los «matrimonios» arreglados, sino el amor.

Ella sabía lo que quería, no después de conocer al príncipe de Gales, sino mucho antes. Dos veces, cuando no lo había encontrado, tuvo el coraje de continuar su búsqueda. «Sé fiel a ti mismo y, como la noche sigue al día, no podrás ser falso con ningún hombre».

Su ascenso desde la oscuridad fue lento, progresivo y PERSISTENTE, pero fue SEGURO. Triunfó contra probabilidades increíblemente elevadas y, sin importar quién sea usted o lo que pueda pensar de Wallis Simpson, o del rey que renunció a su corona por su amor, ella es un ejemplo asombroso de PERSISTENCIA aplicada, una instructora en las reglas de la autodeterminación de quien el mundo entero podría aprender valiosas lecciones.

Cuando piense en Wallis Simpson, recuerde a una mujer que sabía lo que quería y que sacudió al mayor imperio del mundo para conseguirlo. Las mujeres que se quejan de que este es un mundo de hombres, de que no tienen las mismas oportunidades de triunfar, tienen el deber de estudiar detenidamente la vida de esta mujer poco común, quien, a una edad que la mayoría considera «vieja», conquistó el afecto del soltero más deseado del mundo entero.

¿Y qué decir del rey Eduardo? ¿Qué lección podemos extraer de su papel en el mayor drama del mundo en tiempos recientes? ¿Pagó él un precio demasiado alto por el afecto de la mujer de su elección?

Seguramente, solo él puede dar la respuesta correcta.

El resto de nosotros solo podemos conjeturar. Esto es lo que sabemos: el rey llegó al mundo sin su propio consentimiento. Nació destinado a grandes riquezas, sin haberlas pedido. Fue solicitado insistentemente en matrimonio; políticos y estadistas de toda Europa le pusieron viudas y princesas a sus pies. Por ser el primogénito de sus padres, heredó una corona que no buscaba, y tal vez ni deseaba. Durante más de cuarenta años no fue un agente libre, no pudo vivir a su manera, tuvo escasa privacidad y, finalmente, asumió los deberes que le fueron impuestos al ascender al trono.

Algunos dirán: «Con todas estas bendiciones, el rey Eduardo debería haber encontrado la paz mental, la satisfacción y la alegría de vivir».

La verdad es que, detrás de todos los privilegios de una corona, de todo el dinero, la fama y el poder que heredó, se escondía un vacío que solo podía llenarse con amor.

Su mayor DESEO era justamente el amor. Mucho antes de conocer a Wallis Simpson, sin duda sintió esa gran emoción universal tirando de las cuerdas de su corazón, golpeando la puerta de su alma y clamando por expresarse.

Y cuando encontró a un espíritu afín, que también clamaba por ese mismo sagrado privilegio de expresión, lo reconoció y, sin miedo ni disculpas, abrió su corazón y lo invitó a entrar. Ni todos los chismosos del mundo pueden destruir la belleza de este drama internacional, en el que dos personas encontraron el amor y tuvieron el valor de enfrentar las críticas abiertas, renunciando a TODO lo demás para darle una expresión *sagrada*.

La DECISIÓN del rey Eduardo de renunciar a la corona del imperio más poderoso del mundo, por el privilegio de pasar el resto de su vida con la mujer de su elección, fue una decisión que requirió valor. La decisión también tuvo un precio, pero ¿quién tiene el derecho de decir que el precio fue demasiado alto? Seguramente no Aquel que dijo: «El que esté sin pecado entre ustedes, que lance la primera piedra».

Como sugerencia para cualquier persona de mente maligna que elija encontrar fallas en el duque de Windsor, debido a que su deseo era el amor, y por declarar abiertamente su amor por Wallis Simpson, renunciando a su trono por ella, que recuerde que la declaración abierta no era esencial. Él podría haber seguido la costumbre de las relaciones clandestinas que ha prevalecido en Europa durante siglos, sin renunciar ni a su trono ni a la mujer de su elección, y no habría habido NINGUNA QUEJA NI POR PARTE DE LA IGLESIA NI DE LOS LAICOS. Pero este hombre inusual estaba forjado de un temple más fuerte. Su amor era puro, profundo y sincero. Representaba la única cosa que, POR ENCIMA DE TODO, él verdaderamente DESEABA; por lo tanto, tomó lo que quería y pagó el precio exigido.

Si Europa hubiera sido bendecida con más gobernantes que tuvieran el corazón humano y las cualidades de honestidad del exrey Eduardo, durante el último siglo ese desafortunado hemisferio, ahora bullendo de codicia, odio, lujuria, connivencia política y amenazas de guerra, tendría UNA HISTORIA DIFERENTE Y MEJOR QUE CONTAR. Una historia en la que reinaría el amor, y no el odio.

En palabras de Stuart Austin Wier, levantamos nuestra copa y brindamos en honor del exrey Eduardo y Wallis Simpson: «Bendito es el hombre que ha llegado a conocer que nuestros pensamientos callados son nuestros pensamientos más dulces. Bendito es el hombre que, desde las profundidades más oscuras, puede ver la figura luminosa del amor, y al verla, canta; y cantando dice: "Mucho más dulces que las canciones entonadas son los pensamientos que tengo de usted"».

Con estas palabras rendiríamos homenaje a las dos personas que, más que cualquier otra en los tiempos modernos, han sido víctimas de críticas y receptores de abusos, porque encontraron el mayor tesoro de la Vida y lo reclamaron. Nota: la señora Simpson leyó y aprobó este análisis.

La mayoría del mundo aplaudirá al duque de Windsor y a Wallis Simpson, debido a su PERSISTENCIA en la búsqueda hasta encontrar la mayor recompensa de la vida. TODOS NOSOTROS NOS PODEMOS BENEFICIAR al seguir su ejemplo en nuestra propia búsqueda de aquello que exigimos de la vida.

¿Qué poder místico otorga a los hombres de PERSISTENCIA la capacidad de dominar las dificultades? ¿Establece la cualidad de PERSISTENCIA en la mente de uno alguna forma de actividad espiritual, mental o química que le permita el acceso a fuerzas sobrenaturales? ¿Se pone la Inteligencia Infinita del lado de la persona que sigue luchando, incluso después de haber perdido la batalla, con el mundo entero en su contra?

Estas y muchas otras preguntas similares han surgido en mi mente al observar a hombres como Henry Ford, quien empezó desde cero y construyó un imperio industrial de enormes proporciones, para lo cual contó en sus inicios con poco más que PERSISTENCIA. O Thomas A. Edison, quien, con menos de tres meses de escolaridad formal, se convirtió en el principal inventor del mundo y transformó la PERSISTENCIA en la máquina parlante, la máquina de imágenes en movimiento y la luz incandescente, por no mencionar medio centenar de otros inventos útiles.

Tuve el feliz privilegio de analizar al señor Edison y al señor Ford, año tras año, durante un largo período, y, por ello, la oportunidad de estudiarlos de cerca; por lo tanto, hablo con conocimiento de causa cuando afirmo que no encontré en ninguno de ellos ninguna cualidad, salvo la PERSISTENCIA, que remotamente sugiriera la principal fuente de sus asombrosos logros.

Al realizar un estudio imparcial de los profetas, filósofos, hombres «milagro» y líderes religiosos del pasado, se llega a la inevitable conclusión de que la PERSISTENCIA, la concentración del esfuerzo y los PROPÓSITOS DEFINIDOS fueron las principales fuentes de sus logros.

Considere, por ejemplo, la extraña y fascinante historia de Mahoma; analice su vida, compárela con la de los hombres de éxito en esta era moderna de la industria y las finanzas, y observe cómo tienen un rasgo sobresaliente en común: ¡la PERSISTENCIA!

Si usted está profundamente interesado en estudiar el extraño poder que confiere potencia a la PERSISTENCIA, lea una biografía de Mahoma, especialmente la de Essad Bey. Esta breve reseña de ese libro, realizada por Thomas Sugrue en el *Herald-Tribune*, ofrecerá un anticipo del raro deleite reservado para aquellos que se tomen el tiempo de leer la historia completa de uno de los ejemplos más asombrosos del poder de la PERSISTENCIA conocido por la civilización.

El último gran profeta

Revisado por Thomas Sugrue

Mahoma fue un profeta, pero nunca realizó un MILAGRO. No fue un místico; no tuvo educación formal; no inició su misión sino hasta que tenía 40 años. Cuando anunció que era el mensajero de Dios que traía la palabra de la verdadera religión, fue ridiculizado y tildado de lunático. Los niños lo hacían tropezar y las mujeres le arrojaban inmundicias. Fue desterrado de su ciudad natal, La Meca, y sus seguidores fueron despojados de sus bienes mundanos y fueron enviados al desierto tras él. Tras haber predicado durante diez años, no había conseguido más que destierro, pobreza y ridículo. Sin embargo, antes de que pasaran otros diez años, se convirtió en dictador de toda Arabia, gobernante de La Meca y cabeza de una nueva religión que se extendió hasta el Danubio y los Pirineos antes de agotar el ímpetu que le había dado.

Ese ímpetu fue triple: el poder de las palabras, la eficacia de la oración y la relación del hombre con Dios.

Su carrera nunca tuvo sentido. Mahoma nació en el seno de miembros empobrecidos de una familia destacada de La Meca. Debido a que La Meca, el cruce de caminos del mundo, hogar de la piedra mágica llamada la Caaba, gran ciudad de comercio y centro de rutas comerciales, era insalubre, sus niños eran enviados a ser criados en el desierto por beduinos. Así fue criado Mahoma, extrayendo fuerza y salud de la leche de madres nómadas sustitutas. Pastoreó ovejas y pronto fue contratado por una viuda rica como líder de sus caravanas. Viajó a todas las partes del Mundo Oriental, conversó con muchos hombres de diversas creencias y observó el declive del cristianismo en sectas beligerantes. Cuando tenía 28 años, Khadija, la viuda, lo miró con benevolencia y se casó con él. El padre de ella se habría opuesto a tal matrimonio, así que ella lo emborrachó y lo mantuvo cautivo mientras él daba la bendición paterna al matrimonio. Durante los siguientes 12 años, Mahoma vivió como un comerciante rico, respetado y muy astuto. Luego se dedicó a vagar por el desierto, y un día regresó con el primer verso del Corán y le dijo a Khadija que el arcángel Gabriel se le había aparecido y le había anunciado que él sería el mensajero de Dios.

El Corán, la palabra revelada de Dios, fue lo más cercano a un MILAGRO en la vida de Mahoma. No había sido un poeta; no poseía el don de la palabra. Sin embargo, los versos del Corán, tal como los recibía y recitaba a los fieles, eran mejores que cualquier verso que pudieran producir los poetas profesionales de las tribus. Esto, para los árabes, era un milagro. Para ellos, el don de la palabra era el mayor de los dones, y el poeta era todopoderoso. Además, el Corán decía que todos los hombres eran iguales ante Dios, que el mundo debía ser un Estado democrático, el islam. Fue esta herejía política, sumada al deseo de Mahoma de destruir los 360 ídolos en el patio de la Kaaba, lo que ocasionó su destierro. Los ídolos atraían a las tribus del desierto a La Meca, y eso significaba comercio. Así que los hombres de negocios de La Meca, los capitalistas, de los cuales él había sido uno, se lanzaron contra Mahoma. Luego se retiró al desierto y exigió la soberanía sobre el mundo.

Comenzó el surgimiento del islam. Del desierto surgió una llama que no se apagaría: un ejército democrático luchando en unidad y dispuesto a morir sin titubear. Mahoma había invitado a los judíos y a los cristianos a unirse a él, porque no estaba construyendo una nueva religión. Llamaba a todos los que creían en un solo Dios a unirse en una sola fe. Si los judíos y los cristianos hubieran aceptado su invitación, el islam habría conquistado el mundo. No lo hicieron. Ni siquiera aceptaron la innovación de Mahoma de la guerra humanitaria. Cuando los ejércitos del profeta entraron en Jerusalén, no se mató a ninguna persona debido a su fe. Cuando los cruzados entraron en la ciudad, siglos después, no se le perdonó la vida a ningún hombre, mujer o niño musulmán. Pero los cristianos sí aceptaron una idea musulmana: el lugar del aprendizaje, la universidad.

10

EL PODER DE LA MENTE MAESTRA

LA FUERZA MOTRIZ

EL NOVENO PASO HACIA LA RIQUEZA

El poder es esencial para el éxito en la acumulación de dinero.

LOS PLANES son inertes e inútiles sin el PODER suficiente para traducirlos en ACCIÓN. Este capítulo describirá el método mediante el cual un individuo puede obtener y aplicar el PODER.

El PODER puede definirse como «CONOCIMIENTO organizado e inteligentemente dirigido». El PODER, tal como se utiliza el término aquí, se refiere al esfuerzo ORGANIZADO, suficiente para permitirle a un individuo transmutar el DESEO en su equivalente monetario. El esfuerzo ORGANIZADO se produce a partir de la coordinación del esfuerzo de dos o más personas, que trabajan hacia un fin DEFINIDO en un espíritu de armonía.

¡EL PODER ES REQUERIDO PARA LA ACUMULACIÓN DE DINERO! ¡EL PODER ES NECESARIO PARA RETENER EL DINERO DESPUÉS DE QUE HA SIDO ACUMULADO!

Averigüemos cómo se puede adquirir el PODER. Si el poder es «conocimiento organizado», examinemos las fuentes del conocimiento:

a) INTELIGENCIA INFINITA. Esta fuente de conocimiento puede ser contactada mediante el procedimiento descrito en otro capítulo, con la ayuda de la Imaginación Creativa.

b) EXPERIENCIA ACUMULADA. La experiencia acumulada del hombre (o aquella parte de ella que ha sido organizada y registrada) se puede encontrar en cualquier biblioteca pública bien equipada. Una parte importante de esta experiencia acumulada se enseña en las escuelas públicas y las universidades, donde ha sido clasificada y organizada.

c) EXPERIMENTACIÓN E INVESTIGACIÓN. En el campo de la ciencia, y en prácticamente cualquier otro ámbito de la vida, los hombres recogen, clasifican y organizan nuevos hechos a diario. Esta es la fuente a la que usted debe recurrir cuando el conocimiento no está disponible por medio de la «experiencia acumulada». Aquí también, la Imaginación Creativa debe utilizarse a menudo.

El conocimiento puede ser adquirido a partir de cualquiera de las fuentes anteriormente mencionadas. Puede ser convertido en PODER al organizarlo en PLANES DEFINIDOS y al expresarlos en términos de ACCIÓN.

El examen de las tres principales fuentes de conocimiento revelará fácilmente la dificultad que tendría un individuo, si dependiera únicamente de sus propios esfuerzos, en reunir el conocimiento y expresarlo mediante PLANES DEFINIDOS en términos de ACCIÓN. Si sus planes son exhaustivos y contemplan grandes proporciones, generalmente deberá inducir a otros a cooperar con él antes de que pueda inyectar en ellos el elemento necesario del PODER.

Obtener poder a través de la «Mente Maestra»

La «Mente Maestra» puede definirse como «Coordinación del conocimiento y el esfuerzo, en un espíritu de armonía, entre dos o más personas, para la consecución de un propósito definido».

Ningún individuo podrá tener un gran poder sin que primero comience a reconocer la importancia de la «Mente Maestra». En un capítulo previo se dieron instrucciones para la creación de PLANES con el propósito de transformar el DESEO en su equivalente monetario. Si sigue estas instrucciones con PERSISTENCIA e inteligencia, y es capaz de ser selectivo a la hora de elegir su grupo «Mente Maestra», habrá avanzado la mitad del camino para alcanzar su objetivo, incluso antes de que se dé cuenta.

Para que usted pueda comprender mejor las potencialidades «intangibles» del poder disponibles para usted, a través de un grupo MENTE MAESTRA debidamente seleccionado, explicaremos aquí las dos características del principio de la «Mente Maestra», una de las cuales es de naturaleza económica y la otra psíquica. La característica económica es obvia. Las ventajas económicas pueden ser creadas por cualquier persona que se rodee del consejo, la asesoría y la cooperación personal de un grupo de hombres dispuestos a prestarle ayuda total en un espíritu de ARMONÍA PERFECTA. Esta forma de alianza cooperativa ha sido la base de casi todas las grandes fortunas. Su comprensión de esta gran verdad puede determinar definitivamente su situación financiera.

La fase psíquica del principio de la MENTE MAESTRA es mucho más abstracta, mucho más difícil de comprender, porque hace referencia a las fuerzas espirituales con las que la especie humana, en su conjunto, no está bien familiarizada. Usted podrá captar una sugerencia significativa de esta afirmación: «No se juntan dos mentes sin que, al hacerlo, se cree una tercera fuerza, invisible e intangible, que puede compararse con una tercera mente».

Tenga en cuenta el hecho de que solo hay dos elementos CONOCIDOS en todo el universo, la energía y la materia. Es un hecho bien conocido que la materia puede descomponerse en unidades de moléculas, átomos y electrones. Hay unidades de materia que pueden ser aisladas, separadas y analizadas.

De la misma manera, existen unidades de energía.

La mente humana es una forma de energía, una parte de ella de naturaleza espiritual. Cuando las mentes de dos personas se coordinan en un ESPÍRITU DE ARMONÍA, las unidades espirituales de energía de cada mente forman una afinidad, que constituye la fase «psíquica» de la «Mente Maestra».

El principio de la «Mente Maestra», o más bien su característica económica, fue algo que me hizo notar Andrew Carnegie hace más de 75 años. El descubrimiento de este principio fue el responsable de la elección de la obra de mi vida.

El grupo Mente Maestra del señor Carnegie consistía en un equipo de aproximadamente cincuenta hombres, con quienes se rodeó con el PROPÓSITO DEFINIDO de fabricar y comercializar acero. Él atribuyó toda su fortuna al PODER que acumuló gracias a esta «Mente Maestra».

Analice el historial de cualquier hombre que haya acumulado una gran fortuna, y de muchos de aquellos que han acumulado fortunas modestas, y usted encontrará que han empleado, consciente o inconscientemente, el principio de la «Mente Maestra».

¡NINGÚN OTRO PRINCIPIO PUEDE ACUMULAR UN PODER TAN GRANDE!

La ENERGÍA es el juego de componentes básicos de la Naturaleza, a partir del cual ella construye todas las cosas materiales del universo, incluyendo al hombre y cada forma de vida animal y vegetal. Mediante un proceso que solo la Naturaleza comprende completamente, ella transforma la energía en materia.

¡Los bloques de construcción de la Naturaleza están disponibles para el hombre en la energía involucrada en el PENSAR! El cerebro humano puede compararse con una batería eléctrica. Absorbe energía del éter, que luego permea cada átomo de la materia y llena el universo entero.

Es un hecho bien conocido que un grupo de baterías eléctricas proporcionará más energía que una sola batería. También es un hecho bien conocido que una batería individual proporcionará energía dependiendo del número y la capacidad de las celdas que contiene.

El cerebro funciona de manera similar. Esto explica el hecho de que algunos cerebros son más eficientes que otros, y conduce a esta afirmación significativa: un grupo de cerebros coordinados (o conectados) en UN ESPÍRITU DE ARMONÍA proporcionará más energía del pensamiento que un solo cerebro, así como un grupo de baterías eléctricas proporcionará más energía que una sola batería.

Con esta metáfora se vuelve inmediatamente obvio que el PRINCIPIO DE LA MENTE MAESTRA guarda el secreto del PODER conferido a los hombres que se rodean de otros hombres con cerebro.

A continuación sigue otra afirmación que lo acercará aún más a la comprensión de la fase psíquica del principio de la «Mente Maestra»: cuando un grupo de cerebros individuales se coordina y funciona en ARMONÍA, la energía incrementada y creada a partir de esa alianza se vuelve disponible para cada cerebro individual del grupo.

Es un hecho bien conocido que Henry Ford comenzó su carrera empresarial bajo las desventajas de la pobreza, el analfabetismo y la ignorancia. Es igualmente bien sabido que, en el inconcebiblemente corto período de diez años, el señor Ford dominó estos tres obstáculos y que en un lapso de 25 años se convirtió en uno de los hombres más ricos de los Estados Unidos. Conecte este hecho con el conocimiento adicional de que los avances más rápidos del señor Ford se hicieron notorios desde el momento en que se convirtió en amigo personal de Thomas A. Edison y usted comenzará a comprender lo que la influencia de una mente sobre otra puede lograr. Dé un paso más: considere el hecho de que los logros más destacados del señor Ford comenzaron desde el momento en que estableció relaciones con Harvey Firestone, John Burroughs y Luther Burbank (cada uno es un hombre de gran capacidad cerebral) y tendrá evidencia adicional de que el PODER puede ser producido mediante la alianza amistosa de mentes.

No cabe la menor duda de que Henry Ford es uno de los hombres mejor informados en el mundo de los negocios y la industria. La cuestión de su riqueza no requiere discusión. Analice a los amigos íntimos del señor Ford, algunos de los cuales ya han sido mencionados, y estará preparado para comprender la siguiente afirmación: «Los hombres adoptan la naturaleza, los hábitos y el PODER DEL PENSAMIENTO de aquellos con quienes se asocian en un espíritu de simpatía y armonía».

Henry Ford venció la pobreza, el analfabetismo y la ignorancia al aliarse con grandes mentes, cuyas vibraciones de pensamiento absorbió en su propia mente. A partir de su asociación con Edison, Burbank, Burroughs y Firestone, el señor Ford añadió a su propio poder cerebral la suma y la sustancia de la inteligencia, la experiencia, el conocimiento y las fuerzas espirituales de estos cuatro hombres. Además, él se apropió e hizo uso del principio de la MENTE MAESTRA mediante los métodos y procedimientos descritos en este libro.

¡Este principio está disponible para usted!

Ya hemos mencionado a Mahatma Gandhi. Quizá la mayoría de quienes han oído hablar de Gandhi lo consideren simplemente un pequeño hombre excéntrico, que anda sin vestimenta formal y que causa problemas al Gobierno británico.

En realidad, Gandhi no es excéntrico, sino que ÉL ES EL HOMBRE MÁS PODEROSO EN LA ACTUALIDAD. (Este dato se basa en el número de sus seguidores y en la fe que tienen en su líder). Además, es probablemente el hombre más poderoso que haya vivido. Su poder es pasivo, pero es real.

Estudiemos el método mediante el cual alcanzó su estupendo PODER. Se puede explicar en pocas palabras. Obtuvo el PODER al inducir a más de doscientos millones de personas a coordinarse, con mente y cuerpo, en un ESPÍRITU DE ARMONÍA para alcanzar un PROPÓSITO DEFINIDO.

En resumen, Gandhi ha logrado un MILAGRO, pues es un milagro cuando se puede inducir a doscientos millones de personas —sin forzarlas— a cooperar en un ESPÍRITU DE ARMONÍA durante un tiempo ilimitado. Si duda de que esto sea un milagro, intente inducir a DOS PERSONAS CUALQUIERA a cooperar en un espíritu de armonía durante *cualquier período de tiempo*.

Todo hombre que dirige un negocio sabe lo difícil que es lograr que los empleados trabajen juntos en un espíritu que se parezca, aunque sea remotamente, a la ARMONÍA.

La lista de las principales fuentes de las cuales se puede obtener el PODER está, como usted ha visto, encabezada por la INTELIGENCIA INFINITA. Cuando dos o más personas se coordinan en un ESPÍRITU DE ARMONÍA y trabajan hacia un objetivo definido, se colocan en posición, mediante esa alianza, para absorber poder directamente del gran almacén universal de la Inteligencia Infinita. Esta es la mayor de todas las fuentes de PODER. Es la fuente a la que recurre el genio. Es la fuente a la que se vuelve todo gran líder (ya sea consciente de ello o no).

Las otras dos fuentes principales de las cuales se puede obtener el conocimiento necesario para la acumulación del PODER no son más confiables que los cinco sentidos del hombre. Los sentidos no siempre son confiables. LA INTELIGENCIA INFINITA NO SE EQUIVOCA.

En capítulos posteriores se describirán adecuadamente los métodos por los cuales se puede contactar con la Inteligencia Infinita con mayor facilidad.

Esto no es un curso sobre religión. Ningún principio fundamental descrito en este libro debe interpretarse como destinado a interferir, ya sea de manera directa o indirecta, con los hábitos religiosos de cualquier hombre. Este libro se ha limitado, de manera exclusiva, a instruir al lector sobre cómo transmutar el PROPÓSITO DEFINIDO RESPECTO AL DESEO DE DINERO en su equivalente monetario.

Lea, PIENSE y medite mientras lee. Pronto, el tema completo se develará y usted lo verá en perspectiva. Ahora está viendo el detalle de los capítulos individuales.

El dinero es tan tímido y escurridizo como una doncella de antaño. Debe ser cortejado y conquistado por métodos no muy distintos de los que emplea un amante decidido en la conquista de la chica de su elección. Y, por más coincidente que parezca, el PODER utilizado en el «cortejo» del dinero no es muy diferente del empleado en el cortejo de una doncella. Ese PODER, cuando se utiliza con éxito en la búsqueda del dinero, debe mezclarse con FE. Debe mezclarse con DESEO. Debe mezclarse con PERSISTENCIA. Debe aplicarse mediante un plan, y ese plan debe ponerse en ACCIÓN.

Cuando el dinero llega en cantidades conocidas como «el gran dinero», fluye hacia aquel que lo acumula, tan fácilmente como el agua fluye cuesta abajo. Hay una gran corriente oculta de PODER, que puede compararse con un río, excepto que un lado fluye en una dirección, llevando a todos los que se encuentran en ese lado de la corriente hacia adelante y hacia arriba, hacia la RIQUEZA, mientras que el otro lado fluye en sentido opuesto, llevando a todos los que tienen la desgracia de quedar atrapados en él (y de no poder liberarse) hacia abajo, hacia la miseria y la POBREZA.

Todo hombre que ha acumulado una gran fortuna ha reconocido la existencia de esta corriente vital. Consiste en el PROCESO DE PENSAMIENTO de cada uno. Las emociones positivas del pensamiento forman el lado de la corriente que lo conduce a la fortuna, mientras que las emociones negativas constituyen el lado que lo arrastra hacia la POBREZA.

Esto es un pensamiento de gran importancia para la persona que está siguiendo este libro con el propósito de acumular una fortuna.

Si usted se encuentra en el lado de la corriente de PODER que conduce a la POBREZA, esto puede servirle de remo, con el cual podrá impulsarse hacia el otro lado de la corriente. Le puede servir ÚNICAMENTE a partir de la aplicación y el uso práctico. El mero hecho de leerlo y emitir juicios sobre él, de una manera u otra, de ninguna manera lo beneficiará.

Algunas personas experimentan la alternancia entre los lados positivo y negativo de la corriente, a veces en el lado positivo y otras veces en el lado negativo. El colapso de Wall Street de 1929 arrastró a millones de personas desde el lado positivo hasta el lado negativo de la corriente. Estos millones luchan, algunos de ellos con desesperación y miedo, por regresar al lado positivo de la corriente. Este libro fue escrito especialmente para esos millones.

La pobreza y la riqueza a menudo intercambian lugares. El colapso le enseñó al mundo esta verdad, aunque el mundo no recordará la lección por mucho tiempo. La pobreza puede, y por lo general lo hace, ocupar voluntariamente el lugar de la riqueza. Cuando la riqueza ocupa el lugar de la pobreza, el cambio suele producirse mediante PLANES bien concebidos y cuidadosamente ejecutados. La pobreza no necesita ningún plan. No requiere que nadie la auxilie, porque es audaz y despiadada. La riqueza es tímida y recatada. Tiene que ser «atraída».

CUALQUIERA puede DESEAR riquezas, y la mayoría lo hace, pero solo unos pocos saben que un plan definido, junto con un DESEO VEHEMENTE por conquistar la RIQUEZA, es el único medio confiable para acumular riqueza.

11

EL MISTERIO
DE LA TRANSMUTACIÓN DEL SEXO

EL DÉCIMO PASO HACIA LA RIQUEZA

El significado de la palabra *transmutación* es, en lenguaje sencillo, «el cambio o la transferencia de un elemento o forma de energía a otro».

La emoción del sexo da origen a un estado mental.

Debido a la ignorancia sobre el tema, este estado mental se asocia por lo general con lo físico y, a causa de influencias inapropiadas a las que la mayoría de las personas ha sido sometida al adquirir conocimiento sobre el sexo, lo esencialmente físico ha sesgado de forma notable la mente.

La emoción del sexo tiene detrás de sí la posibilidad de tres potencialidades constructivas, que son:

1. La perpetuación de la humanidad
2. El mantenimiento de la salud (como agente terapéutico, no tiene igual)
3. La transformación de la mediocridad en genialidad a través de la transmutación

La transmutación del sexo es simple y se explica fácilmente. Significa cambiar la mente de pensamientos de expresión física a pensamientos de otra naturaleza.

El deseo sexual es el más poderoso de los deseos humanos. Cuando los hombres se dejan guiar por este deseo, desarrollan agudeza de la imaginación, coraje, fuerza de voluntad, persistencia y una capacidad creativa que en otros momentos les son desconocidos. Tan fuerte e impetuoso es el deseo de contacto sexual que los hombres arriesgan libremente la vida y la reputación para satisfacerlo. Cuando se canaliza y se redirige hacia otras áreas, esta fuerza motivadora mantiene todos sus atributos de agudeza de la imaginación, coraje, etc., los cuales pueden utilizarse como poderosas fuerzas creativas en la literatura, el arte o cualquier otra profesión u oficio, incluida, por supuesto, la acumulación de riquezas.

La transmutación de la energía sexual requiere, sin duda, el ejercicio de la fuerza de voluntad, pero la recompensa vale el esfuerzo. El deseo de expresión sexual es innato y natural. Dicho deseo no puede, ni debe, ser reprimido o eliminado. Sin embargo, se le debe dar una salida a partir de formas de expresión que enriquezcan el cuerpo, la mente y el espíritu del hombre. Si no se le proporciona esta vía de escape mediante la transmutación, buscará salidas por canales puramente físicos.

Un río puede ser encauzado mediante una represa y su agua controlada durante un tiempo, pero con el tiempo forzará una salida. Lo mismo ocurre con la emoción del SEXO. Puede ser sumergida y controlada por un tiempo, pero su propia naturaleza hace que siempre busque medios de expresión. Si no se transmuta en algún esfuerzo creativo, encontrará una salida menos digna.

Afortunada, en verdad, es la persona que ha descubierto cómo darle a la emoción del SEXO una salida mediante alguna forma de esfuerzo creativo, pues con ese descubrimiento se ha elevado al estatus de un genio.

La investigación científica ha revelado estos hechos significativos:

1. Los hombres de mayor logro son aquellos con naturalezas sexuales altamente desarrolladas; hombres que han aprendido el arte de la transmutación del sexo.
2. Los hombres que han acumulado grandes fortunas y han alcanzado un reconocimiento sobresaliente en la literatura, el arte, la industria, la arquitectura y las profesiones fueron motivados por la influencia de una mujer.

La investigación de la cual se derivaron estos asombrosos descubrimientos se remonta a lo largo de las páginas de la biografía y la historia hasta hace más de 2000 años. Dondequiera que hubiera evidencia disponible en relación con las vidas de hombres y mujeres de gran logro, esta indicaba de manera muy convincente que poseían naturalezas SEXUALES altamente desarrolladas.

La emoción del sexo es una «fuerza irresistible», contra la cual no puede haber una oposición comparable a la de un «cuerpo inmóvil». Cuando los hombres son impulsados por esta emoción, se dotan de un superpoder para la acción. Al comprender esta verdad, usted se dará cuenta cabal de la importancia de afirmar que la transmutación del sexo lo elevará al estatus de genio.

La emoción del SEXO contiene el secreto de la capacidad creativa.

Destruya las glándulas sexuales, ya sea en el hombre o en la bestia, y habrá eliminado la principal fuente de ACCIÓN. Como prueba de ello, observe lo que sucede con cualquier animal después de haber sido castrado. Un toro se vuelve tan dócil como una vaca después de haber sido alterado sexualmente. La alteración sexual elimina del macho, ya sea hombre o bestia, toda la LUCHA que había en él. La alteración sexual de la hembra tiene el mismo efecto.

Los diez estímulos mentales

La mente humana responde a estímulos, con los cuales puede ponerse «en sintonía» altas tasas de vibración, conocidas como entusiasmo, imaginación creativa, deseo intenso, etc. Los estímulos a los que la mente responde con mayor libertad son:

1. El deseo de expresión sexual
2. Amor
3. Un deseo vehemente de fama, poder o ganancia financiera, DINERO
4. Música
5. La amistad entre personas del mismo sexo o del sexo opuesto
6. Una alianza de MENTE MAESTRA basada en la armonía de dos o más personas que se asocian para el avance espiritual o temporal
7. El sufrimiento mutuo, como el que experimentan las personas que son perseguidas
8. Autosugestión
9. Miedo
10. Narcóticos y alcohol.

El deseo de expresión sexual se sitúa al principio de la lista de estímulos, ya que es el que eleva de manera más efectiva las vibraciones de la mente y pone en marcha las «ruedas» de la acción física. Ocho de estos estímulos son naturales y constructivos. Dos son destructivos. La lista se presenta aquí con el propósito de permitirle realizar un estudio comparativo de las principales fuentes de estimulación mental. A partir de este estudio se verá claramente que la emoción del sexo es, con gran diferencia, la más intensa y poderosa de todos los estímulos mentales.

Esta comparación es necesaria como fundamento para probar la afirmación de que la TRANSMUTACIÓN de la energía sexual puede elevar a uno al estatus de genio. Averigüemos qué constituye a un genio.

Algún sabelotodo ha dicho que un genio es un hombre que «lleva el pelo largo, come comida extraña, vive solo y sirve de blanco de burla para los chistosos». Una definición mejor de un genio es «un hombre que ha descubierto cómo aumentar las vibraciones del pensamiento hasta el punto en que puede comunicarse libremente con fuentes de conocimiento que no están disponibles con la tasa ORDINARIA de vibración del pensamiento».

Cualquier persona pensante querrá formular algunas preguntas respecto a esta definición de genio. La primera será: «¿Cómo puede uno comunicarse con fuentes de conocimiento que no están disponibles con la tasa ORDINARIA de vibración del pensamiento?».

La siguiente pregunta será: «¿Existen fuentes de conocimiento conocidas que estén disponibles solo para GENIOS y, en ese caso, ¿CUÁLES SON ESTAS FUENTES y exactamente cómo pueden alcanzarse?».

Ofreceremos pruebas de la validez de algunas de las declaraciones más importantes formuladas en este libro, o al menos ofreceremos evidencia mediante la cual usted podrá obtener su propia prueba a partir de la experimentación y, al hacerlo, responderemos ambas preguntas.

El genio se desarrolla por medio del sexto sentido

La existencia de un «sexto sentido» ha sido bastante bien establecida. Este sexto sentido es la «imaginación creativa». La facultad de la imaginación creativa es aquella que la mayoría de las personas nunca utiliza durante toda su vida y, si se utiliza, por lo general sucede por mero accidente. Un número relativamente pequeño de personas utiliza, CON DELIBERACIÓN Y PROPÓSITO PREVIO, la facultad de la imaginación creativa.

Aquellos que emplean esta facultad voluntariamente y con comprensión de sus funciones son GENIOS.

La facultad de la imaginación creativa es el vínculo directo entre la mente finita del hombre y la Inteligencia Infinita. Todas las llamadas revelaciones, referidas en el ámbito de la religión, y todos los descubrimientos de principios básicos o nuevos en el campo de la invención tienen lugar a partir de la facultad de la imaginación creativa.

Cuando ideas o conceptos surgen de repente en la mente, por medio de lo que popularmente se llama una «corazonada» o inspiración, provienen de una o más de las siguientes fuentes:

1. Inteligencia Infinita
2. La mente subconsciente, en la que se almacena cada impresión sensorial e impulso de pensamiento que haya alcanzado el cerebro con cualquiera de los cinco sentidos.
3. Desde la mente de alguna otra persona que acaba de liberar el pensamiento o la imagen de la idea o concepto, mediante el pensamiento consciente.
4. Desde el almacén subconsciente de la otra persona.

No existen otras fuentes CONOCIDAS de las cuales se puedan recibir ideas «inspiradas» o «corazonadas».

La IMAGINACIÓN CREATIVA funciona mejor cuando la mente está vibrando (debido a algún tipo de estímulo mental) a una tasa extremadamente alta. Es decir, cuando la mente funciona a una tasa de vibración superior a la del pensamiento ordinario y normal.

Cuando la acción cerebral ha sido estimulada a partir de uno o más de los diez estímulos mentales, tiene el efecto de elevar al individuo muy por encima del horizonte del pensamiento ordinario y le permite visualizar la distancia, el alcance y la calidad de los PENSAMIENTOS que no están disponibles en el plano inferior, tal como ocurre cuando uno se ocupa de resolver los problemas de la rutina empresarial y profesional.

Cuando es elevado a este nivel superior de pensamiento, mediante cualquier forma de estimulación mental, un individuo ocupa, relativamente, la misma posición que aquel que ha ascendido en un avión a una altura desde la cual puede ver más allá de la línea del horizonte que limita su visión al estar en tierra. Además, mientras se encuentra en este nivel superior de pensamiento, el individuo no se ve obstaculizado ni limitado por ninguno de los estímulos que circunscriben y restringen su visión al enfrentarse a los problemas de conseguir las tres necesidades básicas de alimento, vestimenta y refugio. Se encuentra en un mundo de pensamiento en el que los pensamientos ORDINARIOS y cotidianos han sido eliminados de manera tan efectiva como lo son las colinas, los valles y otras limitaciones de la visión física cuando uno se eleva en un avión.

Mientras se encuentra en este exaltado plano de PENSAMIENTO, se le otorga a la facultad creativa de la mente libertad para la acción. El camino ha sido despejado para que el «sexto sentido» funcione; este se vuelve receptivo a ideas que, en otras circunstancias, no podrían alcanzar al individuo. El «sexto sentido» es la facultad que marca la diferencia entre un genio y un individuo ordinario.

La facultad creativa se vuelve más alerta y receptiva a las vibraciones que se originan fuera de la mente subconsciente del individuo, cuanto más se utiliza esta facultad y cuanto más el individuo depende de ella y le exige impulsos de pensamiento. Esta facultad solo puede cultivarse y desarrollarse mediante su uso.

Lo que se conoce como la «conciencia» opera enteramente a partir de la facultad del sexto sentido.

Los grandes artistas, escritores, músicos y poetas se vuelven grandes porque adquieren el hábito de confiar en la «pequeña voz serena» que habla desde el interior, a partir de la facultad de la imaginación creativa. Es un hecho bien conocido por las personas que poseen una imaginación «aguda» que sus mejores ideas surgen desde las llamadas «corazonadas».

Hay un gran orador que no alcanza la grandeza hasta que cierra los ojos y comienza a confiar enteramente en la facultad de la imaginación creativa. Cuando se le preguntó por qué cerraba los ojos justo antes de los clímax de su oratoria, respondió: «Lo hago porque, entonces, hablo a través de ideas que me surgen desde el interior».

Uno de los financieros más exitosos y mejor conocidos de los Estados Unidos tenía el hábito de cerrar los ojos durante dos o tres minutos antes de tomar una decisión. Cuando se le preguntó por qué hacía esto, respondió: «Con los ojos cerrados soy capaz de recurrir a una fuente de inteligencia superior».

El fallecido doctor Elmer R. Gates, de Chevy Chase, Maryland, creó más de doscientas patentes útiles, muchas de ellas fundamentales, a partir del proceso de cultivar y utilizar la facultad de la imaginación creativa. Su método es tanto significativo como llamativo para usted que está interesado en alcanzar el estatus de genio, categoría a la que indudablemente pertenecía el doctor Gates, uno de los científicos realmente grandes, aunque menos publicitados, del mundo.

En su laboratorio tenía lo que él llamaba su «sala de comunicación personal». Era prácticamente a prueba de sonido y estaba dispuesta de tal manera que se pudiera bloquear toda la luz. Estaba equipada con una pequeña mesa, sobre la cual guardaba un bloc de papel para escribir. Frente a la mesa, en la pared, había un botón eléctrico que controlaba las luces. Cuando el doctor Gates deseaba recurrir a las fuerzas disponibles para él a partir de su imaginación creativa, entraba en esta sala, se sentaba a la mesa, apagaba las luces y se CONCENTRABA en los factores CONOCIDOS de la invención en la que estaba trabajando, permaneciendo en esa posición hasta que las ideas comenzaban a «destellar» en su mente en conexión con los factores DESCONOCIDOS de la invención.

En una ocasión, las ideas surgieron tan rápido que se vio obligado a escribir durante casi tres horas. Cuando los pensamientos dejaron de fluir y examinó sus notas, descubrió que contenían una descripción minuciosa de principios que no tenían paralelo entre los datos conocidos del mundo científico. Además, la respuesta a su problema se presentaba de forma inteligente en esas notas. De esta manera, el doctor Gates completó más de doscientas patentes, que habían sido iniciadas, pero no terminadas, por cerebros «a medio cocer». La evidencia de la veracidad de esta afirmación se encuentra en la Oficina de Patentes de los Estados Unidos.

El doctor Gates se ganaba la vida «sentándose a recibir ideas» para individuos y corporaciones. Algunas de las corporaciones más grandes de América le pagaban honorarios sustanciales, por hora, por «sentarse a recibir ideas».

La facultad del razonamiento es a menudo defectuosa porque está guiada en gran medida por la experiencia acumulada de uno. No todo el conocimiento que uno acumula por medio de la «experiencia» es preciso. Las ideas recibidas a partir de la facultad de la imaginación creativa son mucho más confiables, debido a que provienen de fuentes más fidedignas que cualquiera de las que están disponibles para la facultad del razonamiento de la mente.

La principal diferencia entre el genio y el ordinario inventor «improvisado» se encuentra en el hecho de que el genio trabaja a partir de su facultad de imaginación creativa, mientras que el inventor improvisado no sabe nada de esta facultad. El inventor científico (como el señor Edison y el doctor Gates) hace uso tanto de la facultad sintética como de la creativa de la imaginación.

Por ejemplo, el inventor científico, o «genio», comienza una invención organizando y combinando las ideas conocidas, o principios acumulados por medio de la experiencia, mediante la facultad sintética (la facultad del razonamiento). Si encuentra que este conocimiento acumulado es insuficiente para la culminación de su invención, recurre entonces a las fuentes de conocimiento disponibles para él a partir de su facultad creativa. El método con el que hace esto varía según el individuo, pero esta es la suma y sustancia de su procedimiento:

1. ÉL ESTIMULA SU MENTE PARA QUE VIBRE EN UN PLANO SUPERIOR AL PROMEDIO, utilizando uno o más de los diez estímulos mentales u otro estimulante de su elección.

2. ÉL SE CONCENTRA en los factores conocidos (la parte terminada) de su invención y crea en su mente una imagen perfecta de los factores desconocidos (la parte inacabada) de su invención. Mantiene esta imagen en la mente hasta que es asumida por el subconsciente, luego se relaja despejando su mente de TODO pensamiento y espera a que su respuesta «destelle» en su mente.

A veces, los resultados son tanto definitivos como inmediatos. En otras ocasiones, los resultados son negativos, dependiendo del estado de desarrollo del «sexto sentido» o de la facultad creativa.

El señor Edison probó más de 10 000 combinaciones diferentes de ideas a partir de la facultad sintética de su imaginación antes de «sintonizar» a partir de la facultad creativa y obtener la respuesta que perfeccionó la luz incandescente. Su experiencia fue similar cuando produjo la máquina parlante.

Hay abundante evidencia confiable de que la facultad de imaginación creativa existe. Esta evidencia está disponible mediante un análisis preciso de los hombres que se han convertido en líderes en sus respectivos oficios sin haber recibido una educación extensa. Lincoln fue un ejemplo notable de un gran líder que alcanzó la grandeza mediante el descubrimiento y el uso de su facultad de imaginación creativa. Descubrió y comenzó a usar esta facultad como resultado de la estimulación del amor que experimentó después de conocer a Anne Rutledge, una declaración de la más alta importancia en relación con el estudio de la fuente del genio.

Las páginas de la historia están llenas de registros de grandes líderes cuyos logros pueden rastrearse directamente hasta la influencia de mujeres que despertaron las facultades creativas de sus mentes por medio de la estimulación del deseo sexual. Napoleón Bonaparte fue uno de ellos. Cuando lo inspiró su primera esposa, Josefina, fue irresistible e invencible. Cuando su «mejor juicio» o facultad de razonamiento lo impulsó a dejar a un lado a Josefina, comenzó a declinar. No pasó mucho tiempo entre su derrota y el destierro a Santa Elena.

Si el buen gusto lo permitiera, podríamos mencionar fácilmente decenas de hombres, bien conocidos por el pueblo estadounidense, que alcanzaron grandes alturas de logro bajo la influencia estimulante de sus esposas, solo para caer en la destrucción DESPUÉS de que el dinero y el poder se les subieran a la cabeza, y dejaran de lado a la vieja esposa por una nueva. Napoleón no fue el único hombre en descubrir que la influencia del sexo, proveniente *de la fuente correcta*, es más poderosa que cualquier sustituto de la conveniencia que pueda ser creado por la mera razón.

¡La mente humana responde a la estimulación!

Entre los estímulos más grandes y poderosos se encuentra el impulso del sexo. Cuando se canaliza y se transmuta, esta fuerza impulsora es capaz de elevar a los hombres a esa esfera superior del pensamiento que les permite dominar las fuentes de preocupación y de pequeñas molestias que entorpecen su camino en el plano inferior.

Desafortunadamente, solo los genios han realizado este descubrimiento. Otros han aceptado la experiencia del impulso sexual sin descubrir una de sus principales potencialidades, hecho que explica la gran cantidad de «otros» en comparación con el número limitado de genios.

Con el propósito de refrescar la memoria, en relación con los hechos disponibles en las biografías de ciertos hombres, presentamos aquí los nombres de algunos hombres de destacado logro de quienes se sabía que tenían una naturaleza sexual altamente desarrollada. El GENIO que les pertenecía, sin duda, encontró su fuente de poder en la energía sexual TRANSMUTADA:

GEORGE WASHINGTON

NAPOLEÓN BONAPARTE

WILLIAM SHAKESPEARE

ABRAHAM LINCOLN

RALPH WALDO EMERSON

ROBERT BURNS

THOMAS JEFFERSON

ELBERT HUBBARD

ELBERT H. GARY

OSCAR WILDE

WOODROW WILSON

JOHN H. PATTERSON

ANDREW JACKSON

ENRICO CARUSO

Su propio conocimiento de las biografías le permitirá añadir nombres a esta lista. Encuentre, si es posible, a un solo hombre, en toda la historia de la civilización, que haya alcanzado un éxito destacado en cualquier profesión y que no haya sido impulsado por una naturaleza sexual bien desarrollada.

Si no desea apoyarse en las biografías de hombres que ya no viven, haga un inventario de aquellos que usted sabe que son hombres de gran logro y vea si puede encontrar uno entre ellos que no sea altamente sexual.

La energía sexual es la energía creativa de todos los genios. *Nunca ha existido, ni existirá, un gran líder, constructor o artista al que le falte la fuerza impulsora del sexo.*

¡Seguramente nadie malinterpretará estas afirmaciones y creerá que todos los que son altamente sexuales son genios! El hombre alcanza el estatus de un genio SOLO cuando, y SI, estimula su mente de modo que se nutra de las fuerzas disponibles a partir de la facultad creativa de la imaginación. Entre los principales estímulos con los que se puede producir este «ascenso» de las vibraciones se encuentra la energía sexual. La mera *posesión* de esta energía no es suficiente para producir un genio. La energía debe ser *transmutada* del deseo de contacto físico a alguna *otra* forma de deseo y acción antes de que lo eleve a uno al estatus de un genio.

Lejos de convertirse en genios, debido a grandes deseos sexuales, la mayoría de los hombres se rebaja, por malentendidos y mal uso de esta gran fuerza, al estatus de los animales inferiores.

Por qué los hombres rara vez tienen éxito antes de los 40

Descubrí, a partir del análisis de más de 25 000 personas, que los hombres que tienen éxito de manera sobresaliente rara vez lo logran antes de los 40 años y con mayor frecuencia no alcanzan su verdadero potencial sino hasta bien entrados los cincuenta. Este hecho fue tan asombroso que me impulsó a estudiar su causa con sumo cuidado, realizando la investigación durante más de 12 años.

Este estudio reveló que la principal razón por la cual la mayoría de los hombres que tienen éxito no comienza a hacerlo antes de tener entre 40 y 50 años es su tendencia a DISIPAR sus energías mediante la indulgencia excesiva en la expresión física de la emoción del sexo. La mayoría de los hombres *nunca* aprende que el impulso del sexo tiene otras posibilidades que trascienden con creces la mera expresión física. La mayoría de aquellos que hacen este descubrimiento lo hacen *después de haber desperdiciado muchos años* en el período en que la energía sexual está en su punto máximo, antes los 45 y 50 años. Este descubrimiento suele ir seguido de logros notables.

La vida de muchos hombres, hasta incluso más allá de los 40 años, refleja una continua disipación de energías que podrían haberse canalizado de manera más provechosa hacia mejores fines. Sus emociones más sutiles y poderosas se esparcen al viento. De este hábito del varón surgió la expresión «echar las semillas al viento».

El deseo de expresión sexual es, de lejos, el más fuerte e impetuoso de todas las emociones humanas y, por esta misma razón, cuando este deseo es *aprovechado y transmutado* en acción, distinta de la mera expresión física, puede elevar a uno al estatus de genio.

Uno de los hombres de negocios más capaces de los Estados Unidos admitió francamente que su atractiva secretaria fue responsable de la mayoría de los planes que él creó. Admitió que su presencia lo elevaba a alturas de imaginación creativa que no podía experimentar con ningún otro estímulo.

Uno de los hombres más exitosos de los Estados Unidos debe la mayor parte de su éxito a la influencia de una joven muy encantadora que ha servido como su fuente de inspiración durante más de 12 años. Todo el mundo conoce al hombre al que se hace referencia, pero no todos conocen la FUENTE REAL de sus logros.

La historia está repleta de ejemplos de hombres que alcanzaron el estatus de genios como resultado del uso de estimulantes mentales artificiales en forma de alcohol y narcóticos. Edgar Allen Poe escribió *El cuervo* mientras estaba bajo la influencia del licor, «soñando sueños que ningún mortal se atrevió a soñar jamás». James Whitcomb Riley produjo sus mejores escritos mientras estaba bajo la influencia del alcohol. Quizá fue así como vio «la mezcla ordenada de lo real y lo soñado, el molino sobre el río y la niebla sobre el arroyo». Robert Burns escribió mejor cuando estaba intoxicado: «Por los viejos tiempos, querida, tomaremos una taza de bondad todavía. Por los viejos tiempos…».

Pero que no se olvide que muchos de esos hombres, al final, se destruyeron a sí mismos. La Naturaleza ha preparado sus propias pociones, con las cuales los hombres pueden estimular de forma segura sus mentes para que vibren en un plano que les permita sintonizar con pensamientos finos y raros que provienen de… ¡donde nadie sabe!

Nunca se ha encontrado un sustituto satisfactorio para los estimulantes de la Naturaleza.

Es un hecho bien conocido por los psicólogos que existe una relación muy estrecha entre los deseos sexuales y los impulsos espirituales, un hecho que explica el comportamiento peculiar de las personas que participan en orgías conocidas como «resucitaciones» religiosas, comunes entre los tipos primitivos. El mundo está gobernado, y el destino de la civilización se establece, por las emociones humanas. Las personas se ven influenciadas en sus acciones, no tanto por la razón, sino por los «sentimientos». La facultad creativa de la mente se activa enteramente por las emociones, y no por la fría razón. La más poderosa de todas las emociones humanas es la del sexo. Existen otros estimulantes mentales, algunos de los cuales han sido enumerados, pero ninguno de ellos, ni todos combinados, pueden igualar el poder impulsor del sexo.

Un estimulante mental es cualquier influencia que aumente, ya sea de forma temporal o permanente, las vibraciones del pensamiento. Los diez principales estimulantes, descritos, son aquellos a los que se recurre con mayor frecuencia. Por conducto de estas fuentes, uno puede comunicarse con la Inteligencia Infinita o ingresar, a voluntad, al almacén de la mente subconsciente, ya sea propia o de otra persona, un procedimiento *que es todo lo que hay para alcanzar la genialidad*.

Un maestro, que ha entrenado y dirigido los esfuerzos de más de 30000 vendedores, hizo el asombroso descubrimiento de que los hombres con alta energía sexual son los vendedores más eficientes. La explicación es que el factor de la personalidad conocido como «magnetismo personal» no es más ni menos que la energía sexual. Las personas con alta energía sexual siempre disponen de una abundante reserva de magnetismo. A partir del cultivo y la comprensión, esta fuerza vital puede aprovecharse y utilizarse en gran medida en las relaciones entre las personas. Esta energía puede comunicarse a otros con los siguientes medios:

1. El apretón de manos. El contacto de la mano indica, al instante, la presencia o ausencia de magnetismo.

2. El tono de voz. El magnetismo, o la energía sexual, es el factor con el que la voz puede matizarse, volviéndose musical y encantadora.

3. Postura y porte del cuerpo. Las personas con alta energía sexual se mueven con rapidez, gracia y soltura.

4. Las vibraciones del pensamiento. Las personas con alta energía sexual mezclan la emoción del sexo con sus pensamientos, o pueden hacerlo a voluntad, y de ese modo pueden influir en quienes las rodean.

5. Arreglo personal. Las personas con alta energía sexual suelen ser muy cuidadosas con su apariencia personal. Generalmente seleccionan vestimenta de un estilo acorde con su personalidad, físico, tez, etcétera.

Al emplear a vendedores, el gerente de ventas más capaz busca la cualidad del magnetismo personal como primer requisito de un vendedor. Las personas que carecen de energía sexual nunca se volverán entusiastas ni inspirarán entusiasmo en los demás, y el entusiasmo es uno de los requisitos más importantes para la venta, sin importar lo que se esté vendiendo.

El orador, conferencista, predicador, abogado o vendedor que carece de energía sexual es un «fracaso» en lo que se refiere a su capacidad de influir en los demás. Sume a esto el hecho de que la mayoría de las personas solo puede ser influenciada mediante un llamado a sus emociones y usted comprenderá la importancia de la energía sexual como parte de la habilidad innata de un vendedor. Los vendedores de este tipo alcanzan el estatus de maestría en la venta, porque ellos, ya sea de manera consciente o inconsciente, ¡*transmutan* la energía sexual en ENTUSIASMO DE VENTAS! En esta afirmación se encuentra una sugerencia muy práctica acerca del significado real de la transmutación del sexo.

El vendedor que sabe cómo apartar su mente del sujeto hacia el que va encaminado el deseo sexual y dirigirla hacia el esfuerzo en ventas, con tanto entusiasmo y determinación como lo aplicaría a su propósito original, ha adquirido el arte de la transmutación del sexo, lo sepa o no. La mayoría de los vendedores que transmutan su energía sexual lo hace sin tener la menor conciencia de ello ni de cómo lo está haciendo.

La transmutación de la energía sexual requiere más fuerza de voluntad de la que la persona promedio está dispuesta a emplear para este propósito. Aquellos que encuentran difícil convocar la fuerza de voluntad suficiente para la TRANSMUTACIÓN pueden adquirir gradualmente esta habilidad. Aunque esto requiere fuerza de voluntad, la recompensa por la práctica vale más que el esfuerzo invertido. El tema entero del SEXO es uno que la mayoría de las personas parece, de manera imperdonable, ignorar. El impulso del SEXO ha sido gravemente malinterpretado, difamado y parodiado por los ignorantes y los de mente malvada, durante tanto tiempo que la misma palabra *sexo* rara vez se utiliza en la sociedad educada. Los hombres y las mujeres que se sabe que han sido bendecidos, sí, bendecidos, con naturalezas altamente sexualizadas, suelen ser considerados como personas dignas de atención. En lugar de ser llamados bendecidos, habitualmente se les llama malditos.

Millones de personas, incluso en esta era ilustrada, han desarrollado complejos de inferioridad debido a la falsa creencia de que una naturaleza altamente sexual es una maldición. Estas afirmaciones acerca de la virtud de la energía sexual no deben interpretarse como justificación para el libertinaje. La emoción del sexo es una virtud ÚNICAMENTE cuando se utiliza inteligentemente y con discernimiento. Puede ser mal utilizada, y a menudo lo es, hasta tal punto que degrada, en lugar de enriquecer, tanto el cuerpo como la mente. El mejor uso de este poder es el tema central de este capítulo.

Al autor le pareció muy significativo descubrir que prácticamente todo gran líder, a quien tuvo el privilegio de analizar, era un hombre cuyos logros estaban en gran parte inspirados por una mujer. En muchos casos, la «mujer del caso» era una esposa modesta y abnegada, de la cual el público había oído muy poco o nada. En algunos casos, la fuente de inspiración se ha rastreado hasta «la otra mujer». Quizá tales casos no le sean del todo desconocidos a usted.

La intemperancia en los hábitos sexuales es tan perjudicial como la intemperancia en los hábitos de beber y comer. En la era en que vivimos, una que comenzó con una guerra mundial, la intemperancia en los hábitos sexuales es común. Esta orgía de indulgencia puede explicar la escasez de grandes líderes. Ningún hombre puede aprovechar las fuerzas de su imaginación creativa mientras las disipa. El hombre es la única criatura en la Tierra que viola el propósito de la NATURALEZA en este aspecto. Todo otro animal se deja llevar por su naturaleza sexual con moderación y con un propósito que se armoniza con las leyes de la NATURALEZA. La mayoría de los animales responde al llamado del SEXO solo en «temporada». La inclinación del hombre es a declarar una «temporada de caza» permanente.

Toda persona inteligente sabe que la estimulación excesiva, mediante el consumo de bebidas alcohólicas y narcóticos, es una forma de intemperancia que destruye los órganos vitales del cuerpo, incluido el cerebro. Sin embargo, no todo el mundo sabe que la excesiva indulgencia en la expresión sexual puede convertirse en un hábito tan destructivo y perjudicial para el esfuerzo creativo como los narcóticos o el licor.

¡Un hombre obsesionado con el sexo no es esencialmente diferente de un hombre obsesionado con las drogas! Ambos han perdido el control sobre sus facultades de razón y de fuerza de voluntad. La sobreindulgencia sexual no solo puede destruir la razón y la fuerza de voluntad, sino que puede llevar a una demencia temporal o permanente. Muchos casos de hipocondría (enfermedad imaginaria) surgen de hábitos desarrollados en la ignorancia de la verdadera función del sexo.

De estas breves referencias al tema se puede ver claramente que la ignorancia sobre la TRANSMUTACIÓN DEL SEXO impone enormes penalizaciones a los ignorantes, por un lado, y les priva de beneficios igualmente asombrosos, por el otro.

La ignorancia generalizada sobre el sexo se debe al hecho de que este tema ha estado rodeado de misterio y envuelto en un oscuro silencio. La conspiración de misterio y silencio ha tenido el mismo efecto en las mentes de los jóvenes que la psicología de la prohibición. El resultado ha sido una mayor curiosidad y el deseo de adquirir más conocimiento sobre este tema *verboten*, y, para vergüenza de todos los legisladores y de la mayoría de los médicos —por formación, los más cualificados para educar a la juventud sobre dicho tema—, la información no ha estado fácilmente disponible.

Rara vez un individuo se embarca en un esfuerzo altamente creativo en cualquier campo de actividad antes de los 40 años. El hombre promedio alcanza el período de su mayor capacidad creativa entre los 40 y 60 años. Estas afirmaciones se basan en el análisis de miles de hombres y mujeres que han sido cuidadosamente observados. Deben ser alentadoras para aquellos que no logran alcanzar ese nivel antes de los 40, y para aquellos que se asustan ante la llegada de la «vejez», alrededor de la marca de los 40 años. Los años entre los 40 y los 50 son, por regla general, los más fructíferos. El hombre debe afrontar esta etapa no con miedo y temblor, sino con esperanza y una ansiosa anticipación.

Si usted desea evidencia de que la mayoría de los hombres no comienza a hacer su mejor trabajo antes de los 40 años, estudie los registros de los hombres más exitosos conocidos por el pueblo estadounidense y la encontrará. Henry Ford no había encontrado su camino de logros hasta que pasó la edad de 40 años. Andrew Carnegie había sobrepasado los 40 años antes de que empezara a recoger los frutos de sus esfuerzos. James

242   PIÉNSE Y HÁGASE RICO

J. Hill todavía trabajaba como telegrafista a la de edad de 40 años. Sus grandes logros tuvieron lugar después de esa edad. Las biografías de los industriales y financieros estadounidenses están llenas de evidencias de que el período entre los 40 y 60 años es el más productivo entre los hombres.

A los 30 y 40 años, el hombre comienza a aprender (si es que lo aprende alguna vez) el arte de la transmutación sexual. Este descubrimiento es accidental por lo general y, con mucha frecuencia, el hombre que lo descubre es totalmente inconsciente del descubrimiento. Puede que observe que sus poderes para alcanzar logros se hayan incrementado alrededor de los 35 y 40 años, pero en la mayoría de los casos no está familiarizado con la causa de este cambio, a saber, que la Naturaleza comienza a armonizar las emociones de amor y sexo en los individuos entre las edades de 30 y 40 años, de tal manera que el hombre pueda aprovecharse de estas grandes fuerzas y aplicarlas conjuntamente como un estímulo para la acción.

El sexo por sí mismo representa una gran motivación y urgencia hacia la acción, pero sus fuerzas son como un ciclón incontrolable. Cuando la emoción del amor empieza a mezclarse con la emoción del sexo, el resultado es una calma de propósito, equilibrio, precisión de juicio y balance. ¿Qué persona que ha alcanzado la edad de 40 años es tan desafortunada como para ser incapaz de analizar estas afirmaciones y corroborarlas mediante su propia experiencia?

Cuando está dirigido por su deseo de complacer a una mujer, con base solo en la emoción del sexo, un hombre puede ser, y usualmente lo es, capaz de grandes logros, pero sus acciones pueden ser desorganizadas, distorsionadas y totalmente destructivas. Cuando está dirigido por su deseo de complacer a una mujer, basado solo en el sexo, un hombre puede robar, hacer trampa e incluso cometer un asesinato. Pero cuando la emoción del AMOR se mezcla con la del sexo, ese mismo hombre podrá guiar sus acciones de manera más saludable, balanceada y con base en la razón.

Los criminólogos han descubierto que los criminales más endurecidos pueden reformarse mediante la influencia del amor de una mujer. No hay registro de ningún criminal que se haya reformado únicamente con la influencia del sexo. Estos factores son bien conocidos, pero su causa no lo es. El criminal se puede reformar, si lo logra, a través del *corazón* o mediante su lado emocional, pero no mediante su cerebro o su raciocinio. De hecho, la palabra *reformaración* significa «cambiar de corazón». No significa «cambiar de cerebro». Un hombre puede, gracias a la razón, hacer ciertos cambios en su conducta personal para evadir las consecuencias de efectos indeseables, pero para reformarse de manera GENUINA solo puede conseguirlo si lo hace de corazón, mediante un DESEO profundo de cambiar.

El amor, el romance y el sexo son emociones capaces de conducir al hombre a grandes alturas de logros. El amor es la emoción que sirve como válvula de escape y garantiza el balance, el equilibrio y el esfuerzo constructivo. Cuando se combinan estas tres emociones, pueden elevar a una persona a la altura de un genio. Hay genios, sin embargo, que saben muy poco del amor. Muchos de ellos se pueden encontrar involucrados en alguna forma de acción que es destructiva o, por lo menos, que no es justa y equitativa para otras personas. Si el buen gusto lo permitiera, se podría nombrar a una docena de genios en el campo de la industria y las finanzas que pisotean de forma despiadada los derechos de sus congéneres. Parecen totalmente faltos de conciencia. Con seguridad, el lector puede añadir fácilmente su propia lista de hombres de ese tipo.

Las emociones son estados de la mente. La Naturaleza le ha proporcionado al hombre una «química de la mente» que opera de manera similar a los principios de la química de la materia. Es un hecho bien conocido que, mediante la química de la materia, un químico puede crear un veneno letal tras mezclar algunos elementos en las proporciones adecuadas, ninguno de los cuales es dañino por sí solo. Las emociones pueden, del mismo modo, combinarse para crear un veneno letal. Las emociones del sexo y los celos, cuando se mezclan, pueden convertir a una persona en una bestia enloquecida.

La presencia de una o más emociones destructivas en la mente humana, a partir de la química de la mente, prepara un veneno que puede destruir nuestro sentido de la justicia y la equidad. En casos extremos, la presencia de una combinación de estas emociones en la mente puede destruir nuestra razón.

El camino hacia el genio consiste en el desarrollo, control y uso del sexo, el amor y el romance. Brevemente, el proceso puede ser descrito de la siguiente manera.

Fomente la presencia dominante de estas emociones en su mente e inhiba la presencia de toda emoción destructiva. La mente es una criatura de hábitos. Se desarrolla y florece con los pensamientos *dominantes* que la alimentan. Con la facultad de la fuerza de voluntad, uno puede fomentar la presencia de cualquiera de los dos. El control mental, a partir de la fuerza de voluntad, no es complicado. El control proviene de la persistencia y los hábitos. El secreto del control radica en entender el proceso de transmutación. Cuando una emoción negativa se presente en su mente, puede ser transmutada en una emoción positiva o constructiva por el simple procedimiento del cambio de pensamientos.

¡NO HAY OTRO CAMINO AL GENIO QUE EL DEL PROPIO ESFUERZO VOLUNTARIO! Un hombre puede alcanzar grandes logros financieros y en los negocios únicamente dirigiendo su energía sexual, pero la historia está llena de evidencia de que tal vez, y esto usualmente sucede, posee ciertos rasgos de carácter que le roban la habilidad ya sea de retener o disfrutar su fortuna. Vale mucho la pena analizar, pensar y meditar esto, ya que es una verdad, un conocimiento que puede ser útil a mujeres y hombres por igual. Ignorar este hecho les ha costado a miles de personas contar con el privilegio de la FELICIDAD, a pesar de que poseen riquezas.

Las emociones de amor y sexo dejan marcas reconocibles en los rostros de las personas. Es más, estas marcas son tan conspicuas que todo el que quiera puede leerlas. El hombre que está consumido por la tormenta de una pasión basada solo en los deseos sexuales simplemente lo hace evidente al mundo entero con la expresión de su mirada y las líneas de expresión de su rostro. La emoción del amor, cuando se mezcla con la emoción del sexo, suaviza, modifica y embellece la expresión facial. No se requiere un analista de la personalidad para explicarle esto, ya que puede observarlo usted mismo.

La emoción del amor saca a relucir y desarrolla la naturaleza artística y estética de los seres humanos. Deja su impresión en el alma de todos, incluso después de que el fuego inicial ha sido dominado por el tiempo y las circunstancias.

Los recuerdos del amor nunca pasan. Permanecen, guían y ejercen su influencia mucho después de que la fuente del estímulo se ha desvanecido. No hay nada nuevo en esto. Toda persona que ha sido conmovida por el AMOR GENUINO sabe que el amor deja huellas permanentes en el corazón humano. El efecto del amor permanece porque el amor tiene una naturaleza espiritual. El hombre que no puede ser estimulado para alcanzar grandes alturas de logro por el amor no tiene esperanza; de hecho, está muerto, aunque parezca que está vivo.

Incluso los recuerdos del amor son suficientes para elevarlo a uno a un plano más elevado de esfuerzo creativo. La mayor fuerza del amor puede desgastarse y pasar, como un fuego que se consume, sin embargo, deja tras de sí marcas indelebles como evidencia de su paso. Su partida por lo regular prepara al corazón humano para amores incluso más grandes.

Recurra a sus ayeres, de tiempo en tiempo, y sumerja su mente en los bellos recuerdos de un amor pasado. Hacerlo suavizará la influencia de las preocupaciones y molestias presentes. Le dará una fuente de escape de las realidades desagradables de la vida y tal vez, ¿quién sabe?, su mente puede proporcionarle, durante esta retirada al mundo de la fantasía, ideas o planes que podrían cambiar el estado financiero o espiritual de su vida.

Si usted cree que es desafortunado porque ha «amado y perdido», elimine ese pensamiento. Si uno ha amado de verdad, nunca puede perder del todo. El amor es travieso y temperamental. Su naturaleza es efímera y transitoria. Viene cuando le place y se va sin advertencia. Acéptelo y disfrútelo mientras permanece, pero no pierda tiempo preocupándose por su partida. Preocuparse por su partida no hará que regrese.

También descarte la creencia de que el amor solo aparece una vez. El amor puede ir y venir en incontables ocasiones, pero no hay dos experiencias amorosas que lo afecten de la misma manera. Puede haber, y por lo regular la hay, una experiencia amorosa que deja una huella en el corazón más profunda que otras, pero todas las experiencias amorosas son beneficiosas, excepto para aquellas personas que se vuelven resentidas y cínicas cuando el amor se va.

No debería haber decepción en el amor y no la habría si las personas entendieran la diferencia entre las emociones de amor y sexo. La principal diferencia radica en que el amor es espiritual, mientras que el sexo es biológico. Ninguna experiencia que toque el corazón humano con una fuerza espiritual tiene la posibilidad de ser dañina, excepto por medio de la ignorancia o los celos.

El amor es, sin lugar a dudas, la experiencia de vida más extraordinaria. Con él se logra entrar en comunión con la Inteligencia Infinita. Cuando se mezcla con las emociones del romance y el sexo, puede conducirnos muy alto en la escalera del esfuerzo creativo. Las emociones del amor, el sexo y el romance son los tres lados del triángulo eterno que construye los logros personales y desarrolla la genialidad de las personas. La Naturaleza crea a los genios mediante la fuerza del amor y no de otra.

El amor es una emoción de muchas caras, tonalidades y colores. El amor que uno siente por los padres o los hijos es muy distinto del que se siente por una pareja. Uno se mezcla con la emoción del sexo, mientras el otro no.

El amor que uno siente en una amistad sincera no es el mismo que uno siente por una pareja, o por los padres o los hijos. Y, sin embargo, es una forma de amor.

También hay una emoción amorosa por las cosas inanimadas, como el amor por la obra de la Naturaleza. Pero la más intensa y apremiante de estas formas de amor es aquella que experimentamos cuando se mezclan las emociones del amor y el sexo. Los matrimonios que no están bendecidos con la eterna afinidad del amor balanceado adecuadamente con el sexo no pueden ser felices y por lo regular no duran. El amor por sí solo no trae felicidad a los matrimonios, tampoco el sexo. Cuando estas dos hermosas emociones se unen, el matrimonio crea un estado mental muy cercano a lo más espiritual que uno puede aspirar en este plano terrenal.

Cuando la emoción del romance se suma a la del amor y el sexo, las obstrucciones entre la mente finita del hombre y la Inteligencia Infinita son eliminadas. ¡Entonces ha nacido un genio!

Cuán diferente es esta historia de aquellas que se asocian comúnmente con la emoción del sexo. Aquí hay una interpretación de la emoción que la separa del lugar común y que la convierte en arcilla de alfarero en las manos de Dios, a partir de la cual Él modela todo lo que es hermoso e inspirador. Es una interpretación que podría, cuando se le comprenda a cabalidad, traer armonía a partir del caos en muchos matrimonios. La raíz de las discordias expresadas comúnmente mediante enojos y reclamos puede rastrearse hasta la falta de conocimiento del tema del sexo. No hay discordias en los matrimonios donde prevalecen el amor, el romance y el entendimiento apropiado de la emoción y función del sexo.

Afortunado es el esposo cuya esposa entiende la verdadera relación entre las emociones del amor, el sexo y el romance. Cuando se está motivado por este triunvirato sagrado, ninguna forma de trabajo es una carga, porque incluso las formas más humildes de esfuerzo adquieren la naturaleza de una labor de amor.

Hay un viejo dicho en lengua inglesa que puede traducirse como «La esposa de un hombre puede hacerlo o deshacerlo». La interpretación de este dicho no siempre se entiende correctamente. El hacer o deshacer a un hombre es el resultado del entendimiento que tenga la esposa de las emociones del amor, el sexo y el romance.

A pesar del hecho de que los hombres son polígamos, debido a la naturaleza de su herencia biológica, es verdad que ninguna mujer influye más en un hombre que su esposa, a menos que esté casado con una mujer totalmente incompatible con su naturaleza. Si una esposa permite que su esposo pierda el interés en ella y esto provoca que se interese más por otras mujeres, se debe por lo regular a su ignorancia o indiferencia hacia los temas del sexo, el amor y el romance. Esta afirmación presupone, por supuesto, que haya existido un amor genuino entre el hombre y la mujer en algún momento. Los hechos son igualmente aplicables al hombre que permite que muera el interés de su esposa por él.

La gente casada discute por una multitud de trivialidades. Si estas se analizan cuidadosamente, la verdadera causa del problema podrá encontrarse con frecuencia en la indiferencia o la ignorancia de estos temas.

¡La mayor fuerza motivadora del hombre es su deseo de satisfacer a una mujer! El cazador que destacaba durante la era prehistórica, antes del amanecer de la civilización, lo hacía debido a su deseo de parecer grandioso a los ojos de una mujer. La naturaleza de los hombres no ha cambiado a este respecto. El «cazador» actual no trae a casa las pieles de unos animales, pero expresa su deseo de ser favorecido por la mujer proporcionándole ropa fina, automóviles y riqueza. El hombre tiene el mismo deseo de complacer a la mujer que el que tenía antes del amanecer de la civilización. Lo único que ha cambiado es su método para complacer. El hombre que acumula grandes fortunas y alcanza grandes alturas de poder y fama lo hace principalmente *para satisfacer su deseo de complacer a las mujeres*. Elimine a las mujeres de su

vida y la riqueza sería inútil para la mayoría de los hombres. *Es este inherente deseo de los hombres por satisfacer a las mujeres lo que le da a la mujer el poder de hacer o deshacer a un hombre.*

La mujer que comprenda la naturaleza del hombre y la satisfaga con tacto, no tiene que temer la competencia de otras mujeres. Los hombres pueden ser «gigantes» con una indomable fuerza de voluntad cuando están lidiando con otros hombres, pero son fácilmente manipulables por la mujer de su elección.

La mayoría de los hombres no admite que pueden ser influenciados fácilmente por las mujeres de su preferencia, porque está en la naturaleza de los varones querer ser reconocidos como los más fuertes de su especie. Es más, la mujer inteligente reconoce este «rasgo masculino» y de manera muy inteligente no le opone objeción.

Algunos hombres saben que están siendo influenciados por las mujeres de su elección (esposas, novias, madres o hermanas), pero ellos se contienen con tacto frente a rebelarse contra esta influencia, porque son lo suficientemente inteligentes para saber que NINGÚN HOMBRE ES FELIZ O COMPLETO SIN LA INFLUENCIA MODELADORA DE LA MUJER ADECUADA. El hombre que no reconoce esta importante verdad se priva del poder que ha hecho más por ayudar a los hombres a alcanzar el éxito que todas las otras fuerzas combinadas.

12

LA MENTE SUBCONSCIENTE

EL VÍNCULO CONECTOR

EL ONCEAVO PASO HACIA LA RIQUEZA

La mente subconsciente consiste en un campo de conciencia en el que cada impulso de pensamiento que alcanza la mente objetiva con cualquiera de los cinco sentidos se clasifica y se registra, y desde la cual los pensamientos pueden ser recuperados como las cartas pueden ser tomadas de un gabinete archivador.

La mente subconsciente recibe y archiva impresiones sensoriales o pensamientos sin importar su naturaleza. VOLUNTARIAMENTE usted puede plantar en su mente subconsciente cualquier plan, pensamiento o propósito que desee traducir en su equivalente físico o monetario. El subconsciente actúa primero en los deseos dominantes, los cuales se han mezclado previamente con sentimientos emocionales, como la fe.

Considere esto en conexión con las instrucciones dadas en el capítulo sobre el DESEO, con dar los seis pasos que se detallaron en ese capítulo y con las instrucciones dadas en el capítulo sobre construir y ejecutar planes, y entenderá la importancia del pensamiento expresado.

LA MENTE SUBCONSCIENTE TRABAJA DÍA Y NOCHE. Mediante un procedimiento desconocido para el hombre, la mente subconsciente recurre a las fuerzas de la Inteligencia Infinita para obtener el poder con el cual pueda transmutar voluntariamente los deseos de una persona en su equivalente físico, utilizando siempre los medios más prácticos para lograr este fin.

Usted no puede controlar *completamente* su mente subconsciente, pero puede entregarle cualquier plan, deseo o propósito que quiera convertir en una forma concreta. Vuelva a leer las instrucciones para usar la mente subconsciente en el capítulo sobre autosugestión.

Encontrará ahí suficiente evidencia para apoyar la creencia de que la mente subconsciente es el vínculo conector entre la mente finita del ser humano y la Inteligencia Infinita. Es la intermediaria mediante la cual uno puede aprovechar las fuerzas de la Inteligencia Infinita a voluntad. Puede, por sí misma, contener el proceso secreto por el cual los impulsos mentales son modificados y transformados en sus equivalentes espirituales. Puede, por sí misma, ser el medio con el cual la plegaria puede ser transmitida a la fuente capaz de responder a las plegarias.

Las posibilidades del esfuerzo creativo conectadas con la mente subconsciente son estupendas e imponderables. Inspiran un respeto reverencial.

Nunca me aproximo a la discusión sobre la mente subconsciente sin un sentimiento de pequeñez e inferioridad. Esto se debe, quizá, al hecho de que las existencias totales de conocimiento que tiene el ser humano en esta materia son lastimosamente limitadas. El mero hecho de que la mente subconsciente sea el medio de comunicación entre la mente consciente del ser humano y la Inteligencia Infinita es, por sí mismo, un pensamiento que casi paraliza nuestra razón.

Después de haber aceptado la existencia de la mente subconsciente como una realidad y entender sus posibilidades como el medio para transmutar sus DESEOS en su equivalente físico o monetario, habrá comprendido el significado completo de las instrucciones proporcionadas en el capítulo sobre el DESEO. También entenderá por qué ha sido exhortado a EXPRESAR SUS DESEOS CON CLARIDAD Y A PONERLOS POR ESCRITO. También comprenderá la necesidad de la PERSISTENCIA cuando se trata de seguir las instrucciones.

Los 13 principios son el estímulo con el que usted adquiere la habilidad de alcanzar e influenciar su mente subconsciente. No se desanime si no puede hacer esto en el primer intento. Recuerde que la mente subconsciente puede conducirse a voluntad *solo por medio de los hábitos*, de acuerdo con las instrucciones brindadas en el capítulo sobre la FE. Todavía no ha tenido tiempo de dominar la fe. Sea paciente. Sea persistente.

Muchas de las declaraciones hechas en los capítulos sobre la fe y la autosugestión serán repetidas aquí para el beneficio de su mente subconsciente. Recuerde, su mente subconsciente funciona de manera voluntaria, *ya sea que usted haga el esfuerzo de influenciarla como si no*. Esto, naturalmente, le sugiere que los pensamientos de miedo y de pobreza, y todos los pensamientos negativos sirven de estímulo a su mente subconsciente, a menos que usted domine estos impulsos y la alimente con comida más deseable.

¡La mente subconsciente no permanecerá sin hacer nada nunca! Si usted falla en plantar DESEOS en su mente subconsciente, esta se alimentará de los pensamiento que le lleguen como *resultado de su negligencia*. Ya hemos explicado que los impulsos de los pensamientos, tanto negativos como positivos, están llegando a la mente subconsciente de forma continua, a partir de las cuatro fuentes que se mencionaron en el capítulo sobre transmutación del sexo.

Por el momento basta con que recuerde que vive *diariamente* en medio de toda clase de impulsos de pensamiento que están llegando a su mente subconsciente, sin su conocimiento. Algunos de estos impulsos son negativos, algunos son positivos. Ahora mismo está ocupado en tratar de ayudar a cerrar el flujo de impulsos negativos e influir voluntariamente en su mente subconsciente mediante impulsos positivos de DESEO.

Cuando logre hacer esto, usted poseerá la llave que abre la puerta de su mente subconsciente. Además, controlará completamente esa puerta, de tal forma que ningún pensamiento indeseable podrá influir en su mente subconsciente.

Todo lo que el ser humano crea EMPIEZA en la forma de un impulso de pensamiento. El ser humano no puede crear nada que no haya sido concebido primero en el PENSAMIENTO. Con la ayuda de la imaginación, los impulsos del pensamiento pueden estructurarse en forma de planes. La imaginación, cuando está bajo control, puede usarse para la creación de planes o propósitos que conducen al éxito en la ocupación que uno elija.

Todos los impulsos de pensamiento que intentan ser transmutados en sus equivalentes físicos y que son plantados voluntariamente en la mente subconsciente deben pasar por la imaginación y mezclarse con la fe. La «mezcla» de la fe con un plan o propósito, con la intención de someterlo a la mente subconsciente, SOLO puede lograrse mediante la imaginación.

A partir de estas declaraciones, usted ya puede darse cuenta de que el uso voluntario de la mente subconsciente requiere la coordinación y aplicación de todos los principios.

Ella Wheeer Wilcox dio evidencia de su entendimiento del poder de la mente subconsciente cuando escribió:

> Nunca se sabe lo que un pensamiento puede hacer
> para traerte odio o amor.
> Porque los pensamientos son cosas, y sus alas etéreas
> son más veloces que las palomas mensajeras.

Siguen la ley del universo:
cada cosa crea su propia clase,
y se apresuran sobre la pista para traerte de vuelta
lo que salió de tu mente.

La señora Wilcox entendió la verdad: que los pensamientos que salen de la mente también se incrustan profundamente en la mente subconsciente, donde sirven como magnetos, patrones o planos mediante los cuales la mente subconsciente es influenciada mientras los traduce en sus equivalentes físicos. Los pensamientos realmente son cosas, por la misma razón de que todas las cosas materiales empiezan en forma de energía para pensar.

La mente subconsciente es más susceptible de ser influenciada por impulsos de pensamiento mezclados con «sentimientos» o emociones que por aquellos pensamientos que se originan solamente en la parte racional de la mente. De hecho hay mucha evidencia que sostiene la teoría de que SOLO los pensamientos mezclados con emociones tienen alguna influencia de ACCIÓN en la mente subconsciente. Es bien conocido el hecho de que la emoción o el sentimiento rige a la mayoría de las personas. Si es cierto que la mente subconsciente responde más rápido y es influenciada más rápidamente por impulsos de pensamiento que han sido bien mezclados previamente con emociones, es esencial familiarizarse con las emociones más importantes. Hay siete emociones positivas principales y siete emociones negativas principales. Las emociones negativas se inyectan voluntariamente dentro de los impulsos de pensamiento, lo cual les asegura el pasaje hacia la mente subconsciente. Las emociones positivas deben ser inyectadas, mediante el principio de la autosugestión, dentro de los impulsos de pensamiento que un individuo desea pasar a su mente subconsciente. (Las instrucciones aparecen en el capítulo sobre la autosugestión).

Estas emociones, o impulsos de sentimiento, pueden compararse con la levadura en una hogaza de pan, porque constituyen el elemento de ACCIÓN que transforma los impulsos de pensamiento del estado pasivo al estado activo. Debido a esto, uno puede comprender por qué los impulsos de pensamiento que han sido previamente mezclados muy bien con la emoción se activan más rápidamente que los impulsos de pensamiento que se originan en la «gélida razón».

Usted se ha estado preparando para influir y controlar al «público interno» de su mente subconsciente con el fin de entregarle su DESEO de dinero, el cual quiere que sea transmutado en su equivalente monetario. Es esencial, por lo tanto, que comprenda el método para aproximarse a este «público interno». Usted debe aprender a hablar en su idioma, o no van a escuchar su llamado. El «público interno» entiende mejor el idioma de la emoción o el sentimiento. Permítanos, por lo tanto, describir aquí las siete principales emociones positivas, así como las siete principales emociones negativas, de tal manera que pueda recurrir a las positivas y evite las negativas cuando esté dando instrucciones a su mente subconsciente.

Las siete principales emociones positivas

La emoción del DESEO

La emoción de la FE

La emoción del AMOR

La emoción del SEXO

La emoción del ENTUSIASMO

La emoción del ROMANCE

La emoción de la ESPERANZA

Hay otras emociones positivas, pero estas son las más poderosas y las que se usan más comúnmente en los esfuerzos creativos. Domine estas

siete emociones (solo pueden dominarse si se USAN) y las otras emociones positivas estarán a su disposición cuando las necesite. Recuerde,
en esta conexión, que está estudiando un libro destinado a ayudarlo a
desarrollar una «conciencia del dinero», al *llenar su mente de emociones
positivas.* Uno no se vuelve consciente del dinero llenando su mente de
emociones negativas.

La siete principales emociones negativas (que deben evitarse)

La emoción del MIEDO
La emoción de los CELOS
La emoción del ODIO
La emoción de la VENGANZA
La emoción de la AVARICIA
La emoción de la SUPERSTICIÓN
La emoción de la IRA

*Las emociones positivas y negativas no pueden ocupar la mente al
mismo tiempo.* Unas u otras deben dominar. Es su responsabilidad
asegurarse de que las emociones positivas constituyan la influencia
dominante de su mente. Es aquí que la ley del HÁBITO será de gran
ayuda. ¡*Desarrolle el hábito de aplicar y usar las emociones positivas!*
Con el tiempo, estas emociones dominarán su mente tan completamente
que las emociones negativas *no podrán entrar.*

Solo siguiendo estas instrucciones de manera literal y continuamente
usted podrá obtener el control de su mente subconsciente. La presencia
de una sola emoción negativa en su mente consciente es suficiente para
destruir todas las oportunidades de ayuda constructiva por parte de su
mente subconsciente.

Si usted es una persona observadora, debe haberse dado cuenta de que ¡la mayoría de la gente recurre a las plegarias SOLAMENTE después de que todo lo demás ha fallado! O, de otra manera, rezan solamente como parte de un ritual de palabras sin sentido. Y justamente por este motivo es que la mayoría de las personas que rezan lo hace SOLAMENTE DESPUÉS DE QUE TODO LO DEMÁS HA FALLADO. Acuden a la oración con las mentes llenas de MIEDO y DUDAS, *las cuales son las emociones a las que reacciona la mente subconsciente* y pasa a la Inteligencia Infinita. Del mismo modo, esas son las emociones que la Inteligencia Infinita recibe y sobre las cuales ACTÚA.

Si usted reza para pedir algo, pero tiene miedo mientras lo hace, probablemente no lo recibirá o la Inteligencia Infinita no actuará sobre lo que usted está pidiendo y su oración *habrá sido en vano*.

A veces, la oración resulta en la materialización de aquello que se pide. Si alguna vez ha tenido la experiencia de haber recibido aquello que usted pidió en oración, haga memoria y recuerde el verdadero ESTADO DE SU MENTE mientras rezaba, así se dará cuenta, casi con seguridad, de que la teoría aquí descrita es más que una teoría.

Vendrá un tiempo en que las escuelas y las instituciones educativas del país enseñen la «ciencia de la oración». Es más, la oración tal vez sea y será reducida a una ciencia. Cuando llegue ese tiempo (vendrá tan pronto como la humanidad esté lista para ello y lo demande), nadie se acercará a la Mente Universal en un estado de miedo, porque no existirá la emoción del miedo. La ignorancia, la superstición y las falsas enseñanzas habrán desaparecido, y el hombre habrá alcanzado su estatus de hijo de la Inteligencia Infinita. Algunos ya han alcanzado esta bendición.

Si usted cree que esta profecía es descabellada, observe a la especie humana en retrospectiva. Hace menos de cien años, los hombres creían que el rayo era evidencia de la ira de Dios y le temían. Ahora, gracias al poder de la FE, el ser humano ha aprovechado los relámpagos para hacer girar las ruedas de la industria. Hace mucho menos de un siglo, los seres humanos creían que el espacio entre los planetas no era nada más que vacío, un espacio de nada sin vida. Ahora, gracias al mismo poder de la FE, sabemos que, lejos de tratarse de un vacío, el espacio entre los planetas está muy vivo, que es la más alta forma de vibración conocida, exceptuando quizá la vibración del pensamiento. Más aún, los seres humanos sabemos que esta energía viva, pulsátil y vibratoria que permea cada átomo de la materia y llena cada nicho del espacio conecta cada cerebro humano con los otros cerebros humanos.

¿Qué razón podrían tener los seres humanos para no creer que esta misma energía conecta cada cerebro humano con la Inteligencia Infinita?

No hay casetas de peaje entre la mente finita del ser humano y la Inteligencia Infinita. La comunicación no cuesta nada más que PACIENCIA, FE, PERSISTENCIA, COMPRENSIÓN y un SINCERO DESEO de comunicarse. Además, el acercamiento solo la puede hacer el individuo mismo. Las oraciones pagadas carecen de valor. La Inteligencia Infinita no negocia a través de representantes. O lo hace usted directamente, o no se comunicará.

Usted puede comprar libros de oraciones y repetirlos hasta el día final, sin ningún resultado. Los pensamientos que quiere comunicarle a la Inteligencia Infinita deben pasar por una transformación, la cual solo su propia mente subconsciente puede realizar.

El método por el cual usted se puede comunicarse con la Inteligencia Infinita es muy similar al que utiliza las vibraciones del sonido para comunicarse por radio. Si usted entiende el principio por el cual funciona la radio, sabrá, por supuesto, que el sonido no puede comunicarse por el éter hasta que ha sido «incrementado» o cambiado a un ritmo de vibración que el oído humano no puede detectar. La estación de radio que transmite la señal toma el sonido de la voz humana y lo «revuelve» o modifica incrementando su vibración millones de veces. Únicamente de esta manera la vibración del sonido puede comunicarse a través del éter. Después de que esta transformación ha tenido lugar, el éter «recoge» la energía (la cual originalmente tenía forma de vibraciones de sonido) y la lleva a las estaciones receptoras, donde la energía es devuelta a su ritmo original para ser reconocido como sonido.

La mente subconsciente es la intermediaria que traduce nuestras plegarias a términos que la Inteligencia Infinita puede reconocer; presenta el mensaje, y trae de regreso la respuesta en forma de un plan definido o una idea para procurar el objeto de la oración. Si logra comprender este principio, sabrá por qué las meras palabras leídas de un libro de oraciones no pueden, y nunca podrán, servir como un agente de comunicación entre la mente del hombre y la Inteligencia Infinita.

Antes de que sus plegarias alcancen la Inteligencia Infinita (esta declaración es solo una teoría del autor), probablemente será transformado de su vibración original como pensamiento a términos de una vibración espiritual. La fe es el único agente que puede dar a sus pensamientos una naturaleza espiritual. La FE y el MIEDO son malos compañeros de cama. *Donde está uno, el otro no puede existir.*

13

EL CEREBRO

UNA ESTACIÓN EMISORA
Y RECEPTORA DEL PENSAMIENTO

EL DOCEAVO PASO HACIA LA RIQUEZA

Hace más de veinte años, el autor, trabajando en conjunto con el fallecido doctor Alexander Graham Bell y el doctor Elmer R. Gates, observó que cada cerebro humano es una estación tanto emisora como receptora para la vibración del pensamiento.

Por medio del éter, de una manera similar a aquella que se emplea para el principio de la transmisión de radio, cada cerebro humano es capaz de recoger las vibraciones del pensamiento que son liberadas por otros cerebros.

En conexión con la declaración hecha en el párrafo precedente, compare y considere la descripción de la Imaginación Creativa, tal como se delineó en el capítulo sobre la imaginación. La Imaginación Creativa es el «aparato receptor» del cerebro, el cual recibe los pensamientos liberados por los cerebros de los otros. Es el agente de comunicación entre la conciencia o mente racional de uno y las cuatro fuentes desde las cuales uno puede recibir estímulos de pensamiento.

Cuando se le estimula o se «incrementa» su ritmo de vibración, la mente se vuelve más receptiva a la vibración de pensamiento que lo alcanza a través del éter desde fuentes externas. Este proceso de «incremento» tiene lugar mediante las emociones positivas o las emociones negativas. Con las emociones, las vibraciones de pensamiento pueden incrementarse.

Las vibraciones de un ritmo excesivamente alto son solo vibraciones recogidas y trasmitidas por el éter, de un cerebro hacia el otro. El pensamiento es energía viajando a un excesivo ritmo de vibración. El pensamiento que ha sido modificado e incrementado por cualquiera de las principales emociones vibra a un ritmo mucho más alto que el pensamiento ordinario, y este es el tipo de pensamiento que pasa de un cerebro a otro, a partir de la maquinaria transmisora del cerebro humano.

La emoción del sexo está a la cabeza de la lista de emociones humanas, en cuanto a su intensidad y su fuerza motriz. El cerebro que ha sido estimulado por la emoción del sexo vibra a un ritmo mucho más rápido que el de una emoción tranquila o ausente.

El resultado de la transmutación sexual es el incremento del ritmo de vibración de los pensamientos hasta el punto de que la Imaginación Creativa se vuelve altamente receptiva a las ideas, las cuales recoge del éter. Por otra parte, cuando el cerebro está vibrando a un ritmo muy rápido, no solo atrae pensamientos e ideas liberados por otros cerebros en el éter, sino que también otorga a los pensamientos propios ese «sentimiento» que es esencial antes de que esos pensamientos puedan ser recogidos y accionados por la mente subconsciente.

De esta manera, usted verá que el principio de transmisión es el factor con el cual usted mezcla sentimiento o emoción con sus pensamientos y los pasa a su mente subconsciente.

La mente subconsciente es la «estación emisora» del cerebro, mediante la cual las vibraciones del pensamiento son transmitidas. La

Imaginación Creativa es el «aparato receptor» con el cual las vibraciones del pensamiento son recogidas desde el éter.

Junto con los importantes factores de la mente subconsciente y la facultad de la Imaginación Creativa, que constituyen los aparatos emisores y receptores de su maquinaria transmisora, considere ahora el principio de la autosugestión, el cual es el medio a partir del cual usted puede poner en operación su estación «transmisora».

Mediante las instrucciones descritas en el capítulo sobre la autosugestión, usted fue informado de manera detallada del método por el cual el DESEO puede transmutarse en su equivalente monetario.

La operación de su estación transmisora mental es un procedimiento comparativamente simple. Tiene que mantener tres principios presentes en su mente y aplicarlos cuando desee usar su estación transmisora: MENTE SUBCONSCIENTE, IMAGINACIÓN CREATIVA Y AUTOSUGESTIÓN. El estímulo por medio del cual usted pone en acción estos principios ha sido descrito: el procedimiento comienza con el DESEO.

Las fuerzas más grandes son «intangibles»

La Gran Depresión condujo al mundo al límite de la comprensión de fuerzas que son intangibles e invisibles. A lo largo de las eras pasadas, el ser humano dependió demasiado de sus sentidos físicos y limitó su conocimiento a las cosas físicas que podía ver, tocar, pesar y medir.

Ahora estamos entrando a la más maravillosa de las eras, una que nos enseñará algo sobre las fuerzas intangibles del mundo que está alrededor nuestro. Tal vez debamos aprender, conforme avanzamos en esta era, que nuestro otro «otro yo» es más poderoso que el ser físico que vemos cuando nos miramos al espejo.

Algunos hombres hablan con ligereza sobre lo intangible, las cosas que ellos no pueden percibir mediante alguno de los cinco sentidos, y, cuando los escuchamos hablar, deberíamos tener presente que *todos nosotros estamos controlados por fuerzas que son invisibles e intangibles*.

Toda la humanidad en su conjunto no tiene el poder de sobrellevar ni controlar la fuerza intangible contenida en las olas de los océanos. El ser humano no tiene la capacidad de entender la intangible fuerza de gravedad que mantiene a esta pequeña Tierra suspendida en medio del aire y evita que los seres humanos se caigan de ella, mucho menos el poder de controlar tal fuerza. El ser humano es totalmente impotente ante la fuerza intangible que proviene de una tormenta de truenos y está totalmente indefenso frente a la fuerza de la electricidad; es más, ¡ni siquiera sabe con certeza lo que es la electricidad, de dónde viene y cuál es su propósito!

Este no es por ningún motivo el fin de la ignorancia humana en conexión con las cosas que son invisibles e intangibles. El ser humano ni siquiera comprende la fuerza intangible (y la inteligencia) contenida en la tierra, *la fuerza que le provee cada migaja de comida que come, cada prenda de vestir que usa y cada dólar que lleva en los bolsillos.*

La dramática historia del cerebro

Por último, pero no menos importante, el ser humano con toda la cultura y educación de la que hace alarde, entiende muy poco o incluso nada de la fuerza intangible (la más importante de lo intangible) del *pensamiento*. El ser humano sabe poco de lo concerniente al cerebro físico y a su su vasta red de intrincada maquinaria por medio de la cual el poder del pensamiento se traduce en su equivalente material, pero ahora está entrando en una era que arrojará luz sobre el tema.

Los hombres de ciencia están comenzando ya a dedicar su atención al estudio de esta extraordinaria cosa llamada cerebro y, aunque todavía se encuentran en la etapa del kínder en cuanto a estos estudios, han descubierto suficiente para saber que el panel de control central del cerebro humano, el número de líneas que conectan las células del cerebro entre sí, equivale al número uno seguido de cincuenta millones de cifras. El doctor C. Judson Herrick, de la Universidad de Chicago, afirmó:

El número es tan formidable que las cifras que se usan para expresar cientos de millones de años luz se vuelven insignificantes en comparación. Se ha determinado que hay entre 10 000 millones y 14 000 millones de células nerviosas en la corteza del cerebro humano, y sabemos que estas están organizadas en patrones definidos. Su organización no es aleatoria. Tiene un orden. Los métodos de electrofisiología desarrollados recientemente extraen corrientes de acción de células ubicadas con gran precisión, o mediante fibras con microelectrodos, las amplifican con tubos de radio y registran las potenciales diferencias de hasta la millonésima de un voltio.

Es inconcebible que tal red de intrincada maquinaria deba existir con el único propósito de realizar las funciones físicas relacionadas con el crecimiento y mantenimiento del cuerpo físico. ¿No parece evidente que el mismo sistema que proporciona miles de millones de células como medio para comunicarse entre ellas provea también los medios de comunicación con otras fuerzas intangibles?

Después de que este libro fue escrito, justo antes de que el manuscrito se enviara a la editorial, apareció en *The New York Times* un editorial que mostraba que al menos una gran universidad, junto con un investigador inteligente en el campo de los fenómenos mentales, está realizando una investigación seria cuyas conclusiones son paralelas a muchas de las descritas en este capítulo y el siguiente. El artículo analizaba brevemente el trabajo liderado por el doctor Rhine y sus asociados de la Universidad de Duke, titulado «¿Qué es la telepatía?»:

Hace un mes citamos en estas páginas algunos de los destacados resultados obtenidos por el profesor Rhine y sus asociados en la Universidad de Duke a partir de más de 100 000 pruebas para determinar la existencia de la «telepatía» y la «clarividencia». Estos resultados fueron resumidos en los primeros dos artículos de *Harpers Magazine*. En el segundo, que ya ha aparecido, el autor E. H. Wright intenta resumir lo que se aprendió, o lo que parece razonable inferir, con respecto a la naturaleza exacta de estos modos «extrasensoriales» de percepción.

La existencia real de la telepatía y la clarividencia les parece enormemente probable a algunos científicos a partir de los resultados de los experimentos de Rhine. A varios sujetos perceptores se les pidió que nombraran tantas cartas de un paquete especial como pudieran sin verlas y sin que hubiera habido ninguna otra forma de acceso sensorial a ellas. Se descubrió que un alto número de hombres y mujeres podían nombrar con regularidad tantas cartas correctamente que «no había ninguna probabilidad entre un millón de millones de que pudieran haber obtenido esos resultados por accidente».

Pero ¿cómo lo hicieron? Estos poderes, asumiendo que existan, no parecen ser sensoriales. No hay ningún órgano conocido para ello. Los experimentos funcionaron tan bien tanto a distancias de varios cientos de millas como en la misma habitación. Estos hechos también eliminan, en opinión del señor Wright, el intento de explicar la telepatía y la clarividencia mediante cualquier teoría física, como la radiación. Todas las formas conocidas de energía radiante se reducen de manera inversamente proporcional a la distancia cuadrada que atraviesan. La telepatía y la clarividencia no funcionan igual. Pero sí varían a través de causas físicas igual que cualquiera de nuestros otros poderes mentales. Contrario a la opinión más extendida, los resultados no mejoran cuando el perceptor está dormido o adormilado, pero, al contrario, lo hacen cuando el perceptor está despierto y más alerta. Rhine descubrió que un narcótico reduce el resultado del perceptor, mientras que un estimulante suele mejorar el resultado. Aparentemente, el perceptor más confiable no puede alcanzar un buen resultado a menos que se esfuerce por hacerlo lo mejor posible.

Una conclusión que Wright saca con bastante seguridad es que la telepatía y la clarividencia son en realidad un mismo don. Esto es, la facultad que «ve» una carta que está colocada boca abajo sobre una mesa parece ser exactamente la misma que puede «leer» un pensamiento que reside en la mente de otra persona. Hay varios motivos para creer esto. Hasta ahora, por ejemplo, ambos dones se han encontrado en las personas que disfrutan de alguno de ellos. En todos los casos, ambos dones se han presentado con casi idéntico vigor. Las pantallas, las paredes, las distancias no tienen ningún efecto en ninguno de los dos. Wright se adelanta, a partir de esta conclusión, a expresar lo que en sus palabras es una «corazonada» de que otras experiencias extrasensoriales, como los sueños proféticos, las premoniciones de desastres y demás sean parte de la misma facultad. No se le pide al lector que acepte ninguna de estas conclusiones a menos que lo considere necesario, pero lo cierto es que la evidencia que Rhine ha reunido es bastante impresionante.

En vista del anuncio del doctor Rhine en relación con las condiciones bajo las cuales la mente responde a lo que él llama «modos de percepción extrasensoriales», me siento privilegiado por agregar algo a su testimonio al declarar que yo y mis asociados hemos descubierto lo que creemos que son las condiciones ideales en las cuales la mente puede ser estimulada para que el sexto sentido descrito en el siguiente capítulo pueda ser puesto a funcionar de una manera práctica.

Las condiciones a las que me refiero consisten en una alianza de trabajo cercana entre dos miembros de mi equipo y yo. Por medio de la experimentación y la práctica, hemos descubierto cómo estimular nuestras mentes (al aplicar el principio usado en conexión con los «Consejeros Imaginarios» descritos en el siguiente capítulo) de tal forma que podamos, mediante el proceso de unir nuestras tres mentes en una, encontrar la solución a una gran variedad de problemas personales presentados por mis clientes.

El procedimiento es muy simple. Nos sentamos alrededor de una mesa de conferencias, decimos con claridad la naturaleza del problema que vamos a considerar y luego comenzamos a discutir sobre él. Cada uno contribuye con cualquier pensamiento que se le ocurra. Lo extraño acerca de este método de estimulación mental es que coloca a cada participante en comunicación con fuentes desconocidas de conocimiento que están definitivamente fuera de su propia experiencia.

Si usted entiende el principio descrito en el capítulo sobre la Mente Maestra, por supuesto que va a reconocer el procedimiento de la mesa redonda que describimos aquí, ya que es una aplicación práctica de la Mente Maestra.

Este método de estimulación mental, mediante la discusión armónica de temas definidos, entre tres personas, ilustra el más simple y práctico uso de la Mente Maestra.

Al adoptar y seguir un plan similar, cualquier estudiante de esta filosofía entrará en posesión de la famosa fórmula de Carnegie descrita brevemente en la introducción.

Si no significa nada para usted en este momento, marque esta página y vuelva a leerla después de terminar el último capítulo.

La Gran Depresión fue una bendición disfrazada. Condujo a todo el mundo a un nuevo comienzo que les está brindando a todos una nueva oportunidad.

14

EL SEXTO SENTIDO

LA PUERTA DEL TEMPLO DE LA SABIDURÍA

EL TRECEAVO PASO HACIA LA RIQUEZA

Conocido como el SEXTO SENTIDO, mediante el cual la Inteligencia Infinita se comunicará voluntariamente, sin ningún esfuerzo o demandas por parte del individuo.

Este principio es la cúspide de la filosofía. Puede ser asimilado, comprendido y aplicado SOLO si antes se han dominado los otros 12 principios.

El SEXTO SENTIDO es esa porción de la mente subconsciente a la que nos hemos referido como Imaginación Creativa. También nos hemos referido a él como la «máquina receptora», mediante la cual las ideas, los planes y los pensamientos destellan en la mente. Estos destellos a veces se llaman «corazonadas» o «inspiraciones».

¡El sexto sentido desafía las descripciones! No puede ser descrito a una persona que no ha dominado los otros principios de esta filosofía porque tal persona no tiene ni el conocimiento ni la experiencia con los cuales se puede comparar el sexto sentido. Entender el sexto sentido proviene solamente de la meditación y el desarrollo mental *interior*. El sexto sentido quizá sea el medio de contacto entre la mente finita del ser humano y la Inteligencia Infinita, y por esta razón *es una mezcla de lo mental y lo espiritual*. Se cree que es el punto en el cual la mente del ser humano contacta con la Mente Universal.

Después de haber dominado los principios descritos en este libro, usted estará preparado para aceptar como verdad una declaración que, de otra manera, puede parecerle increíble, a saber: mediante la ayuda del sexto sentido, usted será advertido a tiempo de peligros inminentes para evitarlos y notificado de oportunidades a tiempo para aprovecharlas.

Acude en su ayuda y a su servicio, con el desarrollo del sexto sentido, un «ángel guardián» que le abrirá en todo momento las puertas del Templo de la Sabiduría.

Ya sea que esto sea verdad o no, nunca lo sabrá, a menos que siga las instrucciones descritas en las páginas de este libro, o por algún otro método o procedimiento.

El autor no es un creyente ni un promotor de «milagros», debido a que tiene suficiente conocimiento de la Naturaleza como para comprender que esta *nunca se desvía de las leyes establecidas*. Algunas de sus leyes son tan incomprensibles que producen lo que parecen ser «milagros». El sexto sentido se parece tanto a un milagro como ninguna otra cosa que yo haya experimentado, y parece eso solo porque no comprendo el método con el cual opera este principio.

Pero el autor sí está seguro de esto: hay un poder, una Causa Primera o una inteligencia que permea cada átomo de la materia y abarca cada unidad de energía perceptible para el ser humano, que esta Inteligencia Infinita convierte las bellotas en robles, causa que el agua fluya colina abajo en respuesta a la ley de la gravedad, hace que la noche siga al día y el invierno al verano, manteniendo cada cosa en su lugar apropiado y en relación con el resto. Esta inteligencia puede, mediante los principios de esta filosofía, ser inducida a ayudar en la transmutación de los DESEOS en formas concretas y materiales. El autor tiene este conocimiento porque ha experimentado con él y lo ha VIVIDO.

Paso a paso, a lo largo de los capítulos anteriores, usted ha sido guiado hasta este último principio. Si ha logrado dominar cada uno de los principios precedentes, está preparado para aceptar, *sin ser escéptico*, las maravillosas declaraciones hechas aquí. Si todavía no ha dominado los otros principios, debe hacerlo antes de poder determinar, de manera definitiva, si las aseveraciones hechas en este capítulo son verdad o ficción.

Mientras pasaba por la etapa de mi vida de «adoración a los héroes», me encontré a mí mismo imitando a quienes más admiraba. Es más, descubrí que el elemento de la FE, con el que intentaba imitar a mis ídolos, me dio la capacidad de hacerlo de una manera bastante exitosa.

Nunca me separé del todo de este hábito de adorar a mis héroes, a pesar de que he sobrepasado la edad en que uno comúnmente hace esto. Mi experiencia me ha enseñado que lo más parecido a ser verdaderamente grande es emular a los grandes, mediante el sentimiento y la acción, en la medida de lo posible.

Mucho antes de que escribiera una línea para su publicación, o intentado siquiera dar un discurso en público, seguí el hábito de reformar mi propio carácter, tratando de imitar a los nueve hombres cuyas vidas y obras más me habían impresionado. Estos nueve hombres eran Emerson, Paine, Edison, Darwin, Lincoln, Burbank, Napoleón, Ford y Carnegie. Cada noche, durante un largo período de años, sostenía una reunión de consejo imaginaria con este grupo, a quienes llamaba mis «Consejeros Imaginarios».

El procedimiento era el siguiente. Justo antes de irme a dormir durante la noche, cerraba los ojos y veía, en mi imaginación, a este grupo de hombres sentados conmigo alrededor de una mesa del consejo. De esta forma tenía no solamente la oportunidad de sentarme con estos hombres a los que consideraba grandiosos, sino que además dirigía al grupo, ya era el presidente.

Yo tenía un PROPÓSITO DEFINIDO de complacer a mi imaginación con estas reuniones nocturnas. Mi propósito consistía en reconstruir mi propio carácter para que lograra representar una composición de los caracteres de mis consejeros imaginarios. Al darme cuenta, temprano en la vida, de que había superado las dificultades de mi nacimiento en un ambiente de ignorancia y superstición, yo mismo me asigné de forma deliberada la tarea de renacer voluntariamente a partir del método aquí descrito.

Forjar el carácter mediante la autosugestión

Como era un estudiante serio de psicología sabía, por supuesto, que todos los hombres se convierten en lo que son debido a sus DESEOS Y PENSAMIENTOS DOMINANTES. Sabía que cada deseo profundamente enraizado tiene el efecto de provocar buscar una expresión externa mediante la cual ese deseo pueda transmutarse en algo real. Sabía que la autosugestión es un factor poderoso para forjar el carácter y que es, de hecho, el único principio con el cual se puede construir el carácter.

Con este conocimiento de los principios de la operación de la mente estaba más o menos bien armado con el equipo necesario para reconstruir mi carácter. En las reuniones de consejo imaginarias convocaba a los miembros de mi gabinete y les pedía que contribuyeran con el conocimiento que yo deseaba. En voz alta les decía lo siguiente:

Señor Emerson: deseo adquirir de usted el maravilloso entendimiento de la Naturaleza que distinguió su vida. Le pido que haga una impresión en mi mente subconsciente de las cualidades que usted tenía y que le permitieron comprender y adaptarse a las leyes de la Naturaleza. Le pido que me ayude a alcanzar y utilizar todas las fuentes de conocimiento disponibles para alcanzar este fin.

Señor Burbank: le pido que me pase el conocimiento que le permitió armonizar las leyes de la Naturaleza de tal manera que fue capaz de lograr que el cactus se deshiciera de sus espinas y se convirtiera en un alimento comestible. Deme acceso al conocimiento que le permitió hacer crecer dos briznas de hierba donde antes solo crecía una y le ayudó a combinar el color de las flores con más esplendor y armonía, convirtiéndolo en el único que ha mejorado lo que ya era excelente.

Napoléon: deseo adquirir de usted, por emulación, la maravillosa habilidad que poseía de inspirar a los hombres y de elevarlos hacia un espíritu de acción más grande y determinado. También a adquirir el espíritu de FE perdurable que le permitió convertir la derrota en victoria y a superar obstáculos asombrosos. Emperador de la fe, rey de la oportunidad, hombre de destino, ¡yo lo saludo!

Señor Paine: deseo adquirir de usted la libertad de pensamiento, el coraje y la claridad con la que expresó sus convicciones, ¡y que tanto lo distinguieron!

Señor Darwin: deseo adquirir de usted la maravillosa paciencia y la habilidad para estudiar causa y efecto sin sesgos ni prejuicios, cualidades que tan bien puso en práctica en el campo de las ciencias naturales.

Señor Lincoln: deseo construir en mi propio carácter el agudo sentido de justicia, el incansable espíritu de paciencia, el sentido del humor, la comprensión de la naturaleza humana y la tolerancia, que fueron las características que siempre lo distinguieron.

Señor Carnegie: ya estoy en deuda con usted por ayudarme a descubrir mi vocación de vida, la cual me ha traído mucha felicidad y paz mental. Deseo adquirir un profundo conocimiento de los principios del *esfuerzo organizado*, el cual usted usó de manera tan efectiva en la construcción de una gran empresa industrial.

Señor Ford: usted ha estado entre los hombres que más me han ayudado a proporcionarme el material esencial para mi trabajo. Deseo adquirir el espíritu de persistencia, la determinación, el equilibrio y la seguridad en sí mismo que le permitieron dominar la pobreza, organizar, unificar y simplificar el esfuerzo humano de tal forma que pueda ayudar a otros a seguir las huellas que usted dejó.

Señor Edison: lo tengo sentado justo a mi lado, a mi derecha, debido a la cooperación personal que usted me ha brindado durante mi investigación de las causas del éxito y el fracaso. Deseo adquirir de usted el maravilloso espíritu de FE con el cual ha develado tantos secretos de la Naturaleza, el espíritu del incansable con el que tantas veces ha arrancado la victoria a la derrota.

Mi método de dirigirme a los miembros de mi gabinete imaginario variaba de acuerdo con los rasgos de carácter que estaba más interesado en adquirir en un momento dado. Estudié los registros de sus vidas con esmerado cuidado. Después de unos meses de aplicar ese procedimiento nocturno, quedé sorprendido con el descubrimiento de que estos personajes imaginarios se volvieron, aparentemente, *reales*.

Cada uno de estos nueve hombres desarrolló características individuales que me sorprendieron. Por ejemplo, Lincoln desarrolló el hábito de llegar siempre tarde para luego caminar alrededor de la mesa de manera muy solemne. Caminaba muy despacio, con las manos unidas en la espalda y, de vez en cuando, se detenía cuando pasaba junto a mí y colocaba su mano, brevemente, sobre mi hombro. Siempre tenía una expresión seria en el rostro. Muy pocas veces lo vi sonreír. Las preocupaciones de un país desgarrado hicieron de él un hombre solemne.

Eso no era el caso de los demás. Burbank y Paine se daban gusto con peleas de palabras divertidas e ingeniosas que parecían, algunas veces, incomodar a los otros miembros del gabinete. Una noche, Paine me sugirió que preparara un discurso sobre «la Edad de la Razón» y que lo presentara desde el púlpito de una iglesia a la cual yo había acudido anteriormente. Varios alrededor de la mesa se rieron a carcajadas ante la sugerencia. ¡Pero no Napoleón! Sus labios se contrajeron y emitió un gruñido tan sonoro que todos volvieron la vista hacia él con asombro. Para él, la Iglesia era solo un peón del Estado, que no debía ser reformada, sino solo usada a conveniencia, como un incitador a la acción de las masas.

En una ocasión, Burbank llegó tarde. Estaba lleno de entusiasmo y explicó que había llegado tarde debido a un experimento que estaba haciendo, mediante el cual esperaba hacer crecer manzanas a partir de cualquier clase de árbol. Paine lo regañó y le recordó que había sido una manzana lo que inició el conflicto entre el hombre y la mujer. Darwin se rio con ganas mientras sugería que Paine debía tener cuidado con las pequeñas serpientes cuando fuera al bosque a recoger manzanas, ya que estas tenían el hábito de crecer y volverse grandes serpientes. Emerson observo: «Sin serpientes no hay manzanas», y Napoleón remarcó: «¡Sin manzanas no hay Estado!».

Lincoln desarrolló el hábito de ser siempre el último en dejar la mesa después de cada reunión. En una ocasión se inclinó a lo largo del extremo de la mesa y se quedó en esa posición durante varios minutos. Yo no hice ningún intento de molestarlo. Finalmente se incorporó despacio y caminó hacia la puerta, luego se dio media vuelta, regresó y posó su mano sobre mi hombro mientras decía:

—Hijo mío, vas a necesitar mucho valor si te empeñas en alcanzar tu propósito en la vida. Pero recuerda que, cuando las dificultades parezcan superarte, la gente común tiene sentido común. La adversidad lo desarrolla.

Una tarde, Edison llegó antes que los demás. Caminó y se sentó a mi izquierda, donde solía sentarse Emerson, y dijo:

Tú estás destinado a ser testigo del descubrimiento del secreto de la vida. Cuando llegue ese momento, te darás cuenta de que la vida consiste en grandes enjambres de energía, o entidades; cada una tan inteligente como los seres humanos *creen* serlo. Esas unidades de vida se agrupan como los enjambres de abejas y permanecen juntas hasta que se desintegran, *debido a la falta de armonía.*

Estas unidades tienen diferencias de opinión, al igual que los seres humanos, y muchas veces pelean entre ellas. Estas reuniones que conduces serán muy útiles para ti. Van a traer a tu rescate algunas de las unidades de vida que sirvieron a los miembros de tu gabinete durante sus vidas. Estas unidades son eternas. ¡NUNCA MUEREN! Tus propios pensamientos y DESEOS sirven como imanes para atraer a las unidades de vida desde el gran océano de vida que hay allá afuera. Solamente las unidades amigables son atraídas, aquellas que armonizan con la naturaleza de tus DESEOS.

Los otros miembros del gabinete comenzaron a entrar en la habitación. Edison apareció y lentamente caminó hacia su asiento. Edison todavía vivía cuando esto sucedió. Me impresionó tan profundamente que, cuando fui a verlo y le conté esta experiencia, sonrió ampliamente y dijo:

—Tu sueño fue más una realidad que lo que imaginas. —Y no añadió ninguna explicación a esta declaración.

Estas reuniones se volvieron tan realistas que empecé a temer sus consecuencias y decidí descontinuarlas por varios meses. Las experiencias eran tan extrañas que temí que, si las continuaba, iba a perder de vista el hecho de que eran puramente *experiencias de mi imaginación.*

Unos seis meses después de que descontinué esta práctica me desperté una noche, o pensé que estaba despierto, cuando vi a Lincoln parado junto a mi cama. Me dijo:

El mundo va a necesitar tus servicios muy pronto. Está a punto de pasar por un período de caos que provocará que los hombres y las mujeres pierdan la fe y se paralicen por el pánico. Continúa con tu trabajo y completa tu filosofía. Esa es tu misión en la vida. Si eres negligente y no la completas por la razón que sea, serás reducido a un estado primigenio y estarás obligado a volver a surcar los ciclos por los cuales has pasado durante miles de años.

A la mañana siguiente fui incapaz de decir si había soñado esto o si realmente había estado despierto. Nunca he sabido qué fue lo que ocurrió realmente. Lo único que sé es que el sueño, si es que fue un sueño, parecía tan vívido en mi mente al día siguiente que reanudé mis reuniones la noche siguiente.

Durante nuestra reunión, los miembros de mi gabinete llegaron todos juntos y se sentaron en sus lugares acostumbrados en la mesa de consejo, mientras Lincoln elevaba un vaso para brindar y decía:

—Caballeros, brindemos por un amigo que ha vuelto al redil.

Después de eso comencé a añadir nuevos miembros a mi gabinete, hasta ahora consiste en más de cincuenta; entre ellos están Cristo, san Pablo, Galileo, Copérnico, Aristóteles, Platón, Sócrates, Homero, Voltaire, Bruno, Spinoza, Drummond, Kant, Schopenhauer, Newton, Confucio, Elbert Hubbard, Brann, Ingersoll, Wilson y William James.

Esta es la primera vez que reúno el valor de mencionar esto. Hasta ahora había permanecido en silencio sobre el tema, porque sabía, a partir de mi propia actitud en conexión con estos temas, que sería malinterpretado si describía mi inusual experiencia. Ahora he sido envalentonado a compartir mi experiencia por escrito, porque ahora me preocupa mucho menos «el qué dirán» que en los años anteriores. Una de las bendiciones de la madurez consiste en que algunas veces ser honesto brinda más valor, sin importar lo que puedan pensar o decir aquellos que no comprenden.

Para no ser malinterpretado, quiero decir aquí, de la manera más enfática, que sé con toda seguridad que mis reuniones con mi gabinete son meramente imaginarias, pero me siento con el derecho a sugerir que, aunque los miembros de mi gabinete sean puramente personajes de ficción y que las reuniones solo existen en mi imaginación, me han conducido a caminos gloriosos de aventuras, han reavivado mi aprecio por la verdadera grandeza, han motivado mis esfuerzos creativos y me han dado el valor de expresar honestamente mis pensamientos.

En algún lugar de la estructura celular del cerebro se localiza un órgano que recibe las vibraciones de pensamiento que comúnmente se llaman «corazonadas». Hasta ahora, la ciencia no ha descubierto dónde está localizado este órgano, pero eso no importa. El hecho es que los seres humanos realmente reciben conocimiento preciso a partir de otras fuentes que no son los sentidos físicos. Ese conocimiento, por lo general, es recibido cuando la mente está bajo la influencia de una estimulación extraordinaria. Cualquier emergencia que estimule las emociones y que provoque que el corazón lata más rápido de lo normal puede, y generalmente lo hace, poner en acción el sexto sentido. Cualquiera que haya estado cerca de sufrir un accidente mientras manejaba sabe que, en dichas ocasiones, el sexto sentido suele venir al rescate y ayuda, en fracciones de segundos, a evitar el accidente.

Estos hechos se mencionan como una introducción preliminar a una declaración que haré ahora, a saber: durante mis reuniones con los consejeros imaginarios encuentro mi mente particularmente receptiva a ideas, pensamientos y conocimientos que me llegan por medio del sexto sentido. Puedo decir, con total sinceridad, que debo por completo a mis consejeros imaginarios el mérito de las ideas, hechos o conocimientos que he recibido mediante la «inspiración».

En muchas ocasiones, cuando he enfrentado emergencias, algunas tan graves que mi vida ha estado realmente en peligro, he sido guiado por milagro para salir de dichas dificultades mediante la influencia de mis consejeros imaginarios.

Mi propósito original al conducir las reuniones con mi consejo de seres imaginarios era solamente la de impregnar mi mente subconsciente, por medio del principio de la autosugestión, con ciertas características que yo deseaba adquirir. En años más recientes, mi experimentación me ha llevado por un derrotero totalmente diferente. Ahora acudo a mis consejeros imaginarios cada vez que tengo un problema difícil de resolver que me confronta con mis clientes. Los resultados son por lo regular sorprendentes, aunque no dependo del todo de esta forma de consejo.

Usted se habrá dado cuenta, por supuesto, de que este capítulo cubre un tema con el que la mayoría de las personas no está familiarizada. El SEXTO SENTIDO es un tema que será de gran interés y beneficio para las personas cuyo propósito sea acumular una vasta fortuna, pero no despertará la atención de aquellos cuyos deseos sean modestos.

Henry Ford sin duda entiende y hace un uso práctico del sexto sentido. Sus enormes operaciones de negocios y financieras hacen necesario que él entienda y use este principio. El fallecido Thomas A. Edison entendió y usó el sexto sentido para desarrollar sus invenciones, especialmente aquellas que involucraban patentes básicas, en conexión con las cuales él no tenía experiencia humana y no había conocimientos acumulados para guiarlo, como es el caso de la máquina parlante y la máquina de imágenes móviles.

Casi todos los grandes líderes, como Napoleón, Bismarck, Juana de Arco, Cristo, Buda, Confucio y Mahoma, entendieron y quizá utilizaron el sexto sentido casi continuamente. La mayor parte de su grandeza consistió en su conocimiento de este principio.

El sexto sentido no es algo que uno pueda encender y apagar a voluntad. La habilidad de utilizar este gran poder se desarrolla lentamente, mediante la aplicación de otros principios delineados en este libro.

Es muy raro que una persona adquiera un conocimiento útil del sexto sentido antes de los 40 años. Por lo regular, este conocimiento no está disponible sino hasta más allá de los 50, y esto por la razón de que las fuerzas espirituales, con las cuales el sexto sentido está tan intrínsecamente relacionado, no maduran y se convierten en útiles hasta después de muchos años de meditación, autoexamen y pensamientos serios.

Sin importar quién sea usted, o cuál haya sido su propósito para leer este libro, puede sacar ventaja de él sin entender el principio descrito en este capítulo. Esto es verdad si su mayor propósito es el de acumulación de dinero y otras cosas materiales.

El capítulo sobre el sexto sentido se incluyó porque el libro fue diseñado con el propósito de presentar una filosofía completa que los individuos puedan seguir de manera infalible para obtener cualquier cosa que le pidan a la vida. El punto de partida de todo logro es el DESEO. El punto final es esa rama del CONOCIMIENTO que conduce al entendimiento: el entendimiento de uno mismo, el entendimiento de los demás, el entendimiento de las leyes de la Naturaleza, el reconocimiento y entendimiento de la FELICIDAD.

Este tipo de entendimiento proviene en su totalidad solo de la familiaridad con y la utilización del principio del sexto sentido. Por lo tanto, ese principio tenía que ser incluido como parte de esta filosofía, para beneficio de aquellos que demandan más que dinero.

Después de leer el capítulo, debe haber observado que, mientras lo leía, usted fue elevado a un alto nivel de estimulación mental. ¡Espléndido! Regrese al libro dentro de un mes, léalo de nuevo y observe que su mente alcanzará un nivel de estimulación mucho más alto. Repita esta experiencia de tiempo en tiempo, sin dar mucha importancia a cuánto aprende cada vez, y un día se dará cuenta de que está en posesión de un poder que le permitirá deshacerse del desaliento, dominar el miedo, superar la procrastinación y recurrir libremente a su imaginación. Entonces habrá sentido el toque de ese «algo» desconocido que ha sido el espíritu móvil de cada uno de los grandes líderes, artistas, músicos, escritores y hombres de Estado. Entonces estará en posición de transmutar sus DESEOS en su contraparte física o financiera con la misma facilidad con la que podría rendirse y abandonar al primer signo de oposición.

¡La fe contra el miedo!

En los capítulos previos se ha descrito cómo desarrollar la FE a partir de la autosugestión, el deseo y el subconsciente. El siguiente capítulo presenta instrucciones detalladas para dominar el MIEDO.

Ahí encontrará una descripción completa de los seis miedos que son la causa de todo desánimo, timidez, procrastinación, indiferencia, indecisión, así como de la falta de ambición, confianza en uno mismo, iniciativa, autocontrol y entusiasmo.

Busque dentro de usted cuidadosamente conforme estudie estos seis enemigos, ya que puede ser que existan solamente en su mente subconsciente, donde su presencia será difícil de detectar.

Recuerde también, conforme analiza los «seis fantasmas del miedo», que no son otra cosa que fantasmas porque solo existen en nuestra mente.

Recuerde también que los fantasmas —creaciones de una imaginación incontrolable— han causado la mayor parte del daño que las personas les hacen a sus propias mentes y, por lo tanto, los fantasmas pueden ser tan peligrosos como si vivieran y caminaran en la Tierra con cuerpos físicos.

El fantasma del miedo a la pobreza, que se apoderó de las mentes de millones de personas en 1929, era tan real que causó la peor depresión económica que este país ha sufrido jamás. No solo eso, este fantasma en particular todavía hoy nos aterra a algunos.

15

Cómo burlar los seis fantasmas del miedo

Haga un inventario de usted mismo conforme avanza en la lectura de este capítulo de cierre y descubra cuántos «fantasmas» están parados frente a usted.

ANTES de que pueda usar cualquier porción de esta teoría con éxito, su mente debe estar preparada para recibirla. La preparación no es difícil. Comienza con el estudio, análisis y entendimiento de los tres enemigos de los que debe deshacerse. ¡Estos son la INDECISIÓN, la DUDA y el MIEDO!

El SEXTO SENTIDO nunca funcionará mientras uno o todos estos elementos negativos estén presentes en su mente. Los miembros de este infame trío se relacionan de manera cercana; donde se encuentra uno, los otros dos están cerca y a la mano.

¡La INDECISIÓN es la semilla del MIEDO! Recuerde esto mientras lee. ¡La INDECISIÓN se cristaliza en la DUDA y luego ambas se combinan y se convierten en miedo! El proceso de «combinación» con frecuencia es lento. Esta es una de las razones por las que estos tres enemigos son tan peligrosos. Germinan y crecen *sin que su presencia sea observada*.

El resto de este capítulo describe un fin que debe alcanzarse antes de que la filosofía, como un todo, pueda ser puesta en uso práctico. También analiza una condición que últimamente ha reducido a gran número de personas a la pobreza y afirma una verdad que debe comprenderse por todos aquellos que acumulan riquezas, ya sea que la midan en términos de dinero o mediante un estado mental de mucho más valor que el dinero.

El propósito de este capítulo es colocar el reflector de la atención sobre la causa y la cura de los seis tipos fundamentales de miedo. Antes de que podamos dominar a un enemigo, debemos saber su nombre, sus hábitos y el lugar donde está su morada. Conforme avance en la lectura, analícese a sí mismo con cuidado y determine si uno o más de los seis tipos de miedo se ha incrustado en usted.

No se deje engañar por los hábitos de estos enemigos sutiles. Algunas veces permanecen escondidos en la mente subconsciente, donde son difíciles de localizar y más difíciles de eliminar.

Los seis miedos fundamentales

Hay seis tipos fundamentales de miedo, con algunas combinaciones que cada ser humano sufre en uno u otro momento. La mayoría de las personas son afortunadas si no sufren todos los tipos de miedo. A continuación se enlistan en el orden en que aparecen con más frecuencia:

El miedo a la POBREZA
El miedo a la CRÍTICA
El miedo a la ENFERMEDAD
El miedo a la PÉRDIDA DEL AMOR DE ALGUIEN
El miedo a la VEJEZ
El miedo a la MUERTE

Todos los otros miedos son de menor importancia y pueden agruparse dentro de estas seis categorías.

La prevalencia de estos miedos, como una maldición del mundo, funciona en ciclos. Durante casi seis años, mientras la Gran Depresión estaba presente, nos tambaleamos en el ciclo del MIEDO A LA POBREZA. Durante la Guerra Mundial estábamos en el ciclo del MIEDO A LA MUERTE. Justo después de la guerra entramos al ciclo del MIEDO A LA ENFERME-DAD, como se puso en evidencia por la epidemia que se extendió por todo el mundo.

Los miedos no son otra cosa que estados mentales. El estado mental de una persona está sujeto a ser controlado y dirigido. Los médicos, como todo el mundo sabe, son menos susceptibles de ser atacados por las enfermedades debido a que NO LE TEMEN A LA ENFERMEDAD. Se sabe que los médicos, sin miedo ni vacilación, han estado a diario en contacto físico con cientos de personas que padecían enfermedades contagiosas como la viruela, sin infectarse. Su inmunidad contra las enfermedades consistía, por mucho, si no es que únicamente, en su total falta de MIEDO.

Los seres humanos no pueden crear nada que no haya sido conce-bido anteriormente en la forma de un impulso de pensamiento. Después de esta afirmación viene otra de mucha mayor importancia, a saber: LOS IMPULSOS DE PENSAMIENTO DE LOS HUMANOS COMIENZAN INMEDIATAMENTE A TRADUCIRSE EN SUS EQUIVALENTES FÍSICOS, YA SEA QUE SE TRATE DE PENSAMIENTOS VOLUNTARIOS O INVOLUNTARIOS. Los impulsos de pensamiento que son re-cuperados del éter por mera casualidad (pensamientos que han sido liberados por otras mentes) pueden determinar nuestro destino finan-ciero, de negocios, profesional o destino social con la misma seguri-dad que los impulsos de pensamiento que creamos con intención y diseño.

Estamos estableciendo aquí el fundamento para la presentación de un factor de gran importancia para la persona que no entiende por qué algunas personas parecen tener tanta «suerte», mientras que otras con igual o mayor habilidad, entrenamiento, experiencia y capacidad cerebral parecen estar destinadas a vivir en el infortunio. Este factor puede expli-carse mediante la afirmación de que *cada ser humano tiene la habilidad de controlar por completo su propia mente* y con este control, obviamente, cada persona puede abrir su mente a los impulsos de pensamiento vagabundos que son liberados por otros cerebros, o cerrar las puertas muy bien para admitir solamente los impulsos de pensamiento de su elección.

La naturaleza ha dotado al hombre de control absoluto sobre una sola cosa, y esa es el PENSAMIENTO. Este hecho, sumado al hecho adicional de que todo lo que el hombre crea comienza en forma de pensamiento, nos acerca mucho al principio mediante el cual el miedo puede ser dominado.

Si es verdad que TODO PENSAMIENTO TIENE UNA TENDENCIA A VESTIRSE A SÍ MISMO CON SU EQUIVALENTE FÍSICO (y esto es verdad más allá de toda duda), es igualmente verdadero que los impulsos de pensamiento de miedo y pobreza no pueden traducirse en términos de valor y ganancias financieras.

Los estadounidenses comenzaron a pensar en la pobreza tras la debacle de Wall Street en 1929. Lentamente, pero con firmeza, el pensamiento de las masas se cristalizó en un evento físico conocido como *depresión*. Esto tenía que suceder inevitablemente, en conformidad con las leyes de la Naturaleza.

El miedo a la pobreza

¡No puede haber ningún acuerdo entre la POBREZA y la RIQUEZA! Los caminos que llevan a la pobreza y a la riqueza se mueven en direcciones contrarias. Si usted quiere riqueza, debe rehusarse a aceptar ninguna circunstancia que conduzca a la pobreza. (La palabra *riqueza* es usada aquí en su sentido más amplio y en referencia a los estados de riqueza financiera, espiritual, mental y material). El punto de partida del camino que conduce a la riqueza es el DESEO. En el capítulo uno, usted recibió instrucciones para el uso apropiado del DESEO. En este capítulo acerca del MIEDO, usted tiene instrucciones completas para preparar su mente para hacer un uso práctico del DESEO.

Por lo tanto, este es el sitio para desafiarse a sí mismo y determinar de manera definitiva cuánto ha logrado absorber de esta filosofía. Este es el punto en el que puede convertirse en profeta y predecir, de manera precisa, qué es lo que el futuro tiene guardado para usted. Si después de leer este capítulo está dispuesto a aceptar la pobreza, usted puede preparar a su mente para recibir pobreza. Esta es una decisión que no puede evadir.

Si usted demanda riquezas, determine de qué forma y cuál es la cantidad que necesita para satisfacerse. Usted conoce el camino que conduce a la riqueza. A usted le ha sido dado un mapa. Si lo sigue, lo mantendrá en el camino correcto. Si es negligente y no comienza el recorrido, o si se detiene antes de llegar, no podrá culpar a nadie, excepto a USTED mismo. Esta responsabilidad es suya. Ninguna excusa lo salvará de aceptar la responsabilidad si falla o si se niega a demandar riquezas de la vida, porque la aceptación solo requiere una cosa, la cual casualmente es la única que usted puede controlar, y eso es el ESTADO MENTAL. Un estado mental es algo que uno asume. No se puede comprar, tiene que crearse.

El miedo a la pobreza es un estado mental, ¡nada más! Sin embargo, es suficiente para destruir nuestras posibilidades de éxito en cualquier empresa, una verdad que se volvió dolorosamente evidente durante la Gran Depresión.

Este miedo paraliza la facultad de la razón, destruye la facultad de la imaginación, mata la confianza en uno mismo, mina el entusiasmo, desanima la iniciativa, conduce a la falta de propósito, promueve la procrastinación, borra el entusiasmo y hace que el autocontrol se imposibilite. Destruye el encanto de la personalidad, destruye la posibilidad de pensar con precisión, distrae la concentración del esfuerzo, termina con la persistencia, convierte la fuerza de voluntad en una nada, destruye la ambición, nubla la memoria e invita al fracaso de todas las formas concebibles; mata el amor y asesina las más nobles emociones del corazón, desalienta la amistad e invita al desastre de cientos de maneras, conduce al insomnio, la misera y la desgracia. Y todo esto a pesar de la obvia verdad de que vivimos en un mundo en el que hay sobreabundancia de todo lo que nuestro corazón pueda desear, con nada que se interponga entre nosotros y nuestros deseos, excepto la falta de un propósito definido.

El miedo a la pobreza es, sin duda, el más destructivo de los seis miedos fundamentales. Se ha colocado al principio de la lista porque es el más difícil de controlar. Se requiere mucho coraje para establecer la verdad acerca del origen de este miedo, y mucho más valor para aceptar la verdad una vez que ha sido revelada. El miedo a la pobreza surgió de la tendencia heredada del ser humano a APROVECHARSE DEL PRÓJIMO ECONÓMICAMENTE. Casi todos los animales que se encuentran en un nivel más bajo que el hombre están motivados por el instinto, su capacidad de «pensar» es limitada y, por lo tanto, cazan a otros físicamente. El hombre, con su superior sentido de la intuición, con su capacidad para pensar y razonar, no se come el cuerpo de otros seres humanos, por el contrario, obtiene más satisfacción de «comérselos» FINANCIERAMENTE. El hombre es tan avaricioso que cada ley que ha sido concebida ha sido aprobada para mantenerlo a salvo de sus congéneres.

De todas las eras del mundo, de las que sabemos algo, la era en que vivimos parece destacar por la locura del hombre por el dinero. Un hombre es considerado menos que una partícula de polvo a menos que pueda mostrar una abultada cuenta bancaria. Y si tiene dinero, SIN IMPORTAR CÓMO LO HAYA CONSEGUIDO, será un «rey», un «mandamás» que está por encima de la ley, que dirige la política, que domina los negocios, y todo el mundo le hará reverencias cuando pase.

¡Nada le produce más sufrimiento y humillación al hombre que la POBREZA! Solo quienes han experimentado la pobreza entienden el significado real de esta afirmación.

No hay duda de que el hombre le *teme* a la pobreza. A lo largo de una extensa línea de experiencias heredadas, el ser humano ha aprendido, con seguridad, que no se puede confiar en algunos hombres cuando se trata de asuntos de dinero y posesiones terrenales. Esta es una acusación mordaz, aunque la peor parte es que es VERDAD.

La mayoría de los matrimonios son motivados por la riqueza que posee uno o ambos contrayentes. No es de extrañar, por tanto, que los tribunales de divorcio estén tan concurridos.

El ser humano está tan deseoso de poseer riquezas que está dispuesto a adquirirlas de cualquier manera que le sea posible, ya sea por medio de métodos legales u otros cuando sea necesario u oportuno.

El autoanálisis puede descubrir debilidades que uno no quisiera reconocer. Esta forma de examinación es esencial para todos los que demanden de la VIDA algo más que mediocridad y pobreza. Recuerde, conforme se analiza punto por punto, que usted es tanto la corte como el jurado, el fiscal y el abogado defensor, y que usted es tanto el demandante como el demandado, y también que está en medio de un juicio. Enfrente los hechos directamente. Hágase preguntas definidas y demándese respuestas directas. Cuando el examen culmine, usted sabrá mucho más de usted mismo. Si siente que no puede ser imparcial en este autoanálisis, llame a alguien que lo conozca bien y que pueda servir de juez cuando se esté interrogando a sí mismo. Recuerde que usted está detrás de la verdad. *¡Obténgala, sin importar el costo y a pesar de que por un tiempo podría darle vergüenza!*

La mayoría de las personas, cuando se le pregunta a qué le teme más, responde: «No le temo a nada». La respuesta sería inexacta porque poca gente se da cuenta de que está atada, minusválida y azotada espiritual y físicamente por alguna forma de miedo. La emoción del miedo es tan sutil y está enraizada tan profundamente que uno puede ir por la vida con esa carga sin reconocer su presencia. Solo un análisis valiente descubrirá la presencia de este enemigo universal. Cuando comience con dicho análisis, busque profundamente en su carácter. A continuación aparece una lista de los síntomas que debe buscar.

Síntomas del miedo a la pobreza

INDIFERENCIA. Se expresa por lo general mediante una falta de ambición, disposición a tolerar la pobreza, aceptación de cualquier compensación que la vida pueda ofrecer sin protestar, pereza mental y física, falta de iniciativa, imaginación, entusiasmo y autocontrol.

INDECISIÓN. El hábito de permitir que otros piensen por uno. Ser incapaz de «tomar partido».

DUDA. Generalmente se expresa con excusas diseñadas para disfrazar, explicar o disculparse por los fracasos. Algunas veces se expresa en forma de envidia o críticas a aquellos que son exitosos.

PREOCUPACIÓN. Usualmente se expresa encontrando los defectos de los demás, una tendencia a gastar más de lo que se gana, ser negligente en el cuidado de la apariencia personal, fruncir o arrugar el entrecejo, intemperancia en el uso de bebidas alcohólicas, algunas veces mediante el uso de otros narcóticos, nerviosismo, falta de equilibrio, timidez y falta de seguridad en uno mismo.

EXCESO DE PRECAUCIÓN. El hábito de ver el lado negativo de cualquier circunstancia, pensar y hablar del posible fracaso en lugar de concentrarse en los medios para triunfar. Conocer todos los caminos al desastre, pero nunca buscar planes para evitar el fracaso. Esperar por «la oportunidad correcta» para empezar a poner las ideas y los planes en acción, hasta el punto de que la espera se convierte en un hábito permanente. Recordar a aquellos que han fracasado y olvidar a aquellos que han tenido éxito. Ver el vaso «medio vacío» y nunca ver el «vaso medio lleno». Pesimismo que causa indigestión, problemas para eliminar, autointoxicación, mal aliento y mala disposición.

PROCRASTINACIÓN. El hábito de dejar para mañana lo que debió hacerse hace un año. Pasar más tiempo creando excusas que haciendo el trabajo. Este síntoma está muy relacionado con el exceso de precaución, la duda y la preocupación. Rehusarse a aceptar la responsabilidad cuando sea posible. Deseo de ceder en lugar de enfrentar las cosas y dar la batalla. Rendirse ante las dificultades en lugar de aceptarlas y usarlas como piedras de toque para avanzar. Conformarse con obtener centavos de la vida, en lugar de demandar prosperidad, opulencia, riquezas, contento y felicidad. Planear qué hacer CUANDO SE FRACASE, EN LUGAR DE QUEMAR TODOS LOS PUENTES Y HACER IMPOSIBLE LA RETIRADA. Debilidad y, a menudo, falta total de confianza en uno mismo, de determinación, de autocontrol, de iniciativa, de entusiasmo, de ambición, de ahorro y de capacidad de razonamiento. ESPERAR LA POBREZA EN LUGAR DE EXIGIR LA RIQUEZA. Asociación con quienes aceptan la pobreza en lugar de buscar la compañía de quienes exigen y reciben riquezas.

¡El dinero manda!

Algunos me preguntarán: «¿Por qué escribiste un libro sobre el dinero? ¿Por qué medir las riquezas solo en dólares? Algunos creerán, y con razón, que hay otras riquezas más deseables que el dinero. Sí, hay riquezas que no pueden ser medidas en términos de dólares, pero hay millones de personas que dirán: «Dame todo el dinero que necesito y yo me encargo de encontrar todo lo demás».

La razón principal por la que escribí este libro acerca de cómo obtener dinero es el hecho de que el mundo acaba de pasar por una experiencia que dejó a millones de hombres y mujeres paralizados con el MIEDO A LA POBREZA. Lo que este miedo les hace a las personas fue muy bien descrito por Westbrook Pegler en el *New York World-Telegram*:

> El dinero es solamente caparazones de almeja, discos de metal y trozos de papel, y hay tesoros del corazón y del alma que el dinero no puede comprar, pero la mayoría de la gente, que está quebrada, es incapaz de mantener esto en su mente y mantener el humor. Cuando un hombre recorre las calles de arriba abajo, incapaz de conseguir un empleo, algo le pasa a su espíritu que se puede observar en la forma como baja los hombros, en la forma como se coloca el sombrero, en

su forma de caminar y hasta en su mirada. No puede dejar de tener un sentimiento de inferioridad cuando está entre la gente que tiene un empleo regular, a pesar de que sepa que no son sus iguales en carácter, inteligencia y habilidades.

Por otro lado, hasta sus amigos ven a esta gente con un sentido de superioridad y los consideran, quizá solamente de manera subconsciente, una víctima. El hombre puede pedir dinero prestado durante un tiempo, pero no para vivir de la manera en que acostumbraba, y no puede seguir pidiendo prestado por mucho tiempo. Además, pedir prestado por sí mismo, cuando un hombre lo hace solamente para vivir, es una experiencia deprimente. Y el dinero prestado carece del poder que tiene el dinero ganado para revivir el humor. Por supuesto, nada de esto aplica a los vagabundos o buenos para nada habituales, sino a los hombres de ambiciones normales, que se respetan a sí mismos.

Las mujeres disfrazan la desesperación

Las mujeres que están en el mismo predicamento deben ser diferentes. Por alguna razón no pensamos en una mujer cuando pensamos en los vagabundos. Las mujeres son escasas en las filas de los bancos de alimentos y muy pocas veces mendigan en las calles. Además no son reconocibles en las multitudes por los mismos signos que identifican a los hombres arruinados. Por supuesto, no me refiero a las arpías que recorren las calles de la ciudad y quienes son el opuesto en cantidad de los vagabundos masculinos. Me refiero a mujeres jóvenes, decentes e inteligentes. Debe haber muchas de ellas, pero su desesperación no es aparente. Quizá se suicidan.

Cuando un hombre está desempleado, tiene mucho tiempo para cavilar. Puede que viaje varias millas para ver a un hombre acerca de un empleo solo para llegar y descubrir que la vacante ha sido ocupada o que se trata de uno de esos trabajos sin salario base, que solo pagan comisiones por la venta de artículos chatarra que nadie compraría como no fuese por lástima. Después de rechazar el empleo, se encuentra a sí mismo de nuevo en las calles, sin un lugar a dónde ir, excepto cualquier parte. Así que camina y camina. Mira de reojo los aparadores y los lujos que no son para él, y se siente inferior y se hace a un lado para ceder el lugar a las personas que se paran a mirar con un interés activo. Deambula hacia la estación de trenes o entra a la biblioteca para descansar las piernas y absorber algo de calor, pero eso no es buscar un trabajo, así que vuelve a ponerse en marcha. Puede que no lo sepa, pero su falta de rumbo es evidente y lo delata incluso si las líneas de su figura no lo hacen. Puede estar bien vestido, con la ropa que quedó de la época en que tenía un empleo fijo, pero la ropa no puede disimular su caída.

El dinero hace la diferencia

Él ve a miles de personas, contadores o dependientes, químicos o cargadores, ocupados en sus trabajos y los envidia desde el fondo de su alma. Ellos tienen su independencia, respeto por sí mismos y por parte de los otros, y él simplemente no puede convencerse a sí mismo de que es un buen hombre también, a pesar de que discute consigo mismo y llega a un veredicto favorable hora tras hora.

Es solamente dinero lo que hace la diferencia en él. Con un poco de dinero podría ser él mismo otra vez.

Algunos empleados sacan una inmoral ventaja de la gente que está desempleada. Las agencias cuelgan tarjetas coloridas ofreciendo salarios miserables a hombres arruinados: 12 dólares a la semana, 15 dólares a la semana. Un trabajo de 18 dólares a la semana es deseable y cualquiera que pueda ofrecer un trabajo de 25 dólares a la semana no cuelga una tarjeta colorida enfrente de una agencia. Tengo un anuncio clasificado que recorté de un periódico local en el que se solicita un dependiente, un hombre pulcro, bueno, para tomar pedidos telefónicos para un local de sándwiches de las 11 a. m. a las

2 p. m. por ocho dólares al mes, no ocho dólares a la semana sino ocho dólares al mes. El anuncio dice también: «Religión del Estado». ¿Puede imaginar la brutal insolencia de alguien que, mientras exige un buen y limpio calígrafo por 11 centavos la hora, se atreve a indagar sobre la religión de la víctima? Pero eso es lo que se les ofrece a las personas arruinadas.

El miedo a la crítica

Nadie puede decir exactamente cómo fue que los seres humanos comenzaron a sentir este miedo originalmente, pero una cosa es segura: este miedo ha desarrollado una forma muy sofisticada. Algunos piensan que surgió aproximadamente cuando la política se convirtió en una profesión. Otros creen que su origen puede ser rastreado hasta la época en que las mujeres comenzaron a preocuparse por los «estilos» de la moda.

Este autor, sin ser ni un humorista ni un profeta, se inclina a atribuir el miedo fundamental a la crítica a esa parte de la naturaleza heredada del hombre que lo lleva no solo a tomar los bienes de sus congéneres, sino a justificar su acción CRITICANDO su carácter. Es bien conocido el hecho de que un ladrón va a criticar al hombre del que roba y que, cuando los políticos están buscando un cargo, no lo hacen demostrando sus propias virtudes y aptitudes, sino mancillando a sus oponentes.

El miedo a la crítica tiene muchas formas, la mayoría de las cuales son mezquinas y triviales. Por ejemplo, la única razón por la que los hombres calvos lo son es porque le temen a la crítica. Las cabezas se quedan calvas porque las ajustadas bandas de los sombreros cortan la circulación de las raíces del cabello. Los hombres usan sombreros no porque los necesiten, sino principalmente porque «todos los demás lo hacen». El individuo se alinea y hace lo mismo para que no lo CRITIQUEN otros individuos. Las mujeres pocas veces se quedan calvas ni tienen el cabello delgado. La razón es que ellas usan sombreros que les quedan flojos porque los sombreros no son más que adornos.

Pero no se debe suponer que las mujeres están libres del miedo a la crítica. Si alguna mujer declara ser superior a los hombres con relación a este miedo, pídale que camine por la calle usando un sombrero antiguo de 1890.

Los astutos fabricantes de ropa no se han demorado en capitalizar este miedo a la crítica, con el que toda la humanidad ha sido maldecida. Cada temporada, los estilos de muchos artículos de moda cambian. ¿Quién determina los estilos? Ciertamente no el comprador de ropa, sino el que la elabora. ¿Por qué cambian los estilos con tanta frecuencia? La respuesta es obvia. Ellos cambian los estilos para poder vender más ropa.

Por el mismo motivo, los fabricantes de automóviles (con muy pocas, raras y razonables excepciones) cambian el estilo de los modelos cada temporada. Ningún hombre quiere conducir un automóvil que no es último modelo, a pesar de que el modelo anterior pueda ser un mejor vehículo.

Hemos estado describiendo la manera en que las personas actúan bajo la influencia del miedo a la crítica, tal como se aplica en las pequeñas cosas de la vida. Vamos ahora a examinar la conducta humana cuando este miedo afecta a la gente en relación con eventos más importantes para las relaciones humanas. Tomemos, por ejemplo, a prácticamente cualquier persona que ha alcanzado la «madurez mental» (entre los 35 y 40 años, como promedio general). Si pudiera leer los pensamientos secretos de su mente, encontraría una decidida incredulidad en la mayoría de las fábulas enseñadas por los dogmatistas y teólogos hace un par de décadas.

Sin embargo, no es frecuente encontrar a alguna persona que tenga el valor de expresar su incredulidad abiertamente en esta materia. La mayoría de las personas, si se le presiona suficientemente, dirá una mentira en lugar de admitir que no cree en las historias asociadas con esa forma de religión que mantuvo a la gente en la esclavitud antes de la era de los descubrimientos científicos y la educación.

¿Por qué la persona promedio, incluso en esta época de ilustración, se apena de expresar su incredulidad en las fábulas que fueron la base de la mayoría de las religiones hace unas cuantas décadas? La respuesta es que tiene «miedo a la crítica». Hombres y mujeres por igual han sido quemados por atreverse a expresar su incredulidad en los fantasmas. No es de sorprender que hayamos heredado una conciencia que nos hace temer a la crítica. Hubo una época del pasado, no muy lejana, cuando la crítica implicaba castigos muy severos, de hecho, esto todavía ocurre en algunos países.

El miedo a la crítica le roba al ser humano su iniciativa, destruye su poder de imaginación, limita su individualidad, le roba su autoconfianza y lo daña de cien maneras distintas. Los padres con frecuencia dañan a sus hijos de manera irreparable al criticarlos. La madre de uno de mis amigos de la infancia solía castigarlo casi diariamente con una vara y siempre completaba el trabajo con la siguiente afirmación: «Vas a acabar en la penitenciaría antes de que cumplas veinte». Mi amigo fue enviado al reformatorio cuando tenía 17 años.

La crítica es una forma de servicio de la que todo el mundo tiene demasiado. Todos tienen una reserva de la misma que se reparte, de forma gratuita, ya sea solicitada o no. Nuestros parientes más cercanos suelen ser los peores infractores. Esto debería reconocerse como un crimen (en realidad es un crimen de la peor naturaleza): padres construyendo complejos de inferioridad en la mente de los hijos mediante críticas innecesarias. Los empleadores que comprenden la naturaleza humana obtienen lo mejor que hay en los seres humanos no criticándolos, sino haciendo sugerencias constructivas. Los padres deberían hacer lo mismo con sus hijos. La crítica siembra MIEDO en el corazón humano o resentimiento, pero no construye ni amor ni afecto.

Síntomas del miedo a la crítica

Este miedo es casi tan universal como el miedo a la pobreza, y sus efectos son tan letales para el logro personal principalmente porque este miedo destruye la iniciativa y desanima el uso de la imaginación.

Los principales síntomas de este miedo son:

TIMIDEZ. Generalmente se expresa en nerviosismo, retraimiento en la conversación y cuando se conoce a extraños, movimientos extraños de las manos y las extremidades, movimientos de los ojos.

FALTA DE DESENVOLTURA. Se expresa por la falta de control en la voz, nerviosismo ante la presencia de otros, mala postura del cuerpo, mala memoria.

PERSONALIDAD. Falta de firmeza en las decisiones, falta de encanto personal y la habilidad de expresar opiniones decididamente. El hábito de hacer a un lado los problemas en lugar de enfrentarlos directamente. Mostrarse de acuerdo con otras personas sin considerar cuidadosamente sus opiniones.

COMPLEJO DE INFERIORIDAD. El hábito de expresar autoaprobación mediante la palabra o las acciones, como un medio para encubrir el sentimiento de inferioridad. Usar «términos rimbombantes» para impresionar a otros (con frecuencia sin saber lo que significan). Imitar a otros en el vestido, discurso y gestos. Presumir de logros imaginarios. Esto a veces da la falsa impresión de ser un sentimiento de superioridad.

EXTRAVAGANCIA. El hábito de tratar de impresionar a los demás gastando más de lo que se gana.

FALTA DE INICIATIVA. Fracaso en aceptar oportunidades para el crecimiento personal, temor a expresar opiniones, falta de confianza en las ideas propias, dar respuestas evasivas a las preguntas hechas por sus superiores, titubeo en la manera de hablar, engaños tanto en palabras como en acciones.

FALTA DE AMBICIÓN. Pereza mental y física, falta de asertividad, lentitud para tomar decisiones, fácilmente influenciable por otros, el hábito de criticar a otros a sus espaldas y de alabarlos cuando están de frente, el hábito de aceptar la derrota sin protestar, renunciar a una empresa cuando hay oposición de otros, sospechar de otras personas sin motivo, falta de tacto en la forma de hablar, incapacidad para aceptar la culpa por los errores propios.

El miedo a la enfermedad

El origen de este miedo suele encontrarse en la herencia tanto social como física. Se relaciona de manera cercana, por su origen, con las causas del miedo a la vejez y el miedo a la muerte, porque nos acerca a la frontera de «palabras terribles» de las que el hombre no sabe nada, pero que se relacionan con historias desagradables que se le han enseñado. La opinión general es que también hay personas sin ética involucradas en el negocio de «vender salud» y que han tenido no poco que ver con mantener vivo este miedo a la enfermedad.

Principalmente, el ser humano le teme a la enfermedad debido a las terribles imágenes que han sido plantadas en su mente acerca de lo que sucede si la muerte lo sorprende. También le teme por el costo económico que implica.

Un médico con muy buena reputación estimó que 75% de las personas que visitan a los médicos para obtener sus servicios profesionales sufre de hipocondría (enfermedad imaginaria). Se ha demostrado de manera muy convincente que el miedo a la enfermedad, incluso cuando no hay ningún motivo para temer, con frecuencia produce los síntomas físicos de la enfermedad temida.

¡La mente humana es grande y poderosa! Es capaz de construir o de destruir.

Los proveedores de medicinas de patente han hecho fortunas jugando con esta debilidad común que consiste en el miedo a la enfermedad. Esta forma de imposición en la crédula humanidad se volvió tan predominante hace unos veinte años que la revista *Colliers Weekly* condujo una ácida campaña contra algunos de los peores infractores en el negocio de las medicinas de patente.

Durante la epidemia de la influenza que brotó al final de la Guerra Mundial, el alcalde de la ciudad de Nueva York tomó medidas drásticas para detener el daño que la gente se estaba haciendo a sí misma mediante el inherente miedo a la enfermedad. Convocó a la prensa y les dijo: «Caballeros, siento la obligación de pedirles que no publiquen ningún titular sobre la epidemia de "influenza" que provoque miedo. A menos que cooperen conmigo, provocaremos una situación que no podremos controlar». Los periódicos dejaron de publicar historias sobre la «influenza» y un mes después la epidemia había sido detenida con éxito.

A partir de una serie de experimentos conducidos hace algunos años se probó que la gente puede enfermarse por sugestión. Condujimos este experimento pidiendo a tres conocidos que visitaran a una «víctima». Cada uno de ellos le preguntó al verla: «¿Qué te pasa? Te ves muy enfermo». La pregunta del primer conocido por lo regular provocaba una gran sonrisa y un despreocupado: «Oh, nada. Me siento perfectamente» por parte de la víctima. Al segundo conocido, después de hacer la pregunta, la víctima le respondía: «No lo sé exactamente, pero me siento mal». La pregunta del tercer conocido era respondida con la sincera aceptación de que la víctima realmente se sentía enferma.

Intente hacer esto con un conocido si acaso duda de que pueda hacerlo sentir incómodo, pero no lleve el experimento demasiado lejos. Hay una secta cuyos miembros se vengan de sus enemigos practicando el método del «hechizo». Lo llaman «hacer un maleficio» a la víctima.

Hay una abrumadora evidencia de que la enfermedad en ocasiones comienza con una forma de impulso de pensamiento negativo. Dicho impulso puede pasar de una mente a otra por sugestión o ser creado por un individuo en su propia mente.

Un hombre que fue bendecido con más sabiduría de la que este incidente puede indicar dijo en una ocasión: «Cuando alguien me pregunta cómo me siento, siempre quiero responderle con un puñetazo».

Los doctores envían a los pacientes a vivir en climas diferentes por su salud, porque un cambio de «actitud mental» es necesario. La semilla del miedo a la enfermedad vive en la mente de todos los seres humanos. La preocupación, el miedo, el desaliento y la decepción en asuntos amorosos o de negocios provocan que esta semilla germine y crezca. La reciente Gran Depresión en los negocios mantuvo a los médicos ocupados porque cada forma de pensamiento negativo puede causar una enfermedad.

Las decepciones en los negocios o por amor están a la cabeza de la lista de causas del miedo a la enfermedad. Un hombre joven sufrió una decepción amorosa que lo condujo al hospital. Durante meses se mantuvo entre la vida y la muerte. Llamaron a un especialista en sugestión terapéutica. El especialista cambió a las enfermeras y lo puso a cargo de una enfermera muy joven y atractiva que empezó (de acuerdo previamente con el médico) a cortejar al joven desde el primer día de trabajo. En menos de tres semanas, el paciente fue dado de alta del hospital, aún sufriendo, pero con una dolencia completamente distinta. ESTABA ENAMORADO DE NUEVO. El remedio fue un engaño, pero el paciente y la enfermera se casaron más adelante. Ambos gozan de buena salud en el momento en que estoy escribiendo esto.

Síntomas del miedo a la enfermedad

Los síntomas de este miedo casi universal son:

AUTOSUGESTIÓN. El hábito de usar negativamente la autosugestión para buscar con la esperanza de encontrar los síntomas de toda clase de enfermedades. «Disfrutar» de enfermedades imaginarias y hablar de ellas como si fueran reales. El hábito de tratar todas las modas e «ismos» recomendados por otros como si tuvieran valor terapéutico. Pasar el tiempo hablando con otros acerca de operaciones, accidentes y otras formas de enfermedad. Experimentar con dietas, ejercicios físicos, regímenes de reducción sin guía profesional. Usar remedios caseros, medicina de patente y remedios «milagro».

HIPOCONDRÍA. El hábito de hablar de enfermedades, concentrar la mente en ellas y esperar su aparición hasta que sucede un colapso nervioso. Nada que esté contenido en botellitas puede curar esta condición. Es provocada por pensamientos negativos y nada, excepto los pensamientos positivos, puede funcionar como cura. Se afirma que la hipocondría (un término médico que significa enfermedad imaginaria) puede causar tanto daño como la enfermedad que uno teme. Muchos de los casos que se achacan a los «nervios» provienen de enfermedades imaginarias.

EJERCICIO. El miedo a la enfermedad con frecuencia interfiere con la práctica apropiada del ejercicio físico, lo cual resulta en sobrepeso, ya que provoca que la gente evite la vida al aire libre.

SUSCEPTIBILIDAD. El miedo a la enfermedad altera la resistencia natural del cuerpo y crea una condición favorable para cualquier tipo de enfermedad con la que uno entre en contacto. El miedo a la enfermedad con frecuencia se relaciona con el miedo a la pobreza, en particular en el caso de los hipocondríacos, que constantemente se preocupan acerca de la posibilidad de tener que pagar cuentas médicas y hospitalarias, entre otras. Este tipo de persona gasta mucho tiempo preparándose para la enfermedad, hablando sobre la muerte y ahorrando dinero para lotes en el cementerio y gastos de exhumación.

AUTOMIMARSE. El hábito de buscar simpatía utilizando una enfermedad imaginaria como señuelo. La gente recurre a este truco con frecuencia para evitar trabajar. El hábito de fingir enfermedades para encubrir la pereza o para usarla como excusa para la falta de ambición.

INTEMPERANCIA. El hábito de usar el alcohol y las drogas para terminar con padecimientos como dolores de cabeza, neuralgia, etc., en lugar de eliminar la causa. El hábito de leer acerca de las enfermedades y preocuparse por la posibilidad de adquirirlas. El hábito de leer los anuncios de las medicinas de patente.

El miedo a la pérdida del amor

La fuente original de este miedo inherente no necesita una gran descripción porque obviamente surgió del hábito poligámico de robar a la pareja del prójimo y del hábito de tomarse libertades con ella siempre que fuera posible.

Los celos y otras formas de demencia precoz surgen a partir del miedo heredado a perder el amor de alguna persona. Este miedo es el más doloroso de todos los miedos fundamentales. Probablemente crea más caos en el cuerpo y en la mente que cualquier otro tipo de miedo y a veces conduce a perder la mente para siempre.

El miedo a la pérdida del amor quizá data de la Edad de Piedra, cuando los hombres robaban a las mujeres por medio de la fuerza bruta. Los seres humanos siguen robando a las mujeres, pero su técnica ha cambiado. En lugar de usar la fuerza, ahora usan la persuasión, la promesa de ropas hermosas, automóviles y otras «carnadas» mucho más efectivas que la fuerza física. Los hábitos de los hombres son iguales a los que tenían en los albores de la civilización, pero los expresan de manera distinta.

Un análisis cuidadoso ha demostrado que las mujeres son más susceptibles a este miedo que los hombres. Este hecho se explica fácilmente. Las mujeres han aprendido, por experiencia, que los hombres son polígamos por naturaleza, por lo que no pueden ser confiados en las manos de las rivales.

Síntomas del miedo a la pérdida del amor

Los síntomas distintivos de este miedo son:

CELOS: El hábito de sospechar de amigos y enamorados sin que exista evidencia razonable de que haya motivos para hacerlo. (Los celos son una forma de demencia precoz que puede en ocasiones volverse violenta sin ninguna causa en particular). El hábito de acusar al esposo o a la esposa de infidelidad sin motivos. Sospechar y desconfiar en general de todos y carecer de fe en las personas.

ENCONTRAR FALLAS. El hábito de encontrar fallas en los amigos, parientes, compañeros de trabajo y enamorados a partir de la menor provocación o incluso sin que exista una causa para ello.

APOSTAR. El hábito de jugar y apostar, robar, hacer trampa y otras prácticas peligrosas que permitan poner dinero a disposición del ser amado, con la creencia de que el amor se puede comprar. El hábito de gastar más de lo que se tiene, o de endeudarse para dar regalos a las personas amadas, con el objetivo de verse bien ante ellas. Insomnio, nerviosismo, falta de persistencia, debilidad de la voluntad, falta de autocontrol, falta de autoconfianza, mal carácter.

El miedo a la vejez

Principalmente, este miedo surge a partir de dos fuentes. En primer lugar, el convencimiento de que la vejez traerá consigo la POBREZA. En segundo lugar, y con mucho la fuente de su origen más común, proviene de enseñanzas falsas y crueles del pasado, las cuales han sido demasiado bien mezcladas con «fuego y azufre» y otros espantajos astutamente diseñados para esclavizar al ser humano mediante el miedo.

En el miedo fundamental a la vejez, el ser humano tiene dos sólidas razones para la aprehensión: una proviene de su desconfianza en sus congéneres, quienes podrían quitarle sus bienes terrenales; la otra surge de las terribles imágenes del inframundo, que fueron plantadas en su mente a través de la herencia social, antes incluso de que fuera dueño de su propia mente.

La posibilidad de la enfermedad, que es más común conforme la gente envejece, también contribuye a este miedo a la vejez. El erotismo también entra entre las causas del miedo a la vejez, ya que a ningún hombre le gusta la idea de la disminución de su atractivo sexual.

La causa más común del miedo a la vejez se asocia con la posibilidad de la pobreza. «Hospicio de pobres» no es un término agradable. Provoca un escalofrío en la mente de las personas que enfrentan la posibilidad de tener que pasar sus últimos años en un hospicio.

Otra causa que contribuye al miedo a la vejez es la posibilidad de perder la independencia y la libertad, ya que la vejez puede traer consigo la pérdida de la independencia física y económica.

Síntomas del miedo a la vejez

Los síntomas más comunes son los siguientes:

- La tendencia a disminuir la velocidad y a desarrollar un complejo de inferioridad durante la época de madurez mental, alrededor de los 40 años, por creer falsamente que uno está «decayendo» debido a la vejez. (La verdad es que los años más útiles del ser humano, tanto mental como espiritualmente, son aquellos entre los 40 y 60 años).

- El hábito de pedir disculpas por nuestra «vejez» simplemente porque uno ha llegado a la edad de 40 o 50 años, en lugar de revertir la regla y expresar gratitud por haber alcanzado la edad de la sabiduría y el entendimiento.

- El hábito de matar la iniciativa, la imaginación y la confianza en uno mismo debido a la falsa creencia de que se es demasiado viejo para ejercer estas cualidades.

- El hábito de hombres y mujeres de más de 40 años de vestirse con el objetivo de verse más jóvenes y adoptar manierismos de la juventud, lo cual inspira el ridículo ante conocidos y extraños.

El miedo a la muerte

Para algunos, este es el más cruel de los miedos. La razón es obvia. Los terribles ataques de miedo asociados con el pensamiento de la muerte, en la mayoría de los casos, pueden ser atribuidos directamente al fanatismo religioso. Las personas llamadas «paganas» tienen menos miedo a la muerte que quienes son más «civilizados». Durante cientos de miles de años, el ser humano se ha hecho las mismas preguntas sin respuesta: ¿de dónde vine? y ¿adónde voy?

Durante eras oscuras del pasado, los más astutos y hábiles no se demoraban en ofrecer una respuesta a estas preguntas, POR UN PRECIO. Ahora somos testigos de la mayor fuente de origen del MIEDO A LA MUERTE.

—Ven a mi tienda, abraza mi fe, acepta mis dogmas y te daré un boleto con el que te admitirán directamente en el cielo cuando mueras —clama el líder del sectarismo—. Si te quedas afuera —dice el mismo líder—, el demonio te llevará y arderás durante toda la eternidad.

La ETERNIDAD es mucho tiempo. El FUEGO es algo terrible. El pensamiento de un castigo eterno con fuego no solo causa que los hombres teman a la muerte, en ocasiones incluso los hace perder la razón. Destruye el interés en la vida y vuelve imposible la felicidad.

Durante mi investigación revisé un libro llamado *Un catálogo de los dioses*, en el que se enlistaban los 30 000 dioses que los hombres han adorado. ¡Piense en ello!: *30 000* dioses, representados por cualquier cosa, desde un cangrejo hasta un hombre. No hay duda de por qué los hombres se han vuelto temerosos de acercarse a la muerte.

Aunque el líder religioso no pueda proporcionar un salvoconducto al cielo ni, por falta de tal provisión, permitir que los desdichados desciendan al infierno, la posibilidad de esto último parece tan terrible que el solo pensamiento de ello se apodera de la imaginación de un modo tan realista que paraliza la razón y establece el miedo a la muerte.

De verdad, NINGÚN HOMBRE SABE, y ningún hombre ha sabido nunca, cómo son el cielo y el infierno, y en realidad nadie sabe siquiera si alguno de los dos lugares existe. Esta falta de conocimiento positivo abre la puerta de la mente humana al charlatán, de tal forma que entra y controla la mente con su repertorio de prestidigitador y sus diversas formas de fraude pío y engaños.

El miedo a la MUERTE no es tan común ahora como lo fue durante la época cuando no había grandes universidades y colegios. Los hombres de ciencia le han dado vuelta al reflector de la verdad para dirigirlo hacia el mundo, y esta verdad está liberando rápidamente a los hombres y las mujeres de este terrible miedo a la MUERTE. El joven hombre y la joven mujer que van a la universidad ya no son fácilmente impresionados por el «fuego» y el «azufre». Con la ayuda de la biología, la astronomía, la geología y otras ciencias relacionadas, los miedos de las épocas oscuras que capturaban las mentes de los seres humanos y las destruían han sido disipados.

Los asilos de enfermos mentales están llenos de hombres y mujeres que se han vuelto locos, debido al MIEDO A LA MUERTE.

Este miedo no tiene utilidad. La muerte va a llegar, sin importar lo que pensemos acerca de ella. Hay que aceptarla como una necesidad y dejar ir el pensamiento de la mente. Debe ser una necesidad o no aparecer para nada. Quizá no sea tan mala como nos la han pintado.

El mundo entero está hecho solo de dos cosas, ENERGÍA y MATERIA. En la física elemental aprendemos que la materia y la energía (las únicas dos realidades conocidas para el hombre) no se crean ni se destruyen. Tanto la materia como la energía se pueden transformar, pero no se pueden destruir.

La vida, si es algo, es energía. Si ni la materia ni la energía se pueden destruir, por supuesto, la vida no se puede destruir. La vida, como otras formas de energía, puede pasar a lo largo de varios procesos de transición o cambio, pero no puede destruirse. La muerte es solamente una mera forma de transición.

Si la muerte no es otra cosa que mera transición, entonces no hay nada después de la muerte, excepto un largo y pacífico sueño eterno, y el sueño no es nada que se pueda temer. Así que en este momento puede eliminar para siempre su miedo a la muerte.

Síntomas del miedo a la muerte

Los síntomas generales de este miedo son los siguientes.

El hábito de PENSAR en la muerte en lugar de sacarle provecho a la VIDA, debido, por lo general, a una falta de propósito o de una ocupación apropiada. Este miedo es más predominante entre la gente mayor, pero a veces también los jóvenes son víctimas de él. El mejor remedio para este miedo es un VEHEMENTE DESEO DE LOGRAR ALGO, soportado por un servicio útil hacia los demás. Una persona ocupada rara vez tiene tiempo de pensar acerca de su muerte. Algunas veces, el miedo a la muerte se asocia con el miedo a la pobreza, cuando nuestra muerte puede dejar a nuestros seres queridos en la pobreza. En otros casos, el miedo a la muerte es causado por las enfermedades y el consecuente deterioro de la resistencia física del cuerpo. Las causas más comunes del miedo a la muerte son la enfermedad, la pobreza, la falta de una ocupación apropiada, la decepción en el amor, la falta de cordura y el fanatismo religioso.

Preocupaciones de un hombre viejo

La preocupación es un estado mental que se basa en el miedo. Trabaja lenta pero persistentemente. Es insidioso pero sutil. Paso a paso se «entierra» hasta que paraliza nuestra capacidad de raciocinio, destruye nuestra autoconfianza e iniciativa. La preocupación es una forma de miedo sostenido causado por la indecisión, por lo tanto, es un estado mental que puede ser controlado.

Una mente intranquila no puede ser ayudada. La indecisión provoca una mente intranquila. La mayoría de los individuos carece del poder de voluntad para tomar decisiones rápidamente y permanecer fieles a ellas después de haberlas tomado, incluso durante condiciones normales de negocios. Durante los períodos de agitación económica (como el que el mundo experimentó recientemente), el individuo está incapacitado no solo por su inherente naturaleza que lo hace lento para tomar decisiones, sino que está influenciado por la indecisión de otros alrededor de él, quienes en conjunto crean un estado de «indecisión masiva».

Durante la Gran Depresión, toda la atmósfera, en todo el mundo, estaba colmada de «mieditis» y «preocupacioncitis», los dos gérmenes mentales que empezaron a extenderse después del frenesí de Wall

Street en 1929. Solo hay un antídoto conocido para estos gérmenes: el hábito de tomar DECISIONES prontas y firmes. Además, es un antídoto que cada individuo debe aplicar por sí mismo.

Una vez que hemos alcanzado la decisión de seguir un curso definido de acción, no tenemos que preocuparnos por las condiciones. En una ocasión entrevisté a un hombre que iba a ser electrocutado dos horas después. El condenado era el más tranquilo de los ocho hombres que estaban en la celda con él. Su tranquilidad me llevó a preguntarle cómo se sentía saber que iría a la eternidad en poco tiempo. Con una sonrisa confiada, me contestó:

—Se siente bien. Imagina, hermano, mis problemas están a punto de terminar. No he tenido nada más que problemas toda mi vida. Para mí ha sido una dificultad siempre conseguir ropa y comida. Pronto ya no voy a necesitar nada de eso. Me he sentido bien desde que supe CON CERTEZA que debo morir. En ese momento hice las paces en mi mente y acepté mi destino con buen espíritu.

Mientras hablaba, devoraba una cena de proporciones suficientes para alimentar a tres hombres, comiendo cada bocado de la comida que le habían traído y disfrutándola tanto, aparentemente, como si no hubiera un desastre esperándolo. ¡La DECISIÓN le dio a este hombre la resignación de su destino! La decisión también pude prevenir que uno acepte circunstancias indeseables.

Los seis miedos fundamentales se traducen en un estado de preocupación, a partir de la indecisión. Usted puede liberarse, para siempre, del miedo a la muerte cuando alcance la decisión de aceptar la muerte como un evento inevitable del que nadie puede escapar. Acabe con el miedo a la pobreza alcanzando la decisión de estar conforme con cualquier cantidad de riqueza que pueda acumular SIN PREOCUPARSE. Ponga su pie sobre el cuello del miedo a la crítica alcanzando la decisión de DEJAR DE PREOCUPARSE de lo que los demás piensen, hagan o digan. Elimine el miedo a la vejez alcanzando la decisión de aceptarla no como algo que lo incapacita, sino como una bendición que trae consigo la sabiduría, el autocontrol y el entendimiento que no se pueden conocer durante la juventud. Deshágase del miedo a la enfermedad con la decisión de olvidarse de los síntomas. Domine el miedo a la pérdida del amor alcanzando la decisión de conformarse sin amor, si hace falta.

Elimine el hábito de la preocupación, en todas sus formas, tomando la decisión definitiva de que nada de lo que la vida nos ofrece vale el precio de nuestra preocupación. Con esta decisión vendrá el balance, la paz mental y la calma de pensamiento que le traerá felicidad.

Un hombre cuya mente está llena de miedo no solo destruye sus propias oportunidades de acción inteligente, sino que transmite estas vibraciones destructivas a las mentes de todos los que entran en contacto con él, destruyendo también sus oportunidades.

Hasta un perro o un caballo saben cuándo su amo carece de valor. Es más, el perro o el caballo recogerán las vibraciones del miedo eliminado por su amo y se comportarán de la misma manera. Si bajamos de nivel en la línea de inteligencia del reino animal, uno también descubrirá la misma capacidad para detectar las vibraciones de miedo. Una abeja de inmediato siente el miedo en la mente de una persona por razones desconocidas. Seguramente una abeja va a picar a la persona cuya mente está liberando vibraciones de miedo, en lugar de molestar a la persona cuya mente no registra miedo.

Las vibraciones de miedo pasan de una mente a otra tan rápido y con tanta certeza como el sonido de la voz humana pasa desde la estación transmisora hasta el aparato receptor de la radio y A TRAVÉS DEL MISMO MEDIO.

La telepatía mental es una realidad. Los pensamientos pasan de una mente a otra, voluntariamente, sin importar si este hecho es o no reconocido por la persona que libera los pensamientos o por las personas que los detectan y reciben.

La persona que expresa de palabra o acción pensamientos negativos o destructivos puede estar prácticamente segura de que experimentará los resultados de esas palabras en la forma de un destructivo contragolpe. La liberación de impulsos de pensamiento destructivos, por sí misma, sin la ayuda de palabras, produce también un contragolpe de más de una manera. Primero que nada, y quizá lo más importante que se debe recordar, la persona que libera los pensamientos de manera destructiva sufrirá un daño por el colapso de la facultad de la imaginación creativa. En segundo lugar, la presencia en la mente de cualquier emoción destructiva desarrolla una personalidad negativa que repele a la gente y con frecuencia los convierte en antagonistas. La tercera fuente de daño a la persona que les da la bienvenida o libera pensamientos negativos radica en este hecho significativo: estos impulsos de pensamiento no solo dañan a otros, sino que se INCRUSTAN EN LA MENTE SUBCONSCIENTE DE LA PERSONA QUE LOS ESTÁ LIBERANDO y, una vez ahí, se convierten en parte de su carácter.

Uno realmente nunca termina su relación con un pensamiento solo con liberarlo. Cuando se libera un pensamiento, este se expande en todas direcciones, a través del medio del éter, pero también se implanta de forma *permanente* en la mente subconsciente de la *persona que lo liberó*.

Su negocio en la vida es, presumiblemente, alcanzar el éxito. Para ser exitoso tiene que encontrar paz mental, adquirir las necesidades materiales de la vida y, sobre todo, alcanzar la FELICIDAD. Todas estas evidencias de éxito empiezan en la forma de impulsos de pensamiento.

Usted puede controlar su propia mente, tiene el poder de alimentarla con los impulsos de pensamiento que elija. Con este privilegio va también la responsabilidad de usarla de manera constructiva. Usted es el maestro de su destino terrenal, con tanta certeza como tiene el poder de controlar sus pensamientos. Usted puede influir, dirigir y, eventualmente, controlar su propio entorno, moldeando su vida según sus deseos. O bien puede descuidar el privilegio que le pertenece de darle forma a su vida a voluntad, arrojándose así al vasto mar de la «circunstancia», donde será zarandeado de un lado a otro como una astilla a merced de las olas del océano.

El taller del diablo: el séptimo mal fundamental

Además de los seis miedos fundamentales, hay otro mal por el cual la gente sufre. Constituye una rica tierra en la cual las semillas del fracaso crecen abundantemente. Es tan sutil que su presencia con frecuencia es indetectable. Esta aflicción no puede ser clasificada como un miedo. ESTÁ ASENTADA MUCHO MÁS PROFUNDAMENTE Y, CON FRECUENCIA, ES MÁS LETAL QUE TODOS LOS SEIS MIEDOS. Por falta de un mejor nombre, vamos a llamarles SUSCEPTIBILIDAD A LAS INFLUENCIAS NEGATIVAS.

¡Las personas que acumulan grandes riquezas siempre se protegen de este mal! ¡Quienes están afligidos por la pobreza nunca lo hacen! Aquellos que tienen éxito en cualquier ocupación deben preparar sus mentes para resistir este mal. Si usted está leyendo esta filosofía con el propósito de acumular riquezas, debe examinarse con cuidado para determinar si es susceptible a las influencias negativas. Si usted descuida e ignora este autoanálisis, perderá el derecho a obtener el objeto de sus deseos.

Haga el análisis. Después de que lea las preguntas preparadas para este autoanálisis, sométase a una estricta rendición de cuentas con sus respuestas. Aborde la tarea con el mismo cuidado con el que buscaría a cualquier otro enemigo que sabe que lo espera en una emboscada y enfrente sus propios defectos como lo haría con un enemigo más tangible.

Usted puede protegerse fácilmente contra ladrones de carretera porque la ley provee una cooperación organizada para su beneficio, pero el «séptimo mal fundamental» es más difícil de dominar porque golpea cuando usted no está consciente de su presencia, cuando está durmiendo y cuando está despierto. Lo que es más, su arma es intangible porque consiste solamente de un ESTADO MENTAL. Este mal es también peligroso porque golpea de muchas formas distintas, tantas como experiencias humanas hay. Algunas veces entra a la mente por medio de palabras bien intencionadas de alguno de sus parientes. En otras ocasiones brota desde adentro, de su propia actitud mental.

Siempre es tan letal como el veneno, aunque puede que no mate tan rápidamente.

Cómo protegerse contra las influencias negativas

Para protegerse contra las influencias negativas, ya sea que usted mismo las haya generado o que sean resultado de actividades negativas de la gente que está a su alrededor, reconozca que tiene el PODER DE VOLUNTAD y póngalo en uso hasta que haya construido una pared de inmunidad contra las influencias negativas que hay en su propia mente.

Reconozca el hecho de que usted y cualquier otro ser humano son por naturaleza perezosos, indiferentes y susceptibles de aceptar todas las sugerencias que armonicen con sus debilidades.

Reconozca que usted es, por naturaleza, susceptible de sentir todos los seis miedos fundamentales y establezca hábitos con el propósito de actuar contra estos miedos.

Reconozca que las influencias negativas con frecuencia trabajan sobre usted por conducto de su mente subconsciente y que, por lo tanto, son difíciles de detectar, y mantenga su mente cerrada ante las personas que lo deprimen o desalientan de cualquier manera.

Limpie su botiquín de medicinas, tire todas las botellas de píldoras y deje de ser cómplice de los resfriados, dolores, malestares y otras enfermedades imaginarias.

Deliberadamente busque la compañía de personas que lo influyan a PENSAR Y ACTUAR POR SÍ MISMO.

No ESPERE los problemas, ya que tienen una tendencia a no decepcionar.

Sin duda, la debilidad más común de todos los seres humanos es el hábito de dejar sus mentes abiertas a la influencia negativa de otras personas. Esta debilidad es más dañina porque la mayoría de la gente no reconoce que está maldecida por ella, y muchos de los que la reconocen descuidan o se rehúsan a corregir el mal hasta que se convierte en una parte incontrolable de sus hábitos diarios.

Para ayudar a aquellos que desean verse a sí mismos como son realmente se ha preparado la siguiente lista de preguntas. Lea las preguntas y respóndalas en voz alta, para que pueda escuchar su propia voz. Esto hará más sencillo ser honesto con usted mismo.

Preguntas de la prueba de autoanálisis

- ¿Se queja con frecuencia de «sentirse mal»? Si lo hace, ¿cuál es la causa?
- ¿Encuentra faltas en otras personas a la más mínima provocación?
- ¿Comete errores en su trabajo con frecuencia? Si lo hace, ¿cuál es la causa?
- ¿Es usted sarcástico y ofensivo en su conversación?
- ¿Evade deliberadamente la asociación con otros? Si lo hace, ¿cuál es la causa?
- ¿Sufre con frecuencia de indigestión? Si lo hace, ¿cuál es la causa?
- ¿La vida le parece inútil y el futuro carente de esperanza? Si lo hace, ¿cuál es la causa?
- ¿Le gusta su ocupación? Si no le gusta, ¿cuál es la causa?
- ¿Siente autocompasión con frecuencia? Si lo hace, ¿cuál es la causa?
- ¿Envidia a quienes destacan más que usted?
- ¿A qué le dedica más tiempo, a pensar en el ÉXITO o en el FRACASO?
- ¿Está ganando o perdiendo la autoconfianza conforme se hace mayor?
- ¿Aprende algo de valor a partir de sus errores?
- ¿Está permitiendo que algún familiar o conocido lo preocupe? Si lo hace, ¿cuál es la causa?
- ¿Algunas veces está «en las nubes» y otras veces está en las profundidades del desaliento?

- ¿Quién es la influencia más inspiradora para usted? ¿Cuál es el motivo?

- ¿Tolera influencias negativas o desalentadoras que puede evitar?

- ¿Es descuidado con su apariencia personal? Si lo es, ¿cuándo y por qué?

- ¿Ha aprendido a «ahogar sus problemas» manteniéndose demasiado ocupado para evitar que estos lo molesten?

- ¿Se llamaría a sí mismo un «débil sin carácter» si permitiera que otros pensaran por usted?

- ¿Descuida la limpieza interna hasta que la autointoxicación lo vuelve malhumorado e irritable?

- ¿Cuántas interrupciones prevenibles lo molestan y por qué las tolera?

- ¿Recurre al alcohol, los narcóticos o los cigarrillos para «calmar sus nervios»? Si lo hace, ¿por qué no intenta mejor usar su fuerza de voluntad?

- ¿Hay alguien que lo fastidie? Si es así, ¿por qué motivo?

- ¿Tiene un PROPÓSITO PRINCIPAL DEFINIDO? Si es así, ¿cuál es el propósito y qué piensa hacer para alcanzarlo?

- ¿Sufre de algunos de los SEIS MIEDOS FUNDAMENTALES? Si lo hace, ¿cuáles son?

- ¿Tiene un método mediante el cual pueda resguardarse de la influencia negativa de los demás?

- ¿Utiliza la autosugestión de manera deliberada para hacer su mente positiva?

- ¿Qué valora más, sus posesiones o el privilegio de controlar sus propios pensamientos?

- ¿Es fácilmente influenciable por otros, en contra de su mejor juicio?

- ¿El día de hoy ha añadido algo valioso a su reserva de conocimientos o a su estado mental?

- ¿Enfrenta las circunstancias que lo hacen infeliz directamente o evade la responsabilidad?
- ¿Analiza todos los errores y los fracasos, y trata de beneficiarse de ellos, o toma la actitud de que eso no le corresponde?
- ¿Puede nombrar tres de sus debilidades más dañinas? ¿Qué está haciendo para corregirlas?
- ¿Anima a otras personas a platicarle sus problemas por simpatía?
- ¿Extrae de sus experiencias diarias lecciones o influencias que puedan ayudarlo en su desarrollo personal?
- ¿Por regla general, su presencia tiene una influencia negativa en otras personas?
- ¿Qué hábitos de otras personas le molestan más?
- ¿Se forma sus propias opiniones o permite que otras personas influyan en usted?
- ¿Ha aprendido a crear un estado mental con el que pueda protegerse de las influencias desalentadoras?
- ¿Su ocupación inspira su fe y esperanza?
- ¿Es consciente de que posee fuerzas espirituales con poder suficiente para permitirle mantener su mente libre de cualquier MIEDO?
- ¿La religión lo ayuda a mantener su mente positiva?
- ¿Cree que es su deber compartir las preocupaciones de otras personas? Si es así, ¿por qué?
- Si cree en el dicho «Dios los hace y ellos se juntan», ¿qué puede decir sobre usted al estudiar a los amigos que atrae?
- ¿Qué conexión encuentra, si la hay, entre la gente con la que se relaciona de manera más cercana y cualquier desdicha que haya experimentado?
- ¿Es posible que alguna persona a la que considera un amigo en realidad sea su peor enemigo debido a la influencia negativa que causa en su mente?

- ¿Cuáles son las reglas que usa para juzgar quién es de ayuda y quién lo perjudica?
- ¿Sus asociados más íntimos son mentalmente superiores o inferiores a usted?
- ¿Cuánto tiempo de las 24 horas del día dedica a las siguientes actividades?
  - a) Su trabajo
  - b) Sueño
  - c) Diversión y relajamiento
  - d) Adquirir conocimientos útiles
  - e) Mero desperdicio
- De las personas que conoce, quién...
  - a) lo anima más
  - b) le recomienda más tener precaución
  - c) lo desalienta más
  - d) lo ayuda más de otras maneras
- ¿Cuál es su mayor preocupación? ¿Por qué la tolera?
- Cuando otros le ofrecen un consejo gratuito y no solicitado, ¿lo acepta sin cuestionar nada o analiza sus motivos?
- ¿Qué es lo que más desea sobre todas las cosas? ¿Tiene intención de obtenerlo? ¿Está dispuesto a subordinar todos sus otros deseos por este? ¿Cuánto tiempo al día le dedica a adquirir este deseo?
- ¿Cambia de opinión con frecuencia? Si lo hace, ¿por qué?
- ¿Suele terminar lo que comienza?
- ¿Se impresiona fácilmente por los títulos profesionales, los posgrados académicos o la riqueza de otras personas?
- ¿Se deja influenciar fácilmente por lo que otros piensan o digan de usted?
- ¿Complace a las personas por su nivel social o financiero?

- ¿Quién cree que sea la persona más grandiosa que vive actualmente? ¿En qué sentido esta persona es superior a usted?
- ¿Cuánto tiempo ha dedicado a estudiar y responder estas preguntas? (Se necesita por lo menos un día para analizar y responder la lista completa).

Si ha respondido todas estas preguntas con honestidad, sabe ahora más de usted que la mayoría de las personas. Estudie las preguntas con cuidado, regrese a ellas una vez a la semana durante varios meses y sorpréndase con la cantidad de conocimiento adicional que habrá obtenido por el simple método de responder las preguntas con honestidad. Si no está seguro con relación a las respuestas de algunas preguntas, busque el consejo de aquellos que lo conocen bien, especialmente de aquellos que no tengan motivos para alabarlo y que sean capaces de verlo a los ojos. La experiencia será sorprendente.

Usted tiene CONTROL ABSOLUTO sobre algo y ese algo son sus pensamientos. ¡Este es el hecho más significativo e inspirador de todos los hechos conocidos por el hombre! Refleja la naturaleza divina del ser humano. Esta prerrogativa divina es el único medio por el cual usted puede controlar su destino. Si falla en el control de su propia mente, puede estar seguro de que no podrá controlar nada más.

Si debe ser descuidado con sus posesiones, permita que lo sea en conexión con cosas materiales. *¡Su mente es su estado espiritual!* Protéjala y úsela con el cuidado al que la Divina Realeza tiene derecho. A usted le ha sido dado el PODER DE VOLUNTAD para este propósito.

Desafortunadamente no hay protección legal en contra de aquellos que, por decisión o por ignorancia, envenenan la mente de otras personas mediante la sugestión negativa. Esta forma de destrucción debería ser castigada con penas legales muy severas, debido a que con frecuencia es responsable de destruir las oportunidades que uno tiene de adquirir bienes materiales que están protegidos por la ley.

Hombres con mentes negativas trataron de convencer a Thomas A. Edison de que no podía construir una máquina que pudiera grabar y reproducir la voz humana, «porque nadie más había producido jamás una máquina como esa», afirmaron. Edison no les creyó. Él estaba convencido de que la mente podía producir CUALQUIER COSA QUE LA MENTE CONCIBIERA Y CREYERA. Y ese conocimiento fue lo que elevó al gran Edison por encima del resto de la manada.

Hombres con mentes negativas le dijeron a F. W. Woolworth que se iría a la quiebra si trataba de dirigir una tienda en la que solo se vendieran productos de cinco y diez centavos. Él no les creyó. Él sabía que podía hacer cualquier cosa, dentro de la razón, si soportaba sus planes con fe. Ejercitando su derecho a descartar las sugerencias negativas de otros hombres y mantenerlas fuera de su mente, amasó una fortuna de más de cien millones de dólares.

Hombres con mentes negativas le dijeron a George Washington que no tenía esperanza de ganarles a las fuerzas armadas inglesas, que eran muy superiores, pero él ejercitó su derecho divino a CREER y, por lo tanto, este libro ha sido publicado bajo la protección de las barras y las estrellas, mientras que el nombre de lord Cornwallis se ha olvidado por completo.

Muchos incrédulos se burlaron con desprecio cuando Henry Ford probó su primer automóvil hechizo en las calles de Detroit. Algunos dijeron que esa cosa nunca sería práctica. Otros dijeron que nadie pagaría dinero por ese artilugio. FORD DIJO: «CUBRIRÉ LA TIERRA CON AUTOMÓVILES CONFIABLES», ¡Y LO HIZO! Su decisión de confiar en su propio juicio le ha ayudado a amasar una fortuna mucho más grande que la que cinco generaciones de sus descendientes puedan despilfarrar. Para el beneficio de aquellos que busquen acumular grandes riquezas, recordemos que prácticamente la única diferencia entre Henry Ford y una mayoría de los más de cien mil hombres que trabajan para él es esta: FORD TIENE UNA MENTE QUE CONTROLA; LOS OTROS TIENEN MENTES QUE NI SIQUIERA INTENTAN CONTROLAR.

Henry Ford ha sido mencionado repetidamente porque es un ejemplo sorprendente de lo que un hombre con una mente propia y la voluntad de controlarla puede lograr. Su historial derrumba por completo la vieja excusa de «nunca tuve una oportunidad». Ford tampoco tuvo una oportunidad, pero CREÓ UNA Y LA RESPALDÓ CON PERSISTENCIA HASTA QUE SE VOLVIÓ MÁS RICO QUE EL REY CRESO.

El control mental es el resultado de la autodisciplina y el hábito. O controla su mente o deja que ella lo controle a usted. No hay un término medio. El más práctico de todos los métodos para controlar la mente es el hábito de mantenerse ocupado con un propósito definido, respaldado por un plan. Estudie el historial de cualquier hombre que haya alcanzado un éxito notable y observará que tiene el control sobre su propia mente; es más, ejercita ese control y lo dirige hacia la consecución de objetivos definidos. Sin ese control, el éxito no es posible.

Cincuenta y cinco excusas famosas

Por culpa del viejo «Si...»

Las personas que no tienen éxito tienen un rasgo en común. Conocen *todas las razones del fracaso* y tienen lo que ellas creen que es una excusa a prueba de todo para explicar su propia falta de logros.

Algunas de estas excusas son ingeniosas y algunas son justificables por los hechos. Pero las excusas no pueden usarse como dinero. El mundo quiere saber solamente una cosa: ¿HA ALCANZADO EL ÉXITO?

Un analista de la personalidad ha compilado una lista de las excusas más usadas. Conforme lea la lista, examínese y determine cuántas de estas excusas son suyas. Recuerde también que la filosofía presentada en este libro hace que todas estas excusas sean obsoletas.

1. SI no tuviera una esposa y una familia...
2. SI tuviera suficiente influencia...
3. SI tuviera dinero...
4. SI tuviera una buena educación...
5. SI pudiera encontrar trabajo...
6. SI tuviera buena salud...
7. SI solo tuviera tiempo...
8. SI los tiempos fueran mejores...
9. SI la gente me comprendiera...
10. SI las condiciones que me rodean fueran distintas...
11. SI pudiera volver a vivir otra vez...
12. SI no temiera lo que «ELLOS» puedan decir...
13. SI me hubieran dado una oportunidad...
14. SI ahora tuviera una oportunidad...
15. SI las otras personas no «estuvieran en mi contra»...
16. SI nada me detuviera...
17. SI tan solo fuera más joven...
18. SI tan solo pudiera hacer lo que yo quisiera...
19. SI hubiera nacido rico...
20. SI pudiera conocer a «la gente correcta»...
21. SI tuviera el talento que tienen ciertas personas...
22. SI me atreviera a imponerme...
23. SI tan solo hubiera aprovechado oportunidades pasadas...
24. SI la gente no me pusiera de nervios...
25. SI no tuviera que encargarme de la casa y de cuidar a los niños...
26. SI pudiera ahorrar algún dinero...
27. SI el jefe tan solo me apreciara...
28. SI tan solo tuviera a alguien que me ayudara...
29. SI mi familia me entendiera...

30. SI viviera en una gran ciudad...
31. SI tan solo pudiera empezar...
32. SI tan solo fuera libre...
33. SI tuviera la personalidad que algunos tienen...
34. SI no fuera tan gordo...
35. SI mis talentos fueran conocidos...
36. SI tan solo me dieran un respiro...
37. SI pudiera librarme de las deudas...
38. SI no hubiera fallado...
39. SI tan solo supiera cómo...
40. SI no todos estuvieran en mi contra...
41. SI no tuviera tantas preocupaciones...
42. SI me pudiera casar con la persona correcta...
43. SI la gente no fuera tan tonta...
44. SI mi familia no fuera tan extravagante...
45. SI fuera seguro de mí mismo...
46. SI la suerte no estuviera en mi contra...
47. SI la suerte no estuviera en mi contra...
48. SI no fuera cierto que «lo que ha de ser, será»...
49. SI no tuviera que trabajar tan duro...
50. SI no hubiera perdido mi dinero...
51. SI hubiera vivido en un vecindario distinto...
52. SI no tuviera un «pasado»...
53. SI tan solo tuviera un negocio propio...
54. SI tan solo las otras personas me escucharan...
55. SI *** (y esta es la mejor de todas) *** tuviera el valor de verme a mí mismo como soy realmente, podría *saber lo que está mal en mí* para corregirlo, entonces tendría la oportunidad de sacar provecho de mis errores y aprender algo sobre las experiencias de otros, gracias a que

sabría lo que está MAL conmigo. O ahora estaría donde DEBERÍA ESTAR SI hubiera pasado más tiempo analizando mis debilidades y menos tiempo inventando excusas para encubrirlas.

Inventar excusas con las cuales explicar el fracaso es un deporte nacional. Es tan viejo como la especie humana, ¡y es letal para el éxito! ¿Por qué la gente se aferra a sus excusas preferidas? La respuesta es obvia. ¡Defienden sus excusas porque ellos LAS CREARON! La excusa de un hombre es hija de su propia imaginación. Está en la naturaleza humana defender a los hijos de nuestro cerebro.

Inventar excusas es un hábito bien enraizado. Los hábitos son difíciles de romper, especialmente cuando nos proporcionan una justificación para algo que hemos hecho. Platón tenía esto en mente cuando dijo: «Conquistarse a uno mismo es la primera y la mejor de las victorias. Ser derrotado por uno mismo es la más vergonzosa y vil de todas las cosas».

Otro filósofo tenía el mismo pensamiento en mente cuando dijo: «Fue una gran sorpresa descubrir que mucha de la fealdad que veía en otros no era más que un reflejo de mi propia naturaleza».

Elbert Hubbard decía: «Siempre ha sido un misterio para mí por qué la gente usa tanto tiempo en crear excusas para encubrir sus debilidades. Si usaran de manera distinta ese mismo tiempo, sería suficiente para curar las debilidades y entonces no se necesitaría ninguna excusa».

Como despedida, me gustaría recordarle que «la vida es un juego de ajedrez, en el que su oponente es el TIEMPO. Si duda antes de mover o se descuida y no hace una movida rápida, sus hombres van a ser eliminados del tablero por el TIEMPO. ¡Usted está jugando contra un rival que no tolerará la INDECISIÓN!».

Anteriormente podía haber tenido una excusa lógica para no haber forzado a la VIDA a proporcionarle todo lo que haya pedido, pero esa excusa ya es obsoleta porque usted está en posesión de la Llave Maestra que abre la puerta de todas las riquezas de la VIDA.

La Llave Maestra es intangible, ¡pero es sumamente poderosa! Consiste en el privilegio de crear *en su propia mente* un DESEO VEHEMENTE por una forma definida de riqueza. No hay penalidad por usar la llave, pero hay que pagar un precio si no la usa. El precio es el FRACASO. Hay una recompensa de estupendas proporciones si le da un uso a la llave. Es la satisfacción que acompaña a todos los que *se conquistan a sí mismos y fuerzan a la Vida a pagar lo que se pide.*

La recompensa vale la pena el esfuerzo. ¿Se decidirá a empezar y lo hará convencido?

Decía el inmortal Emerson: «Si estamos emparentados, ya nos encontraremos». Como despedida, voy a tomar prestado su pensamiento y decir: «Si estamos emparentados, a lo largo de estas páginas ya nos hemos encontrado».

FIN